Ohne die vier Elemente Feuer, Wasser, Erde, Luft ist kein Leben denkbar. Sie haben mythische Kraft und werden mit psychischen Grundbefindlichkeiten in Verbindung gebracht: Geerdet-Sein (Erde), Im-Fluß-Sein (Wasser), Ergriffen-Sein (Feuer) und Gehoben-Sein (Luft). Ausgehend davon ordnen die hier versammelten Jungschen Analytiker unser Traumgut neu. In vier großen Kapiteln fächern Ingrid Riedel (Vorwort), Verena Kast (Luftträume), Viktor Zielen (Träume von der Erde), Karin Anderten (Wasserträume) und Gisela Rieß (Feuerträume) die überaus reiche Symbolik und Bildersprache der Elemente-Träume auf. Sie beziehen «ihr Element», dem sie sich besonders verbunden fühlen, auf die individuelle Lebenswirklichkeit des Träumenden, aber auch auf kollektive Grundbefindlichkeiten, und weisen Wege zu einer neuen Selbsterkenntnis.

Die Beiträge zu diesem Buch wurden von Analytischen Psychologen und Psychologinnen geschrieben, die seit vielen Jahren als Therapeuten in eigener Praxis tätig sind. Sie sind bekannt durch Dozententätigkeit und Publikationen:
Ingrid Riedel, geboren 1935, Prof. Dr. phil. et theol., führt eine Praxis in Konstanz; Dipl. psych. *Karin Anderten*, geboren 1937, lebt und praktiziert in Bremen; Prof. Dr. phil. *Verena Kast*, geboren 1943, arbeitet in St. Gallen und Zürich; Dipl. psych. *Gisela Rieß*, geboren 1935, hat eine Praxis in Marburg; und Dr. med. *Viktor Zielen*, geboren 1920, praktiziert in Frankfurt/M.

Die vier Elemente im Traum

Mit Beiträgen von
Karin Anderten, Verena Kast, Gisela Rieß und
Viktor Zielen

Herausgegeben und mit einem Vorwort von
Ingrid Riedel

Deutscher Taschenbuch Verlag

Von Ingrid Riedel
sind im Deutschen Taschenbuch Verlag erschienen:
Die weise Frau in uralt-neuen Erfahrungen (35098)
Tabu im Märchen (35111)

Von Verena Kast
sind im Deutschen Taschenbuch Verlag erschienen:
Mann und Frau im Märchen (35001)
Der schöpferische Sprung (35009)
Wege zur Autonomie (35014)
Wege aus Angst und Symbiose (35020)
Märchen als Therapie (35021)
Familienkonflikte im Märchen (35034)
Imagination als Raum der Freiheit (35088)
Die beste Freundin (35091)
Die Dynamik der Symbole (35106)

Ungekürzte Ausgabe
März 1997
Deutscher Taschenbuch Verlag GmbH & Co. KG, München

ISBN 3-530-18902-2
Umschlaggestaltung: Boris Sokolow
Satz: Utesch Satztechnik GmbH, Hamburg
Druck und Bindung: C. H. Beck'sche Buchdruckerei, Nördlingen
Printed in Germany · ISBN 3-423-35119-5

Inhalt

Vorwort

Die vier Elemente im Traum

Von Ingrid Riedel

Von den vier Elementen zu träumen heißt, von etwas Elementarem, etwas Grundlegendem träumen: sei es vom erdhaften, vom wäßrigen, vom luftigen oder vom feurigen Element – oder gar von ihnen allen zusammen. Sie bilden Lebensräume – wie für den Fisch im Wasser, den Vogel in der Luft, den Maulwurf in der Erde –, Grundbefindlichkeiten auch im meschlichen Dasein: Es ist etwas anderes, sich frei und luftig zu fühlen, vom Feuer entflammt, vom Wasser erfrischt und durchströmt, oder schwer und erdhaft.

Zudem besteht unser menschlicher Körper aus allen vier Elementen: der Luft, die sich vor allem im Atmungssystem zeigt, dem Feuer im Verbrennungs- bzw. Verdauungssystem, dem Wasser vor allem in den Reinigungs- und Entgiftungsvorgängen des Organismus, und der Erde in der Substanz von Fleisch und Knochen. Träume von Erde, Feuer, Luft und Wasser handeln von den Grundbefindlichkeiten des Menschen: seinem Geerdet-Sein (Erde), seinem Gehoben-Sein oder auch Mit-allem-in-Verbindung-Sein (Luft), seinem Getragen- oder Im-Fluß-Sein (Wasser) und schließlich in seinem In-Verwandlung-Stehen oder seinem Ergriffen-Sein (Feuer).

Da sie die Grundbefindlichkeiten ansprechen, beziehen sich Träume von den vier Elementen mehr auf Grundorientierung in unserer Lebenswirklichkeit als auf einzelne Entscheidungen. Die Eigenschaften und Möglichkeiten des Menschen gewinnen, je nachdem in welcher Seinssphäre sie sich verwirklichen, ein anderes Gesicht, bewirken eine andere Inspiration: die Inspiration zur praktischen Tätigkeit, zur Realisierung beruht auf dem Erdelement; die zum seelisch-gefühlhaften Erleben auf dem des Wassers; die zur

Leidenschaftlichkeit und Leidenschaft auf dem des Feuers und die Inspiration zur Entwicklung von Ideen schließlich auf dem Luftelement. Ganzheitlich zu leben bedeutet dementsprechend, seine Tätigkeiten auszuüben (Erde) mit Gefühlsbeteiligung (Wasser) und verwandelnder Leidenschaft (Feuer), um letztlich seine Idee (Luft) zu verwirklichen. Da alle vier Elemente zur Grundsubstanz unseres Körpers gehören, zur Grundsubstanz unseres Lebensraumes auf der Erde, so gehören sie auch im übertragenen und symbolischen Sinne zu unserer Grundbefindlichkeit, und keine dieser elementaren Befindlichkeiten sollte uns grundsätzlich unzugänglich sein. Ist uns eine von ihnen so sehr verstellt, daß unser Lebensrhythmus darunter leidet – sind wir zum Beispiel gar nicht mehr «im Fluß», dann wäre es nicht unwahrscheinlich, daß uns ein Traum käme, der uns auf das fehlende Element aufmerksam machte: der uns zum Beispiel an einen Fluß versetzte, der vielleicht aufgestaut wäre und erst bei der Öffnung der Schleusen sein Gefälle wieder gewönne.

Träume entspringen ja auch der sogenannten kompensatorischen Funktion des Unbewußten, das heißt, sie machen auf ein gewisses Ungleichgewicht in unserem seelischen Haushalt aufmerksam, unsere Psyche findet im Traum ein Bild für das Mangelnde und zeigt es sich selbst dadurch an.

So kann ein im Traum drohender Vulkanausbruch – ein Berg, der bereits Rauch und Feuerfontänen ausstößt – signalisieren, daß die Feuerkräfte des betreffenden Menschen, seine glutheißen Emotionen bereits unter hohem Druck stehen und auszubrechen drohen. Ein Traum von einem schwül-windstillen Tag, über dem ein Gewitter brütet, läßt auch im seelischen Bereich die befreiende Kraft eines Blitzes oder eines Regengusses erwarten. In anderen Träumen wiederum mag der Wind fehlen, die bewegte Luft, mit deren Hilfe ein Segelboot endlich ausfahren, ein Segelflugzeug endlich aufsteigen könnte.

Nicht nur das Ermangeln, sondern auch das Wiederkehren eines noch fehlenden Elementes im seelischen Haushalt können die Träume ankündigen: So lassen im Traum, wie in der Wirklichkeit auch, die aufsteigenden Blasen im Wattenmeer den Beginn der kommenden Flut erkennen. So untrüglich wie in der äußeren Wirklichkeit zeigt sich hier auch in der seelischen Wirklichkeit an, daß unterschwellig, im Unbewußten, die Wasser, die belebenden seelischen Elemente bereits wieder aufzusteigen beginnen. Wir sprechen angesichts solcher und ähnlicher Träume auch von der prospektiven, der vorausschauenden, oder finalen, der zielgerichteten, Funktion, die die Träume haben, durch die es uns möglich ist, bei der gemeinsamen Interpretation auch Hinweise auf Kommendes aus ihnen zu entnehmen. Träume von den Elementen können andererseits auf lange zurückliegende Ursachen von Störungen und Mängeln an der seelischen Basis hinweisen: so etwa, wenn im Bild der Quelle, die wenig Wasser gibt und schon gleich zu Anfang durch Rohrleitungen gefiltert ist, ein Bild für eine nur karg und kümmerlich spendende mütterliche Quelle sichtbar wird, die auf eingeschränktes Stillvermögen oder auch auf eine emotional karge Mutter hinweist. Auch, ob wir «Erde» haben, Kontakt zum Körper, zur Materie, zum Konkreten des Lebens, kann sich in Träumen ausdrücken, die bis zu unserer Beziehung zur ersten mütterlichen Bezugsperson zurückreichen.

So wichtig die Rückbeziehbarkeit der Träume auf unsere individuelle Lebensgeschichte ist – auf die jetzige, die frühere bis zurück zur frühkindlichen –, so unentbehrlich ist bei vielen Träumen, auch solchen, die wir in diesem Buch berichten, der Bezug auf kollektiv wichtige Themen; der Traum einer Theologin von einem Feuer tief in der Erde zeigt den kollektiv immer wichtiger werdenden Rückbezug der Religion auch auf die Elemente Erde und Feuer an, das heißt, daß die für die Religion lebensnotwendige, belebende, wandelnde Feuerkraft, die Inspiration, heute vor allem in der Tiefe der Erde wiedergefunden werden kann und muß, auch dies heißt, durch den Rückbezug zum Weiblichen und Mütterlichen.

In Träumen von den vier Elementen oder von einzelnen dieser Elemente zeigt sich natürlich nicht nur, was fehlt in unserem seelischen Haushalt und was uns mangelt unter den Befindlichkeiten, die sich in diesen Elementen ausdrükken, es zeigt sich in ihnen auch nicht nur die Sehnsucht danach und die Erwartung des möglicherweise wieder neu auf uns Zukommenden, sondern die Träume können uns auch unmittelbar mit hineinnehmen in die Realität und die Wirksamkeit des Geträumten: Geträumtes ist unmittelbar wirklich und wahr, hat Erlebnischarakter. So löst das Eintauchen in eines der Elemente, zum Beispiel in das Wasser, oder das Ruhen und Getragensein auf einem anderen, zum Beispiel auf der Erde, oder die Begegnung mit ihm, das Überspringen eines hell-lodernden Frühlingsfeuers, vitale Freude aus, Freude, die dennoch bei einem jeden Element eine besondere Färbung gewinnt (Träume sind ja vor allem Gefäße für bestimmte Emotionen). Die Differenziertheit der Freude, die jedes von den Elementen auslöst, beschreibt Gaston Bachelard sehr treffend:

> «Die Freude, die mit der Erde zu tun hat, bedeutet Reichtum und Gewichtigkeit; die Freude, die mit dem Feuer zu tun hat, Liebe und Begierde; die Freude, die mit der Luft zu tun hat, Freiheit» (Übersetzung von V. Kast aus Gaston Bachelard, L'Air et les Songes, Paris 1943/1990, S. 151).

So löst die Berührung mit den Elementen im Traum schließlich auch bestimmte Formen der Beweglichkeit aus: in der Luft ist sie am freiesten, alles durchdringend, zugleich von unendlicher Formbarkeit, wie an den Wolken sichtbar, diesen Gleichnissen jeder Imagination; zugleich läßt sie Bildmotive entstehen, an denen sich die Imagination immer neu entzündet. Ohne feste Gestalt, dabei feste Gestalten verzehrend, in die Gestalt der Flammen verwandelnd, ist auch das Feuer, das sich mit der Luft verbindet. Von großer, aber ganz anderer Beweglichkeit als Feuer und Luft ist die Beweglichkeit des Wassers, fließend in den Strömen, wogend in der

Dünung des Meeres – manchmal rhythmisiert durch einen bestimmten Zeittakt in der Brandung oder in den Gezeiten des Meeres, aber auch in den Wasserstößen der Quelle –, dann wieder frei stürzend, reißend und sich versprühend. Am schwersten beweglich schließlich ist die Erde, den drei anderen gegenüber das feste Element. Wohl durchfeuchtbar, durchlüftbar, wenn sie sich mit den Elementen Wasser und Luft verbindet: knetbar, beackerbar und zu außerordentlicher Fruchtbarkeit fähig, wenn sie sich mit dem Element Wasser vereint; zu Sand, zu Staub zermahlbar bei der Verbindung mit dem Element Luft und Wind; zu gebranntem Ton wiederum, zu feuerfesten Gefäßen erhärtbar in Verbindung mit dem Element Feuer.

In der Konsistenz sind die Elemente unterschieden durch ihre Qualität, einerseits der Flüssigkeit, der Gas- bzw. Geistförmigkeit, andererseits der Festigkeit. Die Luft dringt auch dort noch ein, wo Wasser und Feuer nicht mehr durchdringen können; die Erde setzt sich selbst und auch den anderen Elementen Grenze und Form. Dem Feuer schließlich eignet die energetische Licht- und Wärmequalität, die der Verbrennungsprozeß freisetzt: dieses Element existiert nur im Prozeß, ist «Wandlungs-Materie».

Auch wenn dem Menschen alle vier Elemente zugänglich sein sollten, da sie zu seinem Lebensraum gehören und ihm letztlich inhärent sind, so ist doch das eine oder andere Element jeweils stärker für ihn konstelliert, sei es phasenhaft oder sogar phasenübergreifend als seinem Wesen entsprechend und seinen Weg bestimmend. So unterscheidet die Astrologie zwischen Menschen, die stärker vom Erdelement (Steinbock, Stier, Jungfrau), und anderen, die vom Luftelement dominiert werden (Wassermann, Zwilling, Waage); von diesen wieder werden solche unterschieden, die im Feuerelement leben (Widder, Löwe, Schütze), und andere schließlich, die dem Wasserelement verbunden sind (Fisch, Krebs, Skorpion). Es kann vorkommen, daß Menschen von ihrem astrologischen Symboltier träumen: auch dies sind dann oft Träume von den zugehörigen Elementen, zum Beispiel enthält ein Traum von einem Löwenjungen zweifellos auch Anteile von dem feurigen, verspielten Element des jungen Löwen. Hier gilt es, sich jeweils sein Lebenselement als Gabe und Aufgabe bewußt zu machen und daneben den Kontakt mit den anderen Elementen herzustellen, innerpsychisch, aber auch durch den gelebten Kontakt mit anders konstellierten Menschentypen. Überhaupt gilt es hier wie anderswo auch, die Andersartigkeit des anderen wahrzunehmen und ernstzunehmen. Was jeweils das Erdhafte, das Feuerhafte, das Wäßrige und das Luftige in einem psychisch bedeuten, mögen die folgenden Kapitel deutlicher aufzeigen.

Träume von den vier Elementen in vollem Sinn sind natürlich nur solche, in denen die vier oder doch eines von ihnen ausdrücklich genannt sind und auch im Zentrum des Traumes stehen: Wenn in einem Traum jemand mit dem Flugzeug kommt, schließlich landet und später schwimmen gehen will, so ist damit zwar der Weg aus der Luft über die Landung auf der Erde bis hin zum Wasser angedeutet, aber die Elemente spielen doch keine so ausdrückliche Rolle wie etwa dort, wo jemand sein Haus in Flammen stehen sieht und es nun bewußt verläßt und hinausgeht auf das freie Feld, wo die frisch aufgepflügte Erde etwas davon vermittelt, daß hier neues fruchtbares Land für diesen Menschen erreicht ist, wenn auch das Feuer seinen bisherigen Lebensraum zerstört. Hier führt das Wandlungselement Feuer, das die bisherige Lebensbehausung vernichtet, direkt hin zu einer neuen erdnäheren und erdverbundenen Befindlichkeit.

Die Grundbefindlichkeit des Menschen in seiner jeweiligen Situation, oft aber sein Lebensgefühl überhaupt, sprechen jene Träume an, in denen eines der vier Elemente die Hauptrolle spielt: Sie enthalten dann meistens auch die Frage nach einer neuen möglichen Orientierung und, in der Sprache ihrer Bilder, auch den Hinweis auf eine Antwort.

Drei Autorinnen und ein Autor haben Träume gesammelt, zu jeweils einem der vier Elemente, das sie besonders berührte. Es ist kein Zufall, daß sie alle in einer psychotherapeutischen Praxis stehen, wo ihnen täglich Träume erzählt werden, über die sie gemeinsam mit den betreffenden Menschen nachdenken, bis im Gespräch etwas von ihrer Bedeutung aufleuchtet. Träume werden heute vor allem in der psychotherapeutischen Arbeit sehr ernst genommen, da sie unentbehrliche Wegweiser zum Unbewußten eines Menschen sind und sich in ihnen seine innere Landschaft, seine Befindlichkeit spiegelt. Untrüglich zeigen die Träume, wie es in ihm aussieht, was ihm fehlt.

Sie zeigen es ihm allerdings in einer Bilderfolge, einer Symbolsprache, in der wir uns etwas kundig machen müssen, um die Träume in ihrer Bedeutung für unser Leben wieder voll zu verstehen: «Die Symbolsprache ist die einzige Fremdsprache, die ein jeder Mensch lernen sollte» (Erich Fromm). Sie erschließt sich uns bereits in großem Umfang, wenn wir uns einfach wieder erlauben, Bilder auf uns wirken zu lassen, auf unser Gefühl, so wie wir es als Kinder taten, wenn wir Märchen hörten oder auch, wenn jemand im Familienkreis einen Traum erzählte. Auf einmal spüren wir, daß diese Bildersprache gar keine Fremdsprache ist, sondern eine unserer frühesten Muttersprachen.

Die Beiträge dieses Buches zu den Traumbildern der vier Elemente möchten dazu anleiten, uns mit dieser Sprache wieder vertraut zu machen.

Die Sprache der Träume wieder zu erlernen, kann wichtig, lebenswichtig für uns werden, da sie, wie wir sagten, Auskunft über unsere innere Verfassung geben können, wenn wir uns bedroht, geängstigt und nicht mehr im Lot fühlen. Und nicht nur dies. Träume geben, zumindest für den kundigen Blick, Hinweise auf die geheimen Ressourcen, die auch ein belasteter Mensch noch hat, auf seine Potentiale, die er entwickeln könnte. Es steckt also auch eine Prognose im Traum: In der Jungschen Tradition nennen wir dies seine prospektive, seine vorausblickende Funktion. Dies wird einsichtig, wenn wir bedenken, daß Träume jede Nacht als schöpferische Produkte aus den Spannungen zwischen unserem bewußten und unserem unbewußten Erleben entstehen, die wir mit in den Schlaf genommen haben. Die Bilderfolgen der Träume lassen rückschließen auf die Kräfte, die in unserer inneren Werkstatt wirken, um den am Tage unerledigt gebliebenen Konflikten zu begegnen und sie schließlich zu überwachsen. So träumt ein Mann nach dem Reaktorunglück von Tschernobyl, als er nicht mehr wagt, sich der Gartenarbeit an der Erde zu widmen: Er solle Erde essen, das werde sein Herz stärken und die Erde reinigen. Eine weibliche Stimme sagt ihm das, mit großer Autorität. Er träumt etwas Paradoxes, und doch hebt ihn gerade dies über die unerträgliche Spannung zwischen der Angst, die verstrahlte Erde zu berühren, und der Sehnsucht, sie gerade jetzt berühren zu können, hinaus. Durch seine innigstmögliche Verbindung mit der Erde, sagt der Traum, würde sein Herz gestärkt und die Erde heilen. Symbolisch ist das stimmig, denn bei inniger Verbindung des Menschen mit der Erde würde er sie so behüten, daß keine Verstrahlung mehr vorkäme. Das Essen von Erde ist überdies eine alte Heilpraxis und ein altes Heilritual.

Jeder Traum hat in erster Linie mit uns selbst zu tun, alle auftretenden Figuren und Objekte, also hier auch die Frau, die mit Autorität spricht, aber auch die Erde selbst, können sich auf in der Mitwelt existierende Personen und Objekte beziehen (Objektstufe) oder auch auf Personen und Gegenstände in unserer Innenwelt (Subjektstufe). Auf der Subjektstufe verstanden, würde also eine weibliche Stimme in der Psyche des Träumers ihm diese Verbindung mit der Erde nahelegen, die sich zugleich auf seine eigene innere Natur, seinen Körper zum Beispiel, beziehen läßt. Wie diesem Träumer die Verbindung mit der Erde, so könnte einem anderen von einer Traumfigur nahegelegt werden, sich mit dem Wasser, mit dem Feuer oder aber mit der Luft so zu verbinden, daß diese Vereinigung sein Herz stärken würde.

In den folgenden Kapiteln versuchen nun die Autorinnen und der Autor, alle auf ihre Art, uns mit einem dieser Elemente so in Kontakt zu bringen, daß wir uns mit ihm verbinden können, wenn es in einem unserer Träume erscheint.

Luftträume

Von Verena Kast

Danksagung

Ich danke allen Frauen und Männern, die mir ihre Luftträume erzählt haben und mir die Erlaubnis gegeben haben, sie in diesem Text zu verwenden. Ich habe sie so niedergeschrieben, wie sie mir erzählt wurden, oft vom Schweizerdeutsch ins Hochdeutsche übersetzt. Ich hoffe, daß diese Träume von der Luft anregen, auch selber der Luft in den eigenen Träumen und dem Luftbereich im eigenen Leben etwas auf die Spur zu kommen.

Die Luft und ihre Symbolik

Die Luft ist unsichtbar – und doch überall vorhanden, wo Leben ist, sie hat keine feste Gestalt, und auch wenn sie uns berührt oder wir sie berühren, festhalten können wir sie nicht. Dieses Phänomen läßt uns die Luft auch als geheimnisvoll erscheinen. Sichtbar wird sie an den Bewegungen, die sie auslöst, im wogenden Kornfeld, vom Wind bewegt, am Wasser, das sich kräuselt durch einen Lufthauch, oder aber auch aufgepeitscht ist von Sturmböen aus wechselnden Richtungen. Sichtbar wird sie auch am Brustkasten, der sich hebt und senkt, während wir atmen. So steht die Luft symbolisch in engem Zusammenhang mit Atem und Wind – sie ist lebensnotwendig. Die Luft ist spürbar, oft nur als zarter Hauch, meistens verbunden mit einem zarten Duft, der uns anweht, der uns «anrührt», Ahnungen in uns wach werden läßt, uns ein erstes Gefühl von Aufbruch, von Frühlingsstimmung vermittelt, von neuem Werden. Es ist dann, wie wenn aus einem Bereich, der uns übersteigt, etwas an uns herangetragen wird, unser psychisches System belebt wird, uns so etwas wie neues seelisches Leben eingehaucht wird. Es rührt uns etwas an aus einer geheimnisvollen Welt, die über uns hinauszugehen scheint, aus einer Welt des Geistes, wie wir traditionellerweise sagen, oder aus einer Welt der Geister. Auf jeden Fall werden wir von außen berührt, aus der Ruhe gebracht, in Bewegung gebracht und belebt. Es ist wie eine zärtliche Berührung vom Unsichtbaren her – und dieses Unsichtbare wird Geist genannt, vielleicht auch Engel, wenn wir davon fasziniert sind; von «Geistern» sprechen wir, wenn wir uns ängstigen. So oder so – der Hauch zeigt an, daß etwas Neues beginnt. Es ist, als würde sich hier auf einer neuen Ebene wiederholen, was sich bei der Geburt ein erstes Mal ereignet: mit dem ersten Atemzug treten wir in dieses Leben. Etwas Neues beginnt. Wenn wir sterben, hauchen wir das Leben aus. Mit dem Atmen des Menschen ist das Thema von Leben und Tod untrennbar verknüpft. Mehr noch: indem wir atmen, sind wir dem Kosmos verbunden, eingebunden in einen lebensnotwendigen Rhythmus des Lebens von Aufnehmen und Abgeben, der wohl auch ein kosmischer Rhythmus ist. Was der Atem dem Menschen ist, ist der Wind dem Kosmos.

Die Luft ist überall, teilt sich allen Lebensprozessen mit, sie macht diese leichter und dynamischer. Sie weht, wo sie will, und findet fast überall ihren Weg. Es ist deshalb auch verständlich, daß sie hochgeschätzt als Dynamik des Geistes gesehen wird, und gefürchtet, aber wohl nicht weniger geschätzt, als Ort der Geister.

Die Luft ist aber auch das Element, das die Verbindung schafft zwischen allem, was es gibt auf der Welt, sie ist das Element, das die Wechselwirkungen von allem mit allem bewirkt. Am nächsten ist uns das, wenn wir daran denken, wie die Luft Menschen miteinander verbindet: wir atmen die Luft ein, die andere Menschen ausatmen. Wir teilen unseren Atem, wir teilen unsere Luft. Die Luft trägt aber auch die Schallwellen, die Töne – sie ist ein wesentliches Mittel für die Möglichkeit von Kommunikation im weitesten Sinne. Luft verbindet alles mit allem, sie trägt Düfte zu uns, Bazillen, Nachrichten – alles mögliche. Es ist wohl nicht zufällig, daß Hermes, der Götterbote, der zwischen Menschen und den Göttern der Unterwelt die Verbindung herstellen mußte, in der Kunst mit geflügelter Kappe und geflügelten Sandalen abgebildet wurde – die Flügel als Hinweis darauf, wie sehr er dem Luftbereich verbunden ist. Als Beschützer der Reisenden, «Glückbringer und Schutzgottheit der Diebe und Kaufleute»[1] und als Gott der Intellektuellen macht er deutlich, wie er zuständig ist für die Bewegung auf der Welt.

Die Luft setzt etwas in Bewegung, dynamisiert das Leben, nimmt das Leben in eine Dynamik hinein. Diese Dynamik ist von einer speziellen Art: sie ist eben «luftig», und das heißt, leicht. Traumbilder und Imaginationen, in denen das Luftelement betont ist, betonen die Vertikalität des Lebens. Die Luft verbinden wir mit der Bewegung nach oben, traditionell mit dem freien Himmel über uns, in den viele Menschen auch das Unendliche hineinprojizieren können, all das, was Menschenleben transzendiert – die Transzendenz. Die Vertikalität als Dimension des Lebens meint, daß wir nicht nur in der Welt der alltäglichen Fakten leben, sondern daß wir immer auch Interessen haben, die über die Fakten hinausgehen. In der vertikalen Dimension verbinden wir uns der Höhe und dem Luftigen. Luft gibt uns die Möglichkeit, uns emportragen zu lassen, die Leichtigkeit des Seins zu genießen, uns der Fröhlichkeit, den gehobenen Stimmungen, wie Freude, Inspiration, zu überlassen und zu spüren, wie diese uns das alltägliche Leben erleichtern, uns unsere Alltäglichkeit transzendieren lassen.[2] Mit dieser Leichtigkeit geht oft eine Dematerialisierung einher, so werden wir etwa in Träumen, in denen wir fliegen, leichter, ein Wind kann uns beschwingen, so daß wir uns leichter und dynamischer fühlen usw. Dabei kann man zu leicht werden, oder aber gerade eine gewisse Leichtigkeit nicht erreichen, die zu erleben wünschbar wäre. In der Faszination durch das Fliegen oder in der Angst vor dem Fliegen drückt sich das Grunderlebnis «Luft» für den Menschen sehr deutlich aus: von der Luft getragen, abgehoben von der Widerständigkeit und Schwerkraft der Erde, über den Dingen zu schweben mit einem Gefühl der grenzenlosen Freiheit. Und – wir wissen alle, daß wir irgendwann wieder landen müssen.

Das Element Luft nimmt uns in einen Bereich der Unbeschwertheit, der Leichtigkeit, der Beweglichkeit und damit in einen Bereich großer Flexibilität hinein. Das sind Ausdrücke, die wir mit Freiheit assoziieren, und es gibt auch den französischen Ausdruck: «libre comme l'air» – frei wie die Luft. Bachelard[3] spricht davon, daß wir dann, wenn wir vom Element der Luft ergriffen sind, ein Gefühl für Freiheit bekommen. Wir haben dann einen Spielraum, bewegen uns leichtfüßig oder vielleicht auch schon wie von Flügeln getragen, sind euphorisch, begeistert, vom Geist erfaßt. Was aber so flexibel und nicht allzusehr belastet von Erdenschwere sich gibt, kann leicht zur Unverbindlichkeit verkommen, sich als «haltlos» erweisen, zu sehr ohne Boden. Statt begeistert kann man auch nur aufgeblasen sein oder verblasen; statt ergriffen von Ideen, die in die Welt gebracht werden müssen, ist man fasziniert von Luftschlössern. Die ängstliche Kritik, die sich in diesen Verfallsformen äußert, ist deutlich von Erdhaftem geprägt und zeigt, mit wieviel Mißtrauen diesem Bereich der Luft begegnet wird. Es ist der Bereich der gehobenen Lebensgefühle, der Phantasien, der Bereich des Irrationalen, der Ideen, aber auch der Bereich eines grundlegenden Austausches und einer gegenseitigen Durchdringung. Es ist die Welt der schöpferischen Ideen im weitesten Sinne. Gesucht und gefürchtet: Hat jemand eine gute Idee oder nur einen «Vogel»? Ist das, wovon jemand ergriffen ist, ein Engel oder ein böser Dämon? Nicht die Luft ist schuld, die Frage ist, wie wir mit den Wirkungen dieser psychischen Dynamik umgehen. Gehobene Lebensgefühle und damit verbundene Phantasien und Visionen zu vermeiden, ist nicht die Lösung, nur weil einige Menschen dann «abheben».

Aber es ist an Ludwig Binswanger[4] zu erinnern, der die Stimmigkeit der «anthropologischen Proportion» als grundsätzlich wichtig erachtet: Dem Schreiten in die Weite muß das Emporgetragenwerden in die Höhe entsprechen, der Horizontalität die Vertikalität des Daseins. Diese beiden Grundbewegungen im Leben des Menschen müssen in einem guten Verhältnis zueinander stehen. Dem Schreiten in die Weite entspricht das Sammeln und Verarbeiten von Informationen, das Ins-Leben-Hineintragen von dem, was man erkannt hat. Es ist gleichsam das Leben auf der horizontalen Ebene. Dem Emporgetragenwerden entspricht das Erfaßtwerden von den gehobenen Lebensgefühlen, von Phantasien, Ideen, Gefühlen der Liebe usw. Dem entspräche das Leben in der Vertikalen, wobei dann dem Emporgetragenwerden auch ein Verwurzeln in die Tiefe gegenübergestellt werden müßte. Ohne die Vertikalität versteht der Mensch nicht, daß er auch über sich hinaus sein kann, geschieht auch wenig schöpferisch Neues. Ohne die Horizontalität wird wenig von diesem schöpferischen Neuen ins Leben eingebracht.

Wenn immer Luft in einem Traum, einer Imagination spürbar ist, dann erleben wir, daß in unser Leben Bewegung kommt, daß sich unsere psychische Einstellung zu den Dingen verändert, daß wir uns atmosphärisch verändern; und damit verändert sich auch das Erleben und die Sicht von Schwierigkeiten. Die Luft wird immer auch mit Atmosphäre in Verbindung gebracht: Da sprechen wir etwa davon, daß «dicke Luft» herrscht oder daß ein Denken in «dünner Luft» stattfindet; in ein Amt etwa hat jemand «frischen Wind» gebracht. Die Luft wird hier zum Symbol für die Atmosphäre, die uns umgibt, die Atmosphäre, die wir mit anderen Menschen teilen. Deshalb spüren wir auch, wenn etwas «in der Luft» liegt, was aber immer auch bedeutet, daß es eben erst erahnbar, spürbar ist, und noch nicht greifbar.

Aber nicht nur frische Luft ist manchmal notwendig, sondern auch ein frischer Wind, also noch mehr Dynamik. Im Wind oder im Sturm begegnet uns die Luft als konzentrierte, gewaltige Dynamik, die große Kraft entwickelt. Diese kann belebend, bewegend, aber auch zerstörend sein. Ein Sturm kann schon einiges zerstören und umwerfen, kann Bäume entwurzeln, Häuser abdecken. Dynamik bewirkt auch unter Umständen Zerstörung. Wir sprechen denn auch von den «Stürmen» des Lebens, meinen damit die Zeiten, in denen es turbulent zu und her geht, Gewohntes nicht mehr gilt und man nur mit großer Mühe einen festen Standpunkt findet. Etwas, das wir außen lokalisieren, stürmt dann auf uns ein, bringt Unruhe in unser Leben, vielleicht Aufruhr, aber immer auch Veränderung. Und da schließlich die Winde, diese strömende Luft, auch dazu dienen, Druckunterschiede auszugleichen, die durch ungleiche Erwärmung der Luft entstehen, so liegt es nahe, auch die Stürme in unserem Leben als Ausdruck einer Ausgleichsnotwendigkeit zu sehen, einer Selbstregulierung.

Bedenken wir, wie sehr die Luft mit einer Bewegung verbunden ist, die plötzlich eintritt und die Veränderung initiiert, also sozusagen das Lebendige am Leben ist, verwundert es nicht, daß dieser Luftbereich als Geistbereich auch immer der Bereich der Götter war, daß Götter mit dem Wind kommen oder durch Windmetaphern näher bestimmt werden: etwa Wotan mit dem Sturmhut, mit seinem achtbeinigen Pferd Sleipnir, das schneller ist als der Wind usw. Der Wind spielt auch in Schöpfungsmythen eine Rolle: er ist oft der Initiator der Schöpfung, das, was den schöpferischen Prozeß in Gang bringt, wie es zum Beispiel im pelasgischen Schöpfungsmythos ausgedrückt ist:

> «Am Anfang war Eurynome, die Göttin der Dinge. Nackt erhob sie sich aus dem Chaos. Aber sie fand nichts Festes, darauf sie ihre Füße setzen konnte. Sie trennte daher das Meer vom Himmel und tanzte einsam auf seinen Wellen. Sie tanzte gen Süden; und der Wind, der sich hinter ihr erhob, schien etwas Neues und Eigenes zu sein, mit dem das Werk der Schöpfung beginnen konnte. Sie wandte sich um und erfaßte diesen Nordwind und rieb ihn zwischen ihren Händen...»[5]

Wenn die Luft immer da und überall ist, dann muß sie auch in jedem Traum vorhanden sein. Wir werden aber dennoch nicht jeden Traum so betrachten, als wäre es ein «Lufttraum». Das Symbol der Luft im Traum werden wir erst dann wirklich in den Blick fassen und bedenken, wenn die Luft eine spezielle Rolle spielt, in einer auffälligen Weise wahrnehmbar wird. Auch werde ich die Träume nicht in letzter Ausführlichkeit deuten, sondern das jeweilige Luftthema als existentielles Thema herauszuarbeiten versuchen.

Der zarte Hauch

Ein 46jähriger Mann träumt:

Ich stehe an einem Teich oder an einem kleinen See und schaue ins Wasser. Es ist etwas graues Wetter mit wenig Konturen. Plötzlich beginnt sich das Wasser ganz leicht zu kräuseln – da muß ein Lufthauch darüber hinweggegangen sein. Das gekräuselte Wasser erheitert mich ein wenig.

Der Träumer erzählte diesen Traum mit bewegter Stimme. Sein Lebensgefühl beim Erwachen war anders als die Wochen zuvor: er fühlte sich wie «neu geboren». Er litt seit längerem an depressiven Verstimmungen und war bestimmt von dem Lebensgefühl, daß sich nichts in seinem Leben bewegte, daß alles grau in grau getönt sei, und daß es nie mehr besser werde. Dieser Traum nun – nach vielen Wochen der erste Traum wieder, den er erinnern konnte – gibt ihm die Hoffnung auf einen Neuanfang – das Wasser beginnt sich zu kräuseln. Es ist dann wohl auch nicht mehr grau in grau, er spürte den Lufthauch im Traum nicht, er weiß aber, daß ein Lufthauch existieren muß. Es kommt Bewegung in sein Lebensgefühl, ein Hauch von irgendwoher bringt Hoffnung auf eine neue Dynamik. Mit dieser Hoffnung aber ist sein Lebensgefühl bereits verändert. Der Traum gibt keinen Hinweis darauf, woher der Wind weht – oder wohin der Wind die Wellen treiben will, nur daß er weht, das ist deutlich – und das genügt dem Träumer auch. Etwas geschieht, das er nicht selber machen muß – und es verändert seine Lebensatmosphäre. Der Traum markiert einen Übergang von einer Zeit der großen Niedergeschlagenheit zu einer Zeit, in der sich dieser Mann plötzlich wieder belebt fühlt und Menschen und

Dinge in der Welt langsam wieder in ihrem anregenden Reichtum auch für ihn sich zeigen. Dieses Lebensgefühl, daß sich etwas bewegt, erweist, wie notwendig für uns Menschen dieses Gefühl ist, um uns lebendig und gut zu fühlen.

Das Motiv des bewegten Wassers kennen wir auch im Zusammenhang mit einer Heilungsgeschichte aus dem «Neuen Testament».

> «Nun befindet sich in Jerusalem am Schafteich die (Anlage), die auf hebräisch Betzata (bzw. Bethesda) heißt, mit fünf Säulenhallen. In diesen lag eine Menge von Kranken: Blinde, Lahme, an Auszehrung Leidende, die auf die Bewegung des Wassers warteten. Es stieg aber ein Engel des Herrn von Zeit zu Zeit in den Teich hinab und brachte das Wasser in Wallung. Wer nun zuerst hineinstieg nach der Wallung, der wurde gesund, von was für einer Krankheit er auch befallen war.»[6]

Dieser Text legt nahe, daß das Wasser allein nicht heilend ist, sondern daß das bewegte Wasser notwendig ist, um ernsthaftere Krankheiten zu heilen. Es braucht die Bewegung, die von einem Engel initiiert wird. In diese Bewegung hinein mußten die Menschen sich stellen, ihr Leben stellen, um wieder gesund zu werden. Wesentlich war dabei, aufmerksam zu sein, wann diese Bewegung sich ereignete. Das heißt im übertragenen Sinne, daß sich diese Bewegungen immer wieder einmal ereignen, aber eben auch nicht ständig – und daß es der Aufmerksamkeit bedarf, um diese Dynamik, die einen Neuanfang verspricht, nicht zu verpassen; das heißt aber auch zu wissen, daß diese kleinen Bewegungen das Leben verändern können.

Der Träumer des oben geschilderten Traumes war sehr aufmerksam auf diese kleine Bewegung, wohl deshalb, weil sein Lebensgefühl so sehr von der quälenden Erfahrung, daß sich nichts bewegt, bestimmt war. Er konnte auch in seiner Vorstellung[7] sich immer wieder dieses Bild zurückrufen und die damit verbundene Emotion spüren – bis andere Bilder dieses Bild in den Hintergrund treten ließen. Dieser kurze

Traum war einer der Träume, an die sich der Träumer noch Jahre später erinnerte, als ein Traum, der eine wichtige Wandlung einleitete.

Ist die Lebenssituation so unbewegt, so fallen Bewegungen auf, auch wenn sie wenig ausgeprägt sind. Ist unser Leben aber lebendiger und sind die Träume auch entsprechend vielfältiger, können solche Bewegungen als «normal» übersehen werden. Eine 43jährige Frau träumt:

Ich bin auf einem großen Passagierschiff, das aber ein Segelschiff ist. Auf dem Schiff ist ein Mann, den ich von früher kenne, das ist mir sehr unangenehm, ich weiß nämlich nicht mehr, wie vertraut wir eigentlich miteinander waren. Es sind noch viele andere Menschen da, und ich verwickle mich immer wieder in Gespräche – oder versuche es wenigstens. Dann lege ich mich in das Rettungsboot und schlafe... Ich höre, wie jemand freudig ausruft: Eine kleine Brise, eine kleine Brise. Daran erwache ich.

Als ich die Träumerin bat, die Bilder des Traumes noch einmal vor ihrem inneren Auge vorbeiziehen zu lassen und die dadurch in ihr ausgelösten Gefühle wahrzunehmen, erzählte sie, daß das Schiff zwar ein Segelschiff gewesen sei, aber keine Segel gesetzt hatte, also am Ort so vor sich hindümpelte. Dieses Gefühl des «Klebens am Ort», wie sie es nannte, wurde ihr sehr bewußt, gerade auch im Gegensatz zum seetüchtigen Segelboot, das auf dem Meer viel Fahrt machen kann. Dieses Segelboot verstanden wir als Symbol ihres Lebensschiffes, eines tüchtigen Lebensschiffes, auf dem jetzt aber gerade ein Problem sich abzeichnet, wohl die Ursache dafür, daß das Schiff im Moment nicht vom Fleck kommt. Dieses Problem, die Flucht vor dem Mann, den sie zu kennen meint, von dem sie aber nicht weiß, was sie eigentlich miteinander gehabt haben, beschäftigte dann die Frau und in der Folge auch mich als Therapeutin so sehr, daß wir die kleine Brise vergaßen. Da war so viel zu erinnern an Beziehungen zu Männern, bei denen die Frau nie gewußt hatte, wie nah sie ihnen eigentlich war, bis hin zu ihrem Ehemann. Das Problem von vertrauter Unvertrautheit, ein sicher wichtiges Problem, stand im Vordergrund. Dieses Sichten des Problems, so wichtig es auch war, bekam bald auch etwas Lähmendes, etwas Quälendes. Zwar versteckte sie sich jetzt nicht vor diesem Problem, aber zu einer Lösung führte dieses zum Teil auch selbstquälerische Erinnern, verbunden mit Selbstvorwürfen, auch nicht. Der Traum bot als Ausweg das Schlafen im Rettungsboot an. An einem Ort der Geborgenheit sollte sie sich erholen – im Schlaf wenden wir uns ja unserer eigenen Welt zu, unserer Tiefe –; im Schlaf kehrt sie sich aber auch von diesem quälenden Problem ab, vertraut zunächst einmal auf die Rettung durch den Schlaf, das heißt, sie baut auf Vertrauen in das Schicksal, darauf daß es eine Rettung aus diesem Problem gibt. Der Traum regt an, das Problem des Vertrauens bei sich selbst anzugehen, und möglicherweise als Folge davon, möglicherweise aber auch ohne ersichtlichen Grund, kommt die kleine Brise, die das Segelschiff der Träumerin, das offenbar festliegt, wieder in Fahrt bringt und auch das Lebensgefühl bringt, wieder in Fahrt zu sein.

Diese kleine Brise nun, die eine große Wirkung entfalten kann – bewirkt sie doch, daß das Schiff, das sich nicht bewegt, wieder in Fahrt kommt –, war über lange Zeit, in der wir mit dem Traum arbeiteten, in den Hintergrund getreten. Wir arbeiteten konfliktorientiert. Es war uns zwar beiden klar, daß der aktuelle Konflikt auch einmal wieder in den Hintergrund treten würde, Aspekte davon vielleicht auch verstanden und gelöst werden könnten. Aber das Aufbruchthema, das in der kleinen Brise angekündigt war, ließen wir damals zu sehr außer Acht.

Es wäre natürlich genau so einseitig gewesen, hätten wir nur diesen Aspekt der neuen Bewegung, des Neuanfangs gesehen und nicht die Konflikte, die dem auch entgegenstanden. Das Symbol der Luft legt aber nahe, nicht nur das Ausweglose, sondern auch die Dynamik zu sehen, die sich anbahnt und die nicht notwendigerweise sich dann einstellt, wenn man sich zuerst genug gequält hat. Die Symbole der Luft legen es nahe, sich von der Entwicklungsdynamik ebenso sehr bewegen zu lassen wie von der Hemmungsdynamik, und sich damit auch den Weg in eine schöpferische Freiheit offen zu halten.

Als es der Frau gelang zu spüren, wie die Brise wehte, wie sie Segel setzen konnte, fiel ihr plötzlich alles Mögliche ein, wie sie mit diesem unvertrauten Menschen vertrauter werden könnte und wie sie dabei auch mit sich selbst in dieser Beziehung vertrauter werden könnte. Die Hemmung, die sie zuvor erlebt hatte, zeigte sich als Ort der möglichen Entwicklung.

Atem

Atemnot

Ein 33jähriger Mann träumt:

Ich erwache (im Traum), weil ich nicht mehr atmen kann. Ich bekomme einfach keine Luft mehr. Ich bin ziemlich verzweifelt, bekomme Todesangst. Jemand gibt mir eine Spritze, und ich schlafe wieder ein. Ich muß im Traum eine Schnur entwirren. Das Durcheinander scheint aber immer größer zu werden. Es ist aber so etwas wie eine Prüfung. Ich werde nervös. Plötzlich entschließe ich mich, das Schnurgewirr einfach auf einen Karton zu kleben – als «Kunstwerk», wenigstens meinen guten Willen sollten sie sehen.

Keine Luft mehr bekommen, nicht mehr atmen können – das ist ein häufiges Traumthema, und es ist auch eine Metapher, die wir im Alltag anwenden: Mir geht dann bald die Luft aus. Das kann verschiedenes bedeuten. Wer es von sich selbst sagt, weiß meistens, worum es geht. Generell gesagt, ist jeweils ein Spielraum so sehr beschnitten, daß es um Sein oder Nichtsein geht, das heißt, daß man eben keinen Spielraum mehr hat. Wie ernst diese Situation ist, zeigt das Traumbild. Keine Luft mehr bekommen, nicht mehr atmen können heißt letztlich sterben.

Im Traum, den ich geschildert habe, bekommt der Träumer denn auch Todesangst. Luft ist lebensnotwendig. Aber nicht nur die konkrete reale Luft ist lebensnotwendig, sondern auch das Gefühl, Luft zu haben – Freiräume zu haben, Spielräume zu haben, die unverplant sind, Zeit zu haben, in der man träumen, sich Ideen überlassen, in das Reich der Phantasien eintauchen kann.

Der Träumer versteht den Traum als Warnung, er soll ja auch daran erwachen im Traum, er soll hinsehen, wie gefährdet er ist. Er hat vor einiger Zeit eine neue Stelle angetreten, die ihn sehr fordert. Komplizierte Verflechtungen machen ihm zu schaffen, er sieht nicht durch, hat aber den Anspruch, die Sache so rasch wie möglich zu entwirren. Dazu kommt, daß vor kurzer Zeit das zweite Kind geboren worden ist, die Nachtruhe ist gestört. Er hat zudem den Eindruck, er müßte seiner Frau mehr beistehen, als er es aktuell tut. Er ist unglücklich, denn eigentlich versteht er sich als ein Mensch, der Freiräume braucht, er hat früher gemalt in seiner Freizeit, gelesen. Jetzt ist «nichts mehr drin». Keine Luft mehr zum Atmen. Der Traum gibt dann eine Anregung, wie er es anstellen könnte, damit er wieder besser atmen kann: Er soll das Gewirr nicht entwirren, sondern einfach einmal aufkleben, es als «Kunstwerk» betrachten. Der Träumer kann das «Durcheinander» ohne Schwierigkeiten auf die ihn verwirrende Situation am neuen Arbeitsplatz übertragen. Ein Kunstwerk, so meint er, sei das nun gerade nicht. Aber Kunstwerke würde man ansehen, einfach einmal in der Ganzheit auf sich wirken lassen. Und das kann man auch mit Lebenssituationen, die einen verwirren: ansehen, hinsehen, ohne von sich gleich zu verlangen, daß man das Problem lösen kann – und dann kann man zumindest wieder atmen.

Der gute Duft

Träume können auch sehr viel direkter darauf hinweisen, daß man nicht mehr atmen kann, daß neuer Atem not tut, und daß mit ihm eine neue Leichtigkeit ins Leben Einzug hält. Eine 46jährige Frau träumt:

Ich stehe an einer vielbefahrenen Straße einer großen Stadt. Ich sollte die Straße überqueren, aber es scheint fast nicht möglich zu sein. Da höre ich, wie ein alter Mann zu einem Kind sagt: Riechst du auch die Lindenblüten? In diesem Moment atme ich tief ein, ein wunderbarer Lindenblütenduft erfüllt mich ganz, beschwingt mich und läßt mich an wundervolle Zeiten meines Lebens denken. Ich erwache sehr beschwingt.

Die Träumerin hat in der Tat im Augenblick das Lebensgefühl, eine vielbefahrene Straße überqueren zu müssen, ohne dies auch wirklich tun zu können, da sich ihr zu viele Hindernisse entgegenstellen – ihre Absichten kollidieren im Moment wirklich immer wieder mit den Absichten anderer Menschen. Doch der Traum bewirkt, daß sie von einem Lebensgefühl der Leichtigkeit, der Romantik, der Erinnerung an gute Zeiten ihres Lebens wieder eingeholt wird. Sie atmet tief ein und spürt, daß das Leben auch noch andere Atmosphären hat, an die sie sich erinnern kann und die in der Erinnerung viel Freude auslösen. Dieses Erleben vermittelt die Leichtigkeit, die sie braucht, um einen schwierigen Lebensübergang aufgrund einer Trennung zu bewältigen.

Atemlos

Ein 58jähriger Mann träumt:

Ein mir bekannter Sänger tritt auf. Er scheint atemlos zu sein, wie wenn er kurz vor dem Auftritt noch eine Treppe hinaufgerannt wäre. Die Zuhörer werden unruhig, beginnen herumzurutschen auf den Stühlen, sie fangen an zu sprechen, wie wenn das gar kein Konzert wäre. Der Sänger scheint davon nichts wahrzunehmen, verliert aber auch nicht das Kurzatmige seines Vortrages. Eine Frau neben mir fragt sich laut, ob das vielleicht der neue Stil sein könnte. Wenn es so ist, dann scheint mir der neue Stil wenig erstrebenswert zu sein.

Dem Träumer fällt ein, daß er sich am Morgen nach diesem Traum sehr schlecht gefühlt habe, er habe nicht mehr durchatmen können. Dieses Lebensgefühl des Atemlosseins, des Kurzatmigseins kenne er gut von sich selbst – er werde jetzt immer kurzatmiger, weil er ja immer älter werde. Zu dem Sänger fiel ihm zunächst nur ein, daß dieser, ein Mann in seinem Alter, am hiesigen Stadttheater singe; daß er zwar nicht kurzatmig sei, aber wohl auch niemals so gelassen bliebe, würde man ihm in solchem Ausmaß wie im Traum die Aufmerksamkeit entziehen. Der Sänger im Traum habe wahrscheinlich gar nicht wahrgenommen, was um ihn herum vorgehe, er müsse sehr damit beschäftigt gewesen sein, sich den Atem zu erhalten. Der Träumer fühlte sich empathisch in den Sänger ein, der gehetzt, mit letzter Anstrengung versuchte, seine Pflicht zu tun, zu singen – und dem niemand seine Anstrengung zu honorieren gedachte. Der Träumer fand die Parallelen zu seinem Leben, sah das Vergleichbare darin, daß auch er selbst immer wieder versuchte, überall noch genau soviel zu bringen wie ein Junger.

Der Deutung auf der Subjektstufe gemäß stellte aber nicht nur der kurzatmige Sänger einen Aspekt seiner Persönlichkeit dar, sondern alle die Menschen, die leicht irritiert auf den Stühlen herumrutschen und die zu sprechen beginnen, die sich abwenden, wären ebenfalls Anteile von ihm selbst, auch die Frau, die sich überlegt, ob das vielleicht ein neuer Stil sei. Da sich der Träumer so sehr mit dem Sänger identifizieren kann, ist anzunehmen, daß alle diese irritierten Seiten in ihm eher verdrängt werden. Der Traum macht aber deutlich, daß es Seiten in ihm gibt, die sich mit dieser kurzatmigen Art nicht zufrieden geben, die sich zwar wohlwollend, aber doch kritisch äußern.

Die Erklärung, daß die Art des Vortrags vielleicht ein neuer Stil sein könnte, macht dann den Träumer hellhörig. Kurzatmigkeit als Stil? Als Stil, um etwas auszudrücken, als Stil vielleicht auch, um etwas zu erreichen? Dem Träumer fällt dazu ein, daß Kurzatmigkeit in ihm das Gefühl auslöst, daß die betreffenden Menschen ihre Gelassenheit verloren haben, aber auch, daß sie gehetzt sind, sich überfordern – was mit dem Verlust der Gelassenheit meistens zusammenfällt. Weiter fällt ihm ein, daß er immer wieder einmal den Ausdruck «Man muß halt einen langen Atem haben» benützt. Hat er den langen Atem nicht mehr, diese ruhige, geduldige, entschlossene Haltung, die sich auch von den widrigen Umständen nicht beirren läßt, die vielmehr an ein, wenn auch fernes Ziel glaubt? Kurzatmig sein, den langen Atem verlieren: das ist ein Verlust des je eigenen Lebensrhythmus. Die Geschwindigkeit des Lebensrhythmus ist nicht mehr koordiniert mit der körperlichen Möglichkeit des Atmens. Und die Konsequenz: «Der Kammersänger soll sich etwas langsamer bewegen, wenn er auf die Bühne gehen will, er soll sich so bewegen, daß er nicht außer Atem kommt.»

Es ist dies ein Traum, der am Symbol der Kurzatmigkeit dem Träumer nahelegt, daran zu denken, daß er älter geworden ist, daß es Zeit ist, seine Wünsche seinen realen Lebensmöglichkeiten anzupassen. Ein Traum auch, der anfragt, ob der Träumer einen gehetzten Lebensstil pflegt – denn immerhin tritt der Sänger im Traum so auf und bringt dadurch, daß er außer Atem gerät, doch immer einmal wieder zum Ausdruck, wieviel Mühe er sich gibt. Dem Träumer selber würde allerdings der neue Stil nicht gefallen.

Der Druck auf der Brust – ein Angsttraum

Ein 30jähriger Mann erzählt, er sei mitten in der Nacht mit Gefühlen von Panik erwacht, er sei sicher gewesen, daß sein Bruder auf seiner Brust sitze und versuche, ihn zu ersticken. Sein Bruder wohnt aber einige Stunden von ihm entfernt, und würde auch im Wachzustand so etwas nicht mehr tun. Die Situation erinnert den Träumer aber daran, daß im Kampfe mit seinem zwei Jahre jüngeren, ihm an Körperkräften aber schon früh weit überlegenen Bruder, diese Situation oft vorkam: Der Bruder saß ihm auf der Brust und versuchte zusätzlich, ihm mit einem Kissen Nase und Mund zu verschließen. Das löste jeweils große Angst und eine «gewaltige Wut» aus.

Da der Träumer ganz allein schlief, mußte er wohl mit einem Traum aufgewacht sein, einem Traum, den er körperlich intensiv erlebte. Er konnte sich nur an eine kleine Traumepisode erinnern, die er dann wie folgt erzählte:

Ich liege auf dem Rücken und schlafe. Jemand – wie ein Ungeheuer – setzt sich auf meine Brust. Mir wird «eng» und ich erwache mit Panik, ich habe Angst, ersticken zu müssen.

Die Verbindung zur Lebensgeschichte hatte der Träumer schon hergestellt, indem er den Verdacht äußerte, sein Bruder habe sich auf seine Brust gesetzt und versucht, ihn zu ersticken, also letztlich versucht, ihm das Leben zu nehmen. Nun war das natürlich nicht die Absicht des kämpfenden Bruders gewesen; der kämpfende Bruder wollte vielmehr dem älteren Bruder nur beweisen, daß er stärker sei, daß er der Überlegenere sei. Dennoch hatte der Träumer diese Machtdemonstration nicht so harmlos aufgefaßt: er fühlte sich bedroht. Der Bruder engte ihn auch nicht einfach in der Bewegungsfreiheit ein, wie er es durch Festhalten getan hätte, sondern er beengte seinen Atem, er nahm ihm die Atemfreiheit, die Freiheit zu atmen. Dadurch erlebte der Träumer Angst um sein Leben. Diese Rivalitätssituation löste in ihm große Angst aus, Todesangst, vielleicht auch Lebensangst.

Diese Angstsituation wiederholt sich nun zu einer Zeit, in der der Bruder zwar nicht mehr vorhanden, aber doch immer noch der unsichtbare Rivale ist, an dem alles berufliche Fortkommen gemessen wird: hat doch der Bruder es weiter gebracht als er selbst – das meint der Träumer wenigstens. Es ist also das Lebensgefühl des Träumers, daß der freie Atem jederzeit von jemandem weggenommen werden kann, daß der eigene Atem letztlich nicht ihm selbst gehört. Außerdem fällt auf, daß der Träumer sich nicht wehren kann – er wacht auf – in Panik, schweißgebadet, mit klopfendem Herzen. Diese leiblichen Ausdrucksformen der Angst sind ihm sehr gegenwärtig. Und das scheint mir typisch zu sein für Träume, in denen die Luft als Atem eine Rolle spielt. Es ist ja auch nicht auszumachen, ob zuerst der Traum war – und verbunden mit ihm die Atemnot, oder zuerst die Atemnot, die diese vertrauten Bilder aus seinem Leben wecken.

Im Laufe des Gespräches stellte sich heraus, daß in seiner Firma ein Mann neu eingestellt worden war, der dem Träumer einen etwas forschen Eindruck machte. Bewußt sagte er sich, daß schon viele Mitarbeiter gekommen und auch gegangen seien, unbewußt scheint er Angst zu haben, in der Rivalität mit diesem neuen Mitarbeiter nicht bestehen zu können. Oder anders ausgedrückt, jeder potentielle Rivale wird von ihm als Mann gesehen, der ihm die Luft wegdrükken will und kann. Er delegiert die ganze Potenz des feindseligen Handelns auf diese «Brüder», die damit zu Ungeheuern werden, ihm bleibt dann der Angstpart. Angst zu haben heißt aber in Luftmetaphern: keine Luft mehr haben, keine eigene Luft mehr haben, den Austausch mit den anderen Menschen, mit dem Kosmos nicht mehr leisten können.

Der Traum macht den Träumer darauf aufmerksam, daß er wieder in der Situation ist, all die feindseligen Gefühle, die er selber hat, bei sich nicht wahrzunehmen, sie statt dessen hinauszuprojizieren, sie einem anderen Menschen «anzuhängen», und daß er letztlich doch darunter leidet, weil diese Gefühle in der Gestalt eines Ungeheuers, mit dem man in der Regel nicht so gut umgehen kann, ihn ganz zentral beeinträchtigen.

Dieser Traum ist ein Traum, der von vielen Menschen geträumt werden kann. Alle möglichen und unmöglichen Gestalten können ihnen dabei auf der Brust sitzen und die Luft wegdrücken. Die Folge davon ist immer ein Gefühl der Einengung, der Angst, der Panik. Manchmal gelingt es, die Gestalt, die auf der Brust sitzt, deutlicher zu erkennen und noch genauer als im vorhergehenden Traum mit dem Ungeheuer herauszufinden, was einem die Luft zum Leben abdrückt, wo man ansetzen muß, um sich diese Luft zu erhalten. Dafür ein Beispiel. Eine 26jährige Frau träumt:

Ich erwache daran, wie ich eine Frau, die mir auf der Brust sitzt und mir die Luft abdrückt, mit einem kräftigen Schlag aus dem Bett werfe. Ich schlafe befriedigt weiter. Da spüre ich, daß sie sich wiederum auf meine Brust setzt. Jetzt werde ich sehr ärgerlich. Ich mache mich ganz klein und halte sie dann unvermittelt fest. Ich habe einen ziemlich stählernen Griff – jetzt soll sie einmal schauen, wie sie sich befreit.

Die Träumerin erzählt im Nacherleben des Traumes, wie sie zunächst von Angst erfaßt, dann von Wut gepackt worden sei – und sie ist sichtlich stolz darauf, daß es ihr gelungen ist, die Frau, die ihr auf der Brust sitzt, hinauszuwerfen. Wer aber ist diese Frau? Solange die Träumerin sie hinauswirft, solange kann sie nicht feststellen, wer ihr auf der Brust sitzt. Erst als sie sie festhält, selber aggressiv klammert, kann sie die Frau ansehen.

Zunächst fällt der Träumerin nicht ein, wer die Frau ist. Sie ist stolz darauf, daß sie nicht mehr einfach in Angst versinkt, oder in Panik ausbricht, wenn sie einen solchen Traum träumt, sondern daß sie zupackt. Es ist nicht das erste Mal, daß sie einen Traum dieser Art hat, und der Traum zeigt in der Tat, daß sie gelernt hat, selber auch zupackend zu sein, ja daß sie sogar gelernt hat, mit ihrem Atem haushälterisch umzugehen, sagt sie doch, sie habe nur ganz flach geatmet, um möglichst lange Luft zu haben.

Im imaginativen Nacherleben des Traumes fällt ihr, als sie in das Gesicht der Frau schaut, dann doch ein, daß es sich um eine Frau handelt, die sie als außergewöhnlich neidisch erlebt. Diese Frau könnte also zugleich eine neidische Seite der Träumerin verkörpern. Der Traum gäbe dann den Rat, diese neidische Seite festzuhalten, sie anzusehen, zu sehen, was denn der Neid von ihr will. Der Neid macht uns jeweils darauf aufmerksam, daß wir mit uns selbst nicht zufrieden sind, daß wir entweder jemand sein möchten, der oder die wir nicht sind, daß wir, sozusagen mit einem fremden Atem leben möchten, oder aber er zeigt uns, daß wir zuwenig aus unserem Leben machen. Wochen später fiel der Träumerin ein, daß sie sich zu der Zeit, als sie den Traum träumte, sehr unzufrieden fühlte und sich auch sehr schwer vorkam, so daß sie das Gefühl hatte, alle anderen Menschen hätten es sowieso leichter als sie. Es gibt manchmal auch einen unspezifischen Neid – eine Art «Lebensneid» auf alle, die leichter leben –, und er macht das Leben schwer, wenig dynamisch. Nachdem diese Erinnerungen zugelassen wurden, fiel ihr dann auch ein, auf welche Menschen sie besonders neidisch gewesen war. Neid raubt die Atemfreiheit.

Kein Atem mehr

Eine 24jährige Frau träumt:

Ich sehe mich am Boden liegen. Menschen sind um mich herum. Alle ein wenig ratlos, aufgeregt. Ich sehe, daß ich (am Boden liegend) nur noch gelegentlich atme. Ich scheine zu sterben. Ich trage hellblaue Kleider. Der am Boden Liegenden, also mir, scheint es nichts auszumachen. Ich (das beobachtende Ich) bin überrascht, erstaunt und etwas traurig. Aber es scheint keine andere Lösung zu geben. Ein Mann hält dem Ich am Boden einen Spiegel vor den Mund – er beschlägt sich nicht mehr. Alle sind andächtig und traurig. Sonderbarerweise habe ich auch einen Spiegel in der Hand. Ich halte ihn mir vor den Mund, er beschlägt sich kräftig – und wird dunkelrot. Das muß wohl ein Zeichen dafür sein, daß ich lebe, denke ich. Dann mache ich vor Freude Luftsprünge. Die Menschen bei meinem toten Ich scheinen das nicht zu merken.

Die Träumerin war von diesem Traum sehr beeindruckt. Obwohl es für sie vom Erleben des Traumes her fraglos war, daß sie sich letztlich mit dem Ich, das weiterlebte, identifizierte, mit dem Ich, das atmete, ja sogar einen ausgesprochen vitalen Atem hatte, was sich dann auch an den Luftsprüngen der Lebensfreude ausdrückte, beschäftigte es sie doch sehr, daß sie im Traum wirklich gestorben war, die letzten Atemzüge tat.

Das Ich im hellblauen Kleid atmet nicht mehr, wird auch

von der Träumerin selber beobachtet, wie es die letzten Atemzüge tut. Die letzten Atemzüge – ein Moment von großer Intensität und absoluter Endgültigkeit, ein geheimnisvoller Moment, ein feierlicher Moment, in dem die Existenz eines Menschen und der Verlust der Existenz gleichermaßen aufscheinen. Ausgedrückt im Atem.

Allerdings hatte die Träumerin keinen Zugang zum Ich, das am Boden lag, also keinen ganz natürlichen Tod zu sterben schien, sondern doch eher einen Tod unterwegs. Beeindruckt sind die Menschen, die zusehen, beeindruckt ist auch das Ich, das Luftsprünge macht vor Freude am Leben – und dementsprechend einen freien Zugang zum Atem hat: Für Luftsprünge braucht man auch atemmäßig viel Luft, nicht nur die Luft, in die man hineinspringen kann.

Die Frau im hellblauen Kleid ist gestorben, man muß das wahrnehmen. Offenbar müssen sich auch die sie umgebenden Menschen sicher sein darüber, daß sie wirklich tot ist, sie prüfen, ob sie noch atmet – das Atmen als das sichtbare Zeichen des Lebens. Diese Bedeutung wird besonders deutlich erlebbar in der Situation, in der das beobachtende Ich auch die «Atemprobe» macht: nicht nur beschlägt der Spiegel sehr, was auf einen warmen Atem hinweist, einen lebendigen Atem, sondern der Spiegel wird auf eine geradezu magische Weise dunkelrot. Die Träumerin deutet diesen Farbwandel als Zeichen der Lebendigkeit. Rot gilt als Farbe des Blutes, damit der Vitalität, des Leidens und der Leidenschaft, der hitzigen Gefühle ganz allgemein.

Der Traum stellt das Ich in zwei Erscheinungsformen sich gegenüber, in dem Ich, das den letzten Atem aushaucht, und in einem Ich, das einen Atem hat, der die Welt rot färben kann, ein glühender Atem, der die Welt lebendig macht. So zeigt der Traum, daß die zwei extremen Pole der Lebendigkeit – Sterben und höchstes Lebendigsein – am Atem, also letztlich an der Luft, dargestellt werden können; und die Lebendigkeit verdeutlicht sich dann weiter und schafft sich noch mehr Ausdruck in Bewegungen, die in die Luft hinaufgehen – in Luftsprüngen.

Für die Träumerin wurde klar, daß das Ich in den hellblauen Kleidern, das sie mit der auf größte Unschuld bedachten Lebenshaltung ihrer Adoleszenz in Zusammenhang brachte, sterben mußte, damit das «Ich mit dem Feueratem», wie sie es selber nannte, leben konnte.

Lebensatem einhauchen

Nicht nur das Ende des Lebens ist mit dem Ringen nach Atem verbunden, sondern auch der Beginn, der erste Atemzug in dieser Welt. Und so wird denn auch in Träumen eine Belebung dargestellt dadurch, daß etwas beatmet werden muß, daß Atem eingehaucht werden muß, wie sich am Traum einer 38jährigen Frau zeigt:

Ich sehe eine Tonfigur vor mir, eine beleibte Frauengestalt mit sehr runden Formen. Sie sieht aus wie die alten Muttergöttinnen. Ein unbekannter, wenig gepflegter Mann beginnt, die Gestalt «anzublasen», von allen Seiten. Mir erscheint das sehr sonderbar, was er da tut. Er schaut ernsthaft auf und sagt dann: «Sie wird sonst nicht lebendig.» Das leuchtet mir ein, ich blase auch, wie wenn man ein Feuer anbläst – ich erwache daran, daß ich blasend atme.

Die Träumerin war mit einem «Gefühl der Ehrfurcht» aufgewacht. Zwar war sie sich nicht mehr ganz sicher, ob ihr Atemhauch die Gestalt auch zum Leben bringen konnte, sie wußte aber, daß das ihre Aufgabe war, die sie wahrnehmen wollte und wahrnehmen mußte: Leben einhauchen, indem sie sich ganz konzentriert mit dieser Gestalt beschäftigte. An sich war ihr auch die Tonfigur fremd. Sie arbeitete nie in Ton, kannte diese Methode aber natürlich von Freundinnen. Sie selber war eher eine Frau des Wortes. Diese Tonfigur, die sie selber mit den alten Muttergottheiten in Verbindung brachte, löste in ihr Phantasien aus über ein ganz anderes Selbstbildnis des Frauseins, als es ihr bisher wichtig gewesen war. Auch leitete dieses Traumbild ein Phase ihres Lebens ein, in der sie sich noch einmal sehr entschieden mit der Frage auseinandersetzen mußte, ob sie noch Mutter werden wollte. Wohl im Zusammenhang damit stand auch die Auseinandersetzung mit ihrer eigenen Mutter an, von der sie fand, diese sei viel zu sehr «Muttertier» gewesen. Diese Entwertung kompensiert der Traum, indem er der mütterlichen Frau eine Gestalt einer Göttin gibt.

Es ist indessen nicht die Träumerin selbst, die weiß, daß man solchen Figuren, die oft auch für erste Gestaltungen eines Lebensthemas stehen, Beachtung schenken muß, Lebensatem einhauchen muß, sondern ein etwas «schmuddeliger Mann», wie die Träumerin dann anmerkt, ein Mann, der für sie «nicht in Frage käme...». Ein Mann, von dem sie sagt, daß er ein Outsider sei, einer, an dem das Leben vorbeigehe. Vielleicht ist er gerade deswegen fähig, eine sinnlos anmutende Geste zu machen, und die Träumerin immerhin zu überzeugen, mitzutun. Dabei ist beeindruckend, daß nicht ein schneller Erfolg eintritt, sondern daß die beiden – ungeachtet des Erfolges – bereit sind, diese Figur mit ihrem Lebensatem zu bedenken, in der Hoffnung, sie zu beleben.

Was sich in diesem Traum abbildet, ist eine Parallele zu einem Schöpfungsbericht, wie wir ihn aus der Bibel kennen. Da heißt es:

> «Da bildete Gott, der Herr, den Menschen aus Erde vom Ackerboden und hauchte ihm Lebensodem in die Nase; so wurde der Mensch zu einem lebendigen Seelenwesen.»[8]

Atmosphäre

Dünne Luft

Eng mit dem Atem verbunden sind Träume, in denen die Luft etwas aussagt über die Atmosphäre. Die Atmosphäre kann dabei symbolisch verstanden werden – als die Luft, die gewisse Menschen umgibt und die man notgedrungenerweise auch atmet, wenn man mit diesen Menschen lebt, oder ganz konkret als Hinweis auf den Zustand unserer Atmosphäre.

Traum eines 26jährigen Mannes:

Ich kann den Traum nicht mehr ganz erinnern. Ich weiß nur noch, daß ich an der Uni meinen ehemaligen Studienkollegen Herbert treffe. Er erzählt mir etwas von seiner jetzigen Arbeit. Ich kann gar nicht richtig zuhören, ich japse immer nach Luft – als wäre ich auf einem Fünftausender ohne Training. Herbert sagt ganz freundlich: «Vielleicht solltest du doch ein Sauerstoffgerät anschaffen?» Ich erwache. Da kommt mir der Vorschlag reichlich idiotisch vor: Es wäre wohl besser, sich an die dünne Luft langsam zu gewöhnen. Dann werde ich eher wütend und denke, so dünn könne doch die Luft an der Uni nicht sein.

Beim Erzählen des Traumes fällt dem Träumer ein, daß die Luft an der Uni ja zunächst ganz normal gewesen sei – er habe sie nicht wahrgenommen, also war sie normal; und erst als Herbert aufgetaucht sei, habe er den Eindruck gehabt, in der Höhe zu sein, auf einem Fünftausender, da wäre er schon viel zu hoch oben. Es fällt ihm weiter ein, daß Herbert kein Typ für die Berge sei, der Traum müsse symbolisch aufgefaßt werden. Der Träumer erinnert sich dann, daß Herbert so «abgehoben» gesprochen habe; vielleicht sei es ihm auch nur so vorgekommen, weil er nichts verstanden habe. Grundsätzlich sah er, daß für ihn die Luft um Herbert zu dünn sei, daß er sich da nicht wohlfühlen könne, daß er zusätzlich Sauerstoff brauchte. Ging es zunächst um Herbert und darum, daß der Umgang mit ihm dem Träumer im Moment wirklich nicht bekam, weil Herbert in ihm ein tiefverwurzeltes intellektuelles Minderwertigkeitsgefühl belebte und in ihm die Versuchung auslöste, sich intellektueller zu geben, als es seiner Natur entsprach, so konnte der Träumer immer mehr auch Herbert als eine Seite in sich selbst sehen, die sich zum Beispiel dann zeigte, wenn er selber gelegentlich so abgehoben von seinen Studien sprach, daß die Zuhörer und die Zuhörerinnen sichtlich nicht mehr mitkamen, symbolisch auch nach «Luft japsten» und er sich auch noch darüber freute, wenn es den anderen «den Atem verschlug».

Dicke Luft

Der Traum einer 46jährigen Frau:

Ich betrete wie immer das Büro durch eine Zwischentüre. Es stinkt ganz fürchterlich in diesem Büro, wie wenn schon lange nicht mehr gelüftet worden wäre. Es ist ganz dicke Luft. Ich reiße das Fenster auf, das ganze Fenster fällt dabei aus dem Rahmen. Das erstaunt mich nicht einmal so sehr. Jetzt weiß ich wenigstens, warum hier so dicke Luft ist.

Die Träumerin weiß, daß in ihrem Büro «dicke Luft» herrscht. Sie kann ein Problem mit einer Mitarbeiterin nicht wirklich klären, weil diese eine Beziehung zu dem direkten Vorgesetzten der Träumerin hat. Die Träumerin hatte sich allerdings eingeredet, das Ganze wäre doch nicht so schlimm, sie könnte doch damit leben. Der Traum sagt etwas anderes: es ist ganz dicke Luft, und beim Versuch zu lüften, wird auf Abbruch hin gearbeitet. Das heißt, der Versuch, frischen Wind in die Situation zu bringen, würde «den Rahmen sprengen» und dürfte einige Umtriebe nach sich ziehen. Das war wohl auch der Grund, warum sich die Träumerin vorgestellt hatte, sie könne weiterarbeiten, ohne daß die Atmosphäre bereinigt würde.

Verdorbene Luft

Der Traum eines 37jährigen Mannes:

Ich bin auf den Langlaufskiern. Im Engadin, bei den Seen. Der Wind bläst mir ins Gesicht. Es ist unangenehm. Ich binde mir den Schal um Mund und Nase. Wenigstens ist es nicht mehr so kalt. Aber ich atme schwer und huste, ich mache auch kaum mehr Fahrt. Ich kann kaum mehr atmen, irgendwie atme ich spastisch. Vor mir sehe ich plötzlich unzählige Auspuffrohre von Autos. Ich drehe mich um, gehe in eine andere Richtung, obwohl ich weiß, daß ich in Silvaplana erwartet werde. Zuerst geht es mir besser, dann wieder die Auspuffrohre. Ich brülle: «Nein!» Schlage um mich, daran erwache ich.

Der Träumer, ein sehr sportlicher Mann, der gerne auf seinen Langlaufskiern läuft, war erschüttert durch seinen Traum. Er ist zwar umweltbewußt, aber doch immer auch der Ansicht, daß die einen die Gefahr übertreiben, die anderen diese bagatellisieren, daß wohl alles nicht ganz so schlimm ist. Der Traum schreckt ihn auf – und es erfaßt ihn eine Wut gegen die vielen Auspuffrohre, die «wie Geschosse, denen man nicht ausweichen kann», in diesem Traum wirkten.

Der Träumer war erkältet, als er diesen Traum träumte. Das schwere Atmen und das Husten im Traum konnte daher mit seiner aktuellen körperlichen Verfassung zusammenhängen. Interessant aber ist, daß der Traum diese körperliche Beeinträchtigung mit der Landschaft im Engadin in Zusammenhang bringt, einer Landschaft, auf die die «Unterländer» die gesunde Luft und das gesunde Leben ganz allgemein projizieren.

Und beeindruckend sind die Auspuffrohre, die ihn verfolgen. Sie wirken in der Tat wie aggressive Geschosse, denen man nicht ausweichen kann. Der Aufschrei, das Nein dazu, scheint die einzige Lösung zu sein. Nun kann man natürlich diese Auspuffrohre auch symbolisch verstehen, im weitesten Sinne als den Ausstoß seiner eigenen Aggressivität, Restprodukt eines energiekonsumierenden Lebensstils.

Der Traum brachte aber den Träumer dazu, sehr viel nachdrücklicher über die Problematik unseres aggressiven Lebensstils mit dessen aggressiven Abfallprodukten nachzudenken. Denn wenn wir nur noch atmen und husten können, wie bewegen wir uns dann noch vorwärts? Bewegen wir uns überhaupt noch?

Von der Leichtigkeit des Seins

Neue Bewegung

Ein 56jähriger Mann träumt:

Ich bin mit meinem Segelschiff auf dem See. Ich komme nicht vom Fleck. Ich habe das Gefühl im Traum, das ich vom Wachen her kenne: Es ist dann, wie wenn das Wasser plötzlich klebrig wäre; eigentlich müßte man den Motor anwerfen, aber das ist gegen die Seglerehre – noch. Im Traum hatte ich vielleicht gar keinen Motor, auf jeden Fall stellte sich das Problem nicht, aber ich hatte ganz deutlich das eklige Gefühl, das ich vom Wachen her kenne. Warten ohne Sinn, ohne Grund, ohne Aussicht. Plötzlich höre ich ein Klatschen auf dem Wasser: Kleine Fische springen aus dem Wasser durch die Luft und klatschen wieder ins Wasser. Das ist das Einzige, was lebendig ist. Es fasziniert mich. Ich kann aber nicht mehr hinsehen, weil plötzlich eine Brise aufkommt, mein Segelboot fliegt dahin mit einer ungeheuren Leichtigkeit. Ich fühle mich wunderbar lebendig, erlebe die ganze Lebendigkeit des Seins…

Der Träumer, ein schöpferischer Mensch, war davon überzeugt, daß dieser Traum eine unschöpferische, als depressiv erlebte Phase abschloß. Er hatte den Eindruck gehabt, daß sein Lebensschiff, analog dem Segelboot im Traum, nicht mehr vom Fleck kam, daß er «festklebte», was sich auch darin äußerte, daß Lebensprobleme, die ihn zwar sonst auch beschäftigten, ihn auf eine für ihn ungewöhnliche Weise nicht losließen. Auch konnte er dem Warten auf neue Inspiration nichts abgewinnen. «Warten ohne Sinn, ohne Grund, ohne Aussicht.» Im Bild des Segelbootes, das «kleben» bleibt, wo es sich doch dank dem Wind und mit dem Wind weiterbewegen sollte, drückt sich die depressive Gefühlslage des Träumers aus, wobei immerhin deutlich bleibt, daß er ein Segler ist, daß er einer ist, der sich auf dem Wasser mit dem Wind bewegt. Noch hat er sein Segelboot, aber er kann selber den Wind nicht machen. Es könnte das Erleben und das Aussprechen dieser Gefühle des «Klebens» und der damit verbundenen Sinn- und Hoffnungslosigkeit sein, die auch im Traum sehr differenziert wahrgenommen und geschildert werden, was eine Veränderung der Situation bewirkt. Es kann aber auch sein, daß es einfach an der Zeit ist, daß Bewegung in das Lebensgefühl kommt. Die Faszination durch die kleinen springenden Fische – es sind noch keine großen Fische, erst kleine – verändert das Lebensgefühl. Interesse kommt auf für etwas, das außerhalb des Träumers geschieht, und diese kleine Faszination scheint die psychische Stagnation zu beenden – an die Stelle des Lebensekels tritt ein Gefühl für die «Leichtigkeit des Seins», das Segelschiff fliegt geradezu über das Wasser, es fühlt sich wieder lebendig. Zeichen der Lebendigkeit ist für ihn dann, daß er plötzlich wieder viele schöpferische Ideen hat, nicht mehr die Widrigkeiten des Lebens so überbewertet, sich voll Energien spürt.

Natürlich fragt man sich, warum denn das Lebensschiff plötzlich «klebt», warum dann – ebenso unerklärlich letztlich – der Wind weht und Bewegung und damit Lebendigkeit in das Dasein bringt. Zu gerne suchen wir nach Fehlern, die uns erklären sollen, warum wir denn nicht andauernd hart am Wind segeln können. Aber der Wind weht, wann er will und wo er will. Er folgt seinen Gesetzen, die wir nur in einem geringen Maße beeinflussen können. Und – würde der Wind immer wehen, wir hielten dieses Gefühl für selbstverständlich. Die tiefe Dankbarkeit, die uns erfüllt, wenn aus Zeiten der Stagnation heraus plötzlich wieder Lebendigkeit aufbricht, würde uns fehlen.

Luftsprünge

Lebendigkeit, Belebung, aber auch die gehobenen Lebensgefühle, werden oft durch Bewegungen in die Luft ausgedrückt, etwa durch Luftsprünge.

Eine 30jährige Frau, die sich verliebt hatte, träumte:

Auf einer Wiese toben Fohlen herum. Auch eine Stute ist vorhanden. Die Fohlen machen so riesige Luftsprünge, daß sie beim Landen auf der Erde fast bis zum Bauch in die Erde einsinken. Das macht ihnen aber nichts aus – sie fahren mit ihren Luftsprüngen fort.

Dieser Traum zeigte der Träumerin, wie sehr sie innerlich belebt war, inspiriert war, verliebt war. Luftsprünge machen vor Freude, vor Begeisterung. Es sind die Fohlen in ihrer Psyche, die diese Luftsprünge machen, eine junge, vitale Dimension ist angesprochen. Diese Liebe spricht nicht nur das Herz an, sondern auch den Körper, die Vitalität. Daß die Fohlen beim Landen so tief versinken, könnte darauf hindeuten, daß die Träumerin, folgt sie ihrer Leidenschaft, die durchaus etwas Luftiges an sich hat, sich dennoch damit auch ganz tief in das Erdreich, also in das konkrete Leben einlassen wird. Das Einsinken stört die Fohlen im Traum aber nicht – sie sind dennoch fähig, weitere Luftsprünge zu machen.

Das Beschwingtsein durch die Liebe hat immer etwas Luftiges an sich, etwas, das uns den Alltag transzendieren läßt, uns leicht macht und uns andererseits in die menschlich verpflichtendsten Beziehungen hineinstellt.

Luftschlösser

Die Leichtigkeit des Seins, der leichte Sinn, so fürchten wir, führt leicht zu Leichtsinn, zu einem leichtsinnigen Lebensstil, wo man, statt Nägel mit Köpfen herzustellen, «Luftschlösser» baut.

Ein 43jähriger Mann, der von einer Forschungsarbeit sehr beansprucht ist, schwankt in der Bewertung dieser Arbeit. Einmal findet er die Arbeit bedeutungslos und trauert um jede Minute Lebenszeit, die sie verschlingt, dann wiederum meint er, vor einem ganz großen Durchbruch zu stehen. In einer Phase, in der er von den euphorischen Lebensgefühlen bestimmt ist und sicher ist, mit seiner Forschung die Welt wirklich bewegen zu können, hat er den folgenden Traum:

Ich arbeite an meinen Computern. Sie sind kreisförmig angeordnet. Das ist neu, sehr praktisch. Ich rolle auf meinem Bürostuhl von Computer zu Computer, vergleiche, ich bin ganz aufgeregt. Es ist alles aufregend. Dann beginnt der Boden zu schwanken. Ich denke an ein Erdbeben. Mir wird ein wenig schlecht. Ich stehe auf und schaue hinaus. Ich kenne die Gegend nicht. Das Haus steht auch gar nicht mehr auf dem Boden, es fährt durch die Luft wie ein Flugzeug, ohne eins zu sein. Ich erwache mit Gefühlen der Übelkeit.

Der Träumer merkte traurig an, das wäre dann wohl ein Computer-Luftschloß gewesen und die Euphorie unrealistisch, nicht den Tatsachen entsprechend. Er verstand wohl, daß er sich mit seinen Computern nicht mehr auf dem «gesicherten Boden der Tatsachen» befand, wobei der Traum es offen läßt, ob die Euphorie, die Welt bewegen zu können, ein Luftschloß ist oder aber der Umgang mit den Computern, die so interessant angeordnet waren. Wohl eher letzteres. Schon im Traum fand der Träumer es außerordentlich praktisch, daß diese im Kreis angeordnet waren und er sozusagen als Mittelpunkt dieses Kreises jederzeit zu all diesen Computern Zugang hatte und mit Leichtigkeit «verschiedene Welten miteinander in Verbindung bringen» konnte. Da schwankt dann aber der Boden, das ist zuviel für einen Menschen, das ist eine zu grandiose Idee, auch wenn der Träumer sich im Moment ganz in seinem Element fühlt – kein Wunder, bilden die Computer doch einen Kreis, dessen bewegliches Zentrum er selber ist. Das ist zwar das Symbol einer Ganzheit, aber einer Totalität, bei der es einem übel werden könnte. Zu dieser Übelkeit merkte der Träumer an, es sei ihm eigentlich schon längere Zeit nicht mehr so richtig wohl in seinem Leben gewesen, aber er habe seine Forschungen immer allem anderen vorgehen lassen. Aber auch das sei wohl ein Luftschloß: so zu leben, daß man die körperliche Befindlichkeit nicht mehr wahrnimmt, unter der Vorstellung einer Bedeutsamkeit, die sich erst noch erweisen müsse. Der Traum stellte den Forscher auf den harten Boden der Tatsachen – um so mehr noch, als er, vielleicht auch in der Folge des Traumes, entdeckte, daß in einem seiner Programme ein gravierender Fehler versteckt war.

Inflation und Deflation

Größenideen können auch so verstanden werden, daß wir unter ihrem Einfluß aufgeblasen sind, vielleicht auch «verblasen». Wir verlieren dabei das uns angemessene Gefühl für unseren Selbstwert und unsere eigenen Möglichkeiten, halten uns meistens für bedeutsamer, klüger, interessanter, als wir sind. Wir haben dann den Sinn für unsere menschlichen Proportionen verloren. Das mag auch einmal notwendig sein, als vorübergehende Wiederaufrichtung und Stabilisierung in Situationen großer Kränkung. Dauert diese Überschätzung aber an, verwickeln sich die von Größenideen beherrschten Menschen in große Schwierigkeiten, weil sie sich ja auch mehr zugestehen, als ihnen zusteht; oder aber sie leiden, obwohl sie sich so bedeutsam wähnen, unter Angstgefühlen, denn sie können das große Bild von sich selbst nicht abdecken, sie sind immer kurz vor dem Absturz und spüren das auch unbewußt.

Ein 45jähriger Mann träumt:

Ich sehe mich an und stelle fest, daß ich einen ganz aufgetriebenen Bauch habe – wie wenn ich schwanger wäre. Dann schaue ich in den Spiegel und entdecke, daß auch mein Gesicht und meine Arme aufgeblasen sind. Ich sage zu meinem Spiegelbild: «Aufgeblasener Kerl.» Daran erwache ich.

Der Träumer ist ausgesprochen stolz auf seine athletische Figur, die er sich unbedingt erhalten möchte. Er versteht denn seinen Traum auch unmittelbar: im Moment ist er, schaut er genau hin, ein aufgeblasener Kerl. So eine Aussage muß natürlich auf eine bestimmte Lebenssituation bezogen werden, denn es ist ja kaum jemand jederzeit und überall ein aufgeblasener Kerl. Er findet den Bezug nicht sofort, stellt aber fest, daß er, fühlt er sich in die Enge getrieben, wirklich «aufpumpt» und einfach einmal losdonnert. Über diese Assoziation finden wir heraus, in welcher Situation er sich in letzter Zeit besonders aufbläst: in der Auseinandersetzung mit seinem 16jährigen Sohn, für den er einfach der Größte bleiben, für den er Autorität sein will – und das entspricht nicht mehr ganz der Realität.

Eine Träumerin, etwa 55, war in Analyse und hatte zahlreiche «große Träume», von denen sie fasziniert war. Sie identifizierte sich mit den archetypischen Inhalten, die ja nicht eine Errungenschaft des Ich sind, sondern des kollektiven Unbewußten, zu denen sich das Ich aber in Beziehung setzen kann. Wir sind nicht selbst die Göttinnen unserer Träume, falls wir von ihnen träumen. Die Träumerin kam sich durch diese Identifikation sehr bedeutsam vor, ihr Ich war «inflationiert», aufgeblasen. Als Folge davon litt sie unter Angstzuständen. Sie las Literatur zum Thema Inflation und Identifikation und fand selbst heraus, woran sie litt. Die Angst verschwand und sie träumte:

Die (eigene) Stimme sagt: «So entweichen solche Fürze!»

Das lateinische Wort für Furz ist flatus, die eigene Stimme der Träumerin teilt ihr mit, die Deflation habe stattgefunden, aber auch, daß ein anderer Ausdruck für Inflation auch sein könnte: Fürze haben.

Fliegen und Flugzeuge

Der Träumer, der vom Computer-Luftschloß geträumt hatte, sagte, dieses Haus sei wie ein Flugzeug geflogen, ohne jedoch ein Flugzeug zu sein. Damit wird eine Bedeutung des Flugzeugs, eben das «fliegende Luftschloß», angesprochen. Der Vorteil eines Flugzeugs gegenüber einem herkömmlichen Luftschloß, einem Schloß, das in der Luft oder in den Wolken hängt, ist, daß man mit dem Flugzeug starten und landen kann. Bei einem herkömmlichen Luftschloß ist das Landen wesentlich ungewisser, es bestünde sogar die Möglichkeit, ins Weltall abzudriften.

Der Höhenflug

Das Flugzeug kann Symbol einer Größenidee sein, es kann aber auch Symbol für das Erkunden der Luftwelt sein, für einen geschützten Raum, in dem man sich in unbekannte Sphären begibt, vielleicht sich einen gewissen Überblick verschafft, sich aber vor allem, getragen von der Luft, zu neuen Orten begibt.

Auch ist nicht jeder Höhenflug eine Größenidee, ein Höhenflug kann uns auch das Quentchen Begeisterung und Euphorie vermitteln, das wir brauchen, um das Leben auf der Erde zu bestehen. Das wird deutlich im Traum einer 46jährigen Frau, die leidenschaftlich gern fliegt. Sie hatte gerade berufsbegleitend das Abitur (Matura) bestanden und nahm nun ihre Studien auf. Sie war begeistert davon, jetzt endlich all das lernen zu können, was sie schon immer gern gelernt hätte. In den ersten Wochen des Studiums träumte sie:

Ich sitze in einem Flugzeug, das gerade gestartet ist und kraftvoll in den Himmel hineinzieht. Es ist ein wunderbares Gefühl. Da höre ich, wie eine Dozentin sagt: «Meine Damen und Herren...» Und dann spricht sie weiter, hält eine faszinierende Vorlesung. Ich bin hingerissen: zu fliegen und eine Vorlesung gleichzeitig zu hören, das ist einfach wunderbar. Ich erwachte mit einem starken Glücksgefühl und dem Gefühl, viel Energien für mein Studium zu haben.

Die Träumerin sagte, sie habe im Traum selbst vergessen, daß es sich eigentlich um eine Vorlesung in einem Flugzeug handelte, sie habe gedacht, es sei ein Hörsaal, erst beim Erinnern des Traumes sei ihr auch das Witzige dieser Vorstellung ins Bewußtsein gedrungen: der Hörsaal als Flugzeug.

Dieser Traum kann verschiedene Deutungen wachrufen. Die naheliegendste ist wohl, daß für die Träumerin das Hören von Vorlesungen – und vielleicht auch das Hören der Vorlesung dieser bestimmten Dozentin – ein Höhenflug ist, etwas, das sie abheben läßt vom Alltäglichen, das sie in die Welt des Geistes entführt, sie aber auch deutlich an einen anderen Ort hin transportiert, eine Veränderung ihres Standortes und wohl auch Standpunktes bringt. Diese Deutung ist naheliegend, bedenkt man, daß die Träumerin mit einem Glücksgefühl aufwacht, das auch schon im Traum zu spüren ist, und mit dem Bewußtsein, viele Energien für ihr Studium zu haben. Die Träumerin erlebt diesen Traum als Bestätigung, daß ihre Berufswahl, in ihrem Alter nicht ganz selbstverständlich, richtig ist, sie begeistert, ihr auch einen Raum der Freiheit eröffnet. Denn als das erlebt sie das Fliegen: als Sich-Emporschwingen in einen Raum der Freiheit – in einen Raum, der geöffnet ist zum Weltraum hin.

Der Höhenflug in diesem Traum entspricht eher einer Faszination als einer Größenidee, macht der Traum doch Energien frei für praktische Arbeit. Wir haben es hier mit einem Höhenflug zu tun, einer Begeisterung, die notwendig ist, damit wir Menschen große Anstrengungen auch zu unternehmen wagen und sie durchziehen. Der Traum erwies sich im Laufe des Studiums auch als äußerst hilfreich: Wann immer die Träumerin aufgeben wollte, weil ihr die Anstrengung zu groß, die Vorlesungen zu wenig inspirierend vorkamen, fiel ihr immer einmal wieder dieser Traum ein.

«Am Boden allein kann der Mensch nicht leben»

Daß es geradezu zum Menschen gehört, daß er ab und zu vom Boden abheben, sich in die Luft schwingen und dadurch auch am Lebensgefühl des sich Emporschwingens über das Alltägliche teilhaben kann, zeigt der folgende Traum einer 25jährigen Frau:

Ich sitze in einem kleinen Flugzeug. Ich soll es selber steuern. Hinten sitzt der Fluglehrer und beruhigt mich. Ich fahre das Flugzeug wie ein Auto mit 2CV-Schaltung. Irgendwie bringe ich es einfach nicht in die Höhe. Ich fahre auf Startbahnen herum. Vom Tower kommt eine eindrückliche Stimme, die sich unterscheidet von den Stimmen, die ich bisher gehört hatte. Die Stimme sagte: «Am Boden allein kann der Mensch nicht leben.» Die Stimme sagte es ohne jeden Tadel.

Nicht jedes Flugzeug wird von einem Berufspiloten gesteuert, manchmal muß man im Traum selber das Steuer in die Hand nehmen, sogar das Steuer von Flugzeugen. Das hat an sich den Vorteil, daß man auch selber entscheiden kann, wohin mal fliegen will, wo man landen möchte. So grenzenlos ist die Freiheit nun aber auch wieder nicht – es gibt auch in der Luft Vorschriften, an die sich zumindest konkrete Flugzeuge halten müssen; und das gilt meistens auch für die Traumflugzeuge – wenn auch etwas weniger, wie mir scheint.

Nun kann die Träumerin aber nicht vom Boden abheben, sie hat offenbar Angst vor dem Aufsteigen in die Höhe, sonst müßte sie nicht vom Fluglehrer beruhigt werden.

Die Träumerin brachte den Fluglehrer mit ihrem neuen Freund in Verbindung, den sie seit vier Wochen kennt und von dem sie sagt, er habe eine etwas leichtsinnige Lebensauffassung. Er ist sehr verliebt in sie und möchte sich seinen romantischen Gefühlen hingeben. Die Träumerin hat nicht sehr viel Sinn für Romantik, oder meint es zumindest, sie will zuerst abklären, ob sie auch wirklich zusammenpassen, ob sie auch genug gemeinsame Interessen haben usw.

Der Kommentar aus dem Tower, dem Ort, von wo aus der Flugverkehr gelenkt wird, lautet jedoch: «Am Boden allein kann der Mensch nicht leben.» Diese Stimme beeindruckte die Träumerin sehr, sie empfand die Aussage als eine der gültigen Aussagen im Leben und als einen Hinweis darauf, sich doch auch einem Höhenflug – hier im Sinne des Zulassens der verliebten Gefühle – zu überlassen. Um lieben zu können, muß man auch einmal das Gesetz der Schwerkraft opfern können.

Die Schwierigkeit zu landen

Ebenso wichtig wie die Möglichkeit, sich in die Höhe zu erheben, ist natürlich auch die Fähigkeit, mit einem Flugzeug landen zu können. Beim Landen gibt es denn auch verschiedene Probleme, die zeigen, daß der Übergang aus dem Luftbereich auf den Erdbereich nicht ganz einfach ist. Denn eigentlich müßte man das, was man im Luftbereich erlebt hat, vielleicht zunächst im Sinne eines Höhenfluges, einer Faszination des Gefühls oder der Ideen, auf den Boden der Wirklichkeit bringen, in das alltägliche Leben hinein, damit sich dieses verändert. An diesem Übergang zeigt sich oft, was der Flug denn wirklich war – ein fliegendes Luftschloß oder eine notwendige Phase in einem anderen Lebensbereich.

Der Traum eines 34jährigen Mannes:

Ich fliege. Ich kann es ganz gut. Es ist eine alte Kiste, wie man sie aus Kriegsfilmen kennt, ich mit Lederkleidung und Schutzbrille. Das gefällt mir sehr gut. Jetzt sollte ich landen, einfach um wieder einmal auf dem Boden zu sein, ich weiß nämlich nicht, wo ich bin. Wenn ich lande, wird es mir schon jemand sagen können. Ich finde den Hebel nicht zum Landen. Ich stelle mir vor, daß irgendwann das Benzin ausgeht und ich dann ganz gemächlich herunterschwebe.

Der Träumer ergänzt: «Erst beim Aufwachen fällt mir ein, daß ich ja auch abstürzen könnte, so wie in den Kriegsfilmen, wenn eine Maschine ins Trudeln kommt und nicht mehr abgefangen werden kann. Da habe ich mich echt erschrokken, aber im Traum war das alles überhaupt kein Problem.»

Der Träumer hat in der Tat Schwierigkeiten, sich im Leben, in einem Beruf und auch in einer Wohnung niederzulassen. Immer hat er den Eindruck, einen noch besseren Lebensentwurf zu verpassen, wenn er sich einmal definitiv für einen entscheiden würde.

Der Traum schreckt ihn auf, er könnte abstürzen – und das hätte Konsequenzen. So sicher ist er sich da aber auch nicht, denn diese Piloten aus der Kriegszeit seien Helden gewesen, die sich in fast jeder Notlage noch hätten retten können. Er schwärmt von diesen Männern, die jeder Gefahr trotzten. Folgen wir dem Traum und den Assoziationen des Träumers, so wird deutlich, daß er sich identifiziert mit einem nostalgischen Heldenbild, das zudem etwas veraltet ist. Er ist identifiziert mit der Größenidee, sich in jeder Gefahr retten zu können; er idealisiert denn auch diese alten Fliegerhelden noch zusätzlich. Diese Identifikation mildert sein Erschrekken darüber ab, daß sein Lebensstil, der ihn auch äußerst einsam macht, in einen Absturz münden könnte. Von einem «Absturz» zu träumen, könnte für ihn bedeuten, daß er seine Situation plötzlich mit etwas realistischeren Augen sieht, daß er nicht mehr nur die Idee von seinem Leben aufrecht hält, sondern sich fragt, was denn auch faktisch geschehen ist und zählt.

Eine andere Schwierigkeit beim Landen zeigt sich im Traum einer 58jährigen Frau:

Ich bin Pilotin eines Großraumflugzeuges und setze zur Landung an. Ich bekomme Anweisungen vom Tower, die ich aber nicht beachte, ich weiß nämlich sehr wohl, wie man landet. Ich setze die Maschine weich auf – aber sie springt wieder in die Luft, macht eine Pirouette, rammt dabei Flugzeuge und die Feuerwehr. Ich bekommt das Ding nicht unter Kontrolle. Ich bitte den Tower um Hilfe, aber der Funkverkehr ist längst unterbrochen.

Der Traum spricht für sich selbst: ohne Rücksicht auf andere, eigenmächtig und grandios – sie hat sich nicht an die Weisungen des Towers zu halten – will diese Frau landen. Das Großraumflugzeug gehorcht ihr aber nicht, hat sogar ein Eigenleben. Der Funkkontakt, die Beziehung zu den anderen Menschen ist abgebrochen. Wer so selbstherrlich daherbraust, kann nicht auf Hilfe rechnen.

In diesem Traum zeigt sich die Träumerin im Großraumflugzeug am ehesten als Symbol einer Frau, die von einer Größenidee erfaßt ist (Großraumflugzeug), diese allerdings auch «landen» will, sie schon auch in die Welt der Menschen bringen will, aber eben auf eine grandiose Art und Weise.

Die Träumerin begreift überhaupt nicht, weshalb sie einen «so verrückten Traum», wie sie ihn nennt, träumen kann. Geht es ihr doch gerade jetzt so gut. Zum ersten Mal in ihrem Leben hat sie an einem Kurs teilgenommen, bei dem es um Selbsterkenntnis ging; sie war total begeistert und begierig, alles, was sie gelernt hatte, sofort ihrer Familie weiterzugeben. Sie war in der Tat auf einem Höhenflug, der ihr ein sehr viel besseres Selbstwertgefühl suggerierte, als sie es normalerweise hatte, was sie auch leichtsinnig machte. Sie braucht die Anweisungen einer Kontrollinstanz nicht, sie kann alles allein. Bei der Landung wird nun aber deutlich, daß nicht sie über das Flugzeug bestimmt, sondern letztlich das Flugzeug über sie. Sie hat nicht eine Größenidee, die Größenidee hat sie – und da wird es ihr dann auch angst und bang. Die Träumerin erwachte, als sie spürte, daß sie das Flugzeug nicht mehr im Griff hatte. Sie sei zunächst empört gewesen über dieses «hysterische Flugzeug».

Die Träumerin erzählte diesen Traum verschiedenen Leuten – als Kuriosum. Erst einige Monate nach dem Traum, als sie nicht mehr so sehr von ihrem Höhenflug bestimmt war, verstand sie ihn wirklich, verstand die in ihm ausgedrückte Gefahr.

Immer ist in den Träumen vom Fliegen der Aspekt des Getragenseins von der Luft und des Sich-Erhebens über die Welt des Alltäglichen, des nur Horizontalen, ausgedrückt. Wenn wir fliegen, berühren wir den Himmel. Der Natur der Sache gemäß, und das hat durchaus auch mit dem Wesen der Luft zu tun, ist es wichtig, in einem geeigneten Fluggerät in die Luft zu gelangen, aber auch wieder zu landen. Im Fliegen ist ein Kompromiß gefunden zwischen dem Bedürfnis nach dem Sich-Erheben in die Luft und dem Landenmüssen. Im Fliegen ist aber auch die Angst vor dem Absturz, die immer mit dem Element Luft verbunden ist, gebannt.

Der Ort der Geister und der Transzendenz

Es kann im Luftraum aber auch bedeutend geheimnisvoller zugehen als bei den Träumen mit den Flugzeugen. Das zeigt der Traum einer 37jährigen Frau:

Ich weiß, daß ich auf einen Baum klettern muß. Das mache ich – ich bin erstaunt, wie gut ich das noch kann. Oben angekommen heißt es: Jetzt schweben. Ich breite meine Arme aus und mache Flugbewegungen. Schweben! heißt es erneut. Ich wage zu schweben. Die Luft trägt, ich erinnere mich daran, daß ich das als Kind schon konnte – und ich werde immer mutiger. Ich werde immer mehr in die Höhe getragen. Jemand hält mich bei der Hand. Ich schaue scheu hin, weil die Berührung so leicht ist. Es scheint eine Frau zu sein; aber wenn ich hinschaue, sehe ich nur fließende Bewegungen, wie wenn die Frau mit bläulichen Schleiern bekleidet wäre. Dann sehe ich wieder überhaupt nichts. Geheimnisvoll. Ich fühle mich total frei, es ist ein wunderschönes Lebensgefühl, ich bin total begeistert. Ich will nicht erwachen, erwache aber, weil eines der Kinder ruft.

Die Träumerin hatte diesen Traum in einer Phase, in der sie nicht mehr wußte, «wo ihr der Kopf steht». Sie hat vier Kinder, das Jüngste ist einjährig, ihr Mann, der sich gerade selbständig gemacht hat, ist an einer lebensbedrohlichen Krankheit erkrankt.

Der Traum, so sagte die Träumerin, habe ihr Lebensgefühl ganz verändert. Sie sei mit Ängsten, Sorgen und in einem Gefühl der Auflehnung und der Verzweiflung zu Bett gegangen, müde und erschöpft habe sie sich gefühlt, und dann habe dieser Traum in ihr Gefühle von Freiheit, von Begeisterung geweckt, das Gefühl auch, daß das Leben nicht nur aus all den Schwierigkeiten bestehe, mit denen sie sich im Moment herumschlage.

Zunächst wunderte sie sich, daß sie auf einen Baum klettern mußte, etwas, das sie nur in der Kindheit gemacht hatte, da allerdings mit großem Vergnügen. Auf den Bäumen saß sie, wenn sie allein sein wollte, wenn sie ungestört träumen wollte. Der Baum verweist aber nicht nur auf die Kindheit, der Baum verbindet in sich die Erde mit dem Himmel und weist als Symbol auf einen Lebensentwurf oder auf eine Lebenssituation hin, in der die Erde dringend dem Himmel verbunden werden muß.

Auch erzählt die Träumerin, daß sie als Kind überzeugt war, fliegen zu können, wie die Vögel, sie wußte aber, wie alle Kinder, die fliegen können, daß man diese Tatsache vor den Erwachsenen verbergen muß. Der Traum führt sie in eine Welt, die für sie als Kind eine Welt des sie sehr befriedigenden Rückzugs war, eine Welt, in der sie sich mit sich selbst beschäftigte und in der sie auch in hohem Maße sie selbst war.

In diesem Traum ist sie aber nicht allein. Zuerst sagt eine gebieterische Stimme, was die Träumerin zu tun hat, dann spürt sie plötzlich diese leichte Berührung an der Hand. Die Träumerin macht sich viele Gedanken über diese «Geistfrau», wie sie sie nennt, eine Gestalt, die zwar geheimnisvoll ist, aber in der Phantasie der Träumerin eine ungeheure Lebendigkeit bekommt, zu einer Helferin aus dem überirdischen Bereich wird, an deren Hand sich das Lebensgefühl ändert. Es ändert sich nichts von ihren äußeren Belastungen her, aber von der Lebensstimmung. Das Leben an der Hand dieser Geistfrau hat eine Höhendimension, eine Dimension der Freiheit, in der für sie so schwierigen Lebenssituation. Wenn immer die Verzweiflung übermächtig werden wollte, erinnerte sie sich bewußt an diese Traumbilder, die ihr immer wieder die Dimension der Offenheit und die Dimension des Grenzenlosen in der größten Enge in Erinnerung riefen. Auch, meinte sie, habe dieser Traum ihr die Liebesgefühle für ihren Mann und ihre Familie zurückgegeben, die Liebesgefühle, die ihr in der belastenden Situation abhanden gekommen waren. Mit diesem Traum und dieser Geistfrau kam das auch Leichte wieder in ihr Leben zurück, und das Gefühl der Schönheit, denn die Gewänder dieser Frau und ihre Bewegungen waren unendlich schön und unendlich leicht.

Natürlich kann man diesen Traum als einen Traum ansehen, der gerade die Enge und die Belastung ihres gegenwärtigen alltäglichen Lebens kompensiert. Aber in jeder Kompensation sind Bilder, sind Erlebnismöglichkeiten, die zu Erfahrungen werden und mit Emotionen verbunden sind, die für das Leben sehr bedeutsam sein können. Eine 54jährige Frau träumt:

Mit einer Gruppe besuche ich ein altes Haus. Es ist so, als ob das eine Besichtigungstour wäre. Ich kenne die Menschen nicht, die sich auch das Haus ansehen. Es gibt aber keinen Reiseleiter, dennoch bewegt sich die Gruppe miteinander durch das Haus. Es erinnert an ein altes, französisches Schloß, das allerdings recht baufällig ist. Vielleicht soll es uns zum Kauf angeboten werden. Ich bleibe ein wenig abseits, weil ich die Atmosphäre des Hauses spüren will. Ich denke, es sei zwar alt, aber doch sehr steril. Da sehe ich plötzlich, wie sich eine Türe wie von selbst bewegt. Ich suche nach einem Luftzug, finde aber keinen. Ich erwarte, daß ein Mensch heraustritt – es kommt aber keiner. Ich verstehe, daß mich die Türe einlädt, durch sie durchzugehen. Mir ist aber unheimlich. Ich erwache.

Lachend erzählt die Träumerin, sie habe in ihrem Traum wohl den Hausgeist beleidigt mit ihrem Gedanken, das Haus sei doch sehr steril. Sie habe den Eindruck, in diesem Haus «geistere» es, und das sei ihr auch ein wenig unheimlich, andererseits wäre es aber auch sehr interessant zu wissen, was denn hinter der Türe ist. Nur eben: Mut müßte man haben. Es ist vielleicht typisch für uns moderne Menschen, daß wir, öffnet sich einmal zur Abwechslung eine Tür von selber, gleich das Gefühl bekommen, es gehe nicht ganz mit rechten Dingen zu. Wir erschrecken. Es kommt wirklich etwas in Bewegung, ohne daß wir etwas angestoßen haben, ohne ersichtlichen Grund – ein autonomer Prozeß findet statt. Und so sehr wir es uns wünschen, daß sich Türen öffnen, ohne daß wir sie anstoßen und ohne daß jemand sie für uns aufstößt, so sehr erschrecken wir, wenn es einmal geschieht, beziehen uns auf Übernormales oder Anormales – und wissen nicht, ob wir uns darauf einlassen können.

Die Träumerin ist in einer Übergangsphase. Sie hat ein sehr aktives Leben als berufstätige Mutter gelebt und meint nun, da die Kinder außer Haus sind und auch in dem Alter, das von ihr aufgebaute Geschäft zu übernehmen, könne sie nun das Leben beginnen, das sie eigentlich immer hatte führen wollen. Da ihr Mann sehr früh gestorben ist, war es ihr bisher nicht möglich gewesen. Nun, als sie sich entschlossen hatte, das Leben, das sie schon immer führen wollte, zu beginnen, fiel ihr auf, daß sie gar nicht wußte, wie dieses Leben denn aussehen sollte. In dieser Situation entschloß sie sich, einmal zu sehen, ob ihre Träume denn etwas dazu wüßten. Der vorliegende Traum nimmt deutlich Bezug auf ihre Lebenssituation.

Die Häuser unserer Träume sind oft Symbole unserer Persönlichkeit und weisen auf das hin, was wir denn im Laufe des Lebens so etwa aufgebaut haben, aber auch, welche Räume unserer Persönlichkeit wir nicht kennen, noch nicht kennen. Die Träumerin bemüht sich, ein Haus, das sie nicht allzugut zu kennen scheint, anzusehen. Auf ihre Bemerkung hin, es sei sehr steril, zeigt sich, daß es so steril durchaus nicht ist, es ist in ihm vielmehr mit Geistern zu rechnen, es ist damit zu rechnen, daß in dieser Psyche sich unverhofft und auf eine geheimnisvolle Weise Türen auftun und damit Räume – vielleicht Räume des Geistigen – sich eröffnen.

Den Luftraum bewohnen – eine Traumserie

Es gibt Menschen, die im wesentlichen auf der Erde wohnen und sich nur selten in die Luft erheben. Es gibt andere, die sich am wohlsten fühlen, wenn sie nahe dem Feuer sind. Wieder andere sind wie Wasser und brauchen das wässrige Element, um sich wohl zu fühlen – und dann, und diese interessieren hier, gibt es Menschen, die im Luftbereich zu ihrem wahren Leben finden. Natürlich genügt ein Element allein nicht oder selten, um das Wesen eines Menschen so ganz und gar auszudrücken, aber meistens ist ein Element doch deutlich bevorzugt und prägt die Persönlichkeit.

Jedes Element birgt Lebensmöglichkeiten in sich, jedes Element hält Gefahren bereit. An einer Traumserie, die deutlich dem Luftbereich verbunden ist, möchte ich einige Aspekte eines Menschen, der von der Luft bestimmt ist, aufzeigen.

Luft brauchen wir zum Leben. Deshalb erscheint uns das Leben – zumindest ein irdisches menschliches Leben als bedroht, wenn es sich im luftleeren Raum abspielt.

Die 34jährige Frau träumt in der Zeit, in der sie auf einen Analyseplatz wartet:

Ich bin in meiner Wohnung, die sich im obersten Teil eines runden, in sich geschlossenen Turmes ohne Ein- oder Ausgang befindet und völlig in sich abgeschlossen ist. Sie besteht aus einem einzigen großen, leeren Raum ohne Möbelstücke und ohne eine Treppe nach unten. Entlang der Außenwand sind große Fenster, durch die helles Licht fällt. Zur Raummitte hin wird es immer dunkler, so dunkel, daß ich nichts erkennen kann. Ich gehe von einem Fenster zum anderen, um es zu öffnen, aber es gibt keinen Griff oder Riegel. Die Scheiben scheinen in die Wand eingemauert zu sein. Darüber bin ich sehr traurig. An jedem Fenster bleibe ich lange stehen und schaue sehnsüchtig hinaus. Draußen ist eine wunderschöne Landschaft mit grünen Tälern und bewaldeten Bergen. Im Tal liegt ein Dorf. Über der ganzen Landschaft liegt helles, klares Sonnenlicht und ein leuchtend blauer Himmel. Wie von einer «hohen Warte» betrachte ich alles. Plötzlich weiß und spüre ich, daß der Turm über der Erde wie im luftleeren Raum schwebt. Sphärisches Niemandsland trennt mich von der Landschaft, die reglos in der Ferne daliegt, fast als wäre sie in ihrer Schönheit erstarrt. Das Schweben erscheint mir wunderbar, aber gleichzeitig erfüllt mich eine maßlose Traurigkeit, Wehmut und Hoffnungslosigkeit, denn die Distanz zu der herrlichen Landschaft ist unüberbrückbar, selbst, wenn es ein Fenster gäbe, das sich öffnen ließe.

Dieser Traum vermittelt die Lebensstimmung der Träumerin: eingeschlossen in einem Turm, mit einer Aussicht auf wunderschönes Leben, zu dem sie aber keine Beziehung aufnehmen kann. Sie lebt, eingeschlossen im luftleeren Raum. Zwar gibt es offenbar noch Luft in ihrem Zimmer, in ihrem Lebensraum, der gegen außen hell, gegen innen aber dunkel ist. Damit korrespondiert, daß diese Frau von außen als Lebenskünstlerin gesehen wird, als eine strahlende Frau, bei der alles in bester Ordnung zu sein scheint. Der Traum zeigt diese Seite, auch zeigt er, daß für diese Frau eine atemberaubend schöne Welt gibt, aber sie hat keinen Zugang dazu. Allenfalls kontrolliert sie von «hoher Warte» aus, was denn so alles geschieht auf dieser Welt, ein Zeichen dafür, wie sehr sie das normale Leben der Erdenmenschen fürchtet. Das dürfte auch der Grund dafür sein, daß sie im Turm wie im Luftleeren lebt.

Die Frau lebte bisher fast ausschließlich im «Geistigen». Ideen, Ideale waren von einer großen Wichtigkeit. Sie verbrachte ihr Leben lesend mit philosophischen und psychologischen Werken, in der Beschäftigung mit Musik und Kunst, die sie auch studierte. Im Traum, der so anschaulich die schöne Welt schildert, in der sie sich befindet, kommen keine anderen Menschen vor, keine Beziehungen. Im luftleeren Raum gibt es keine anderen Menschen, denn wie sollten sie da atmen?

Dieser Traum handelt aber nicht nur vom luftleeren Raum. Er zeigt auch deutlich, daß diese Frau den Luftraum bewohnt. Man kann diese Wohnstätte als Zufluchtsort betrachten, weil die Erde für sie vielleicht auch gar zu unwirtlich ist – und damit liegt man nicht falsch. Die Träumerin verlor ihren Vater im Krieg, als sie eineinhalbjährig war, die Mutter war als Alleinerziehende überfordert und sonst auch nicht lebensbejahend. Ihr Leben war von Regeln und Gesetzen bestimmt, das Kind eine Quelle ständiger Enttäuschung – und das blieb die Träumerin auch. Da gab es eigentlich nichts zu lachen, und doch mußte die Träumerin sich immer wieder zum Lachen bringen, damit die Mutter nicht noch depressiver wurde und überhaupt überleben konnte. Die Welt des Geistes, des Intellektes, der Ästhetik boten sich ihr als Orte des Rückzugs an, als Räume, in denen die Träumerin genährt wurde.

Nicht jeder, nicht jede von denen, die sich auf der Erde nicht wohl fühlen, hat die Möglichkeit, sich in den Bereich des Geistes aufzuschwingen. Der Preis, den die Träumerin bezahlt, ist aber auch deutlich ausgedrückt im Traum: Sie ist wie eingemauert in einem Turm. Dieser Turm kann als Schutzhülle um sie herum gesehen werden, der sie aber auch davon abhält, an andere Menschen heranzukommen, falls einer oder eine überhaupt sich auch in diesen Höhen befinden würde. Der Preis ist Einsamkeit, Beziehungslosigkeit, vielleicht auch ein Kontrollzwang. Kein Wunder, daß diese Frau sich therapeutische Hilfe holen möchte.

Zwei Monate nach Beginn einer Analyse nach C. G. Jung träumte sie:

Ich schau zu, wie ein Spielzeugzug aus Holz mit einer Rauchfahne aus Watte von allein losfährt, sich vom Boden abhebt und immer höher und weiter fliegt. Gleichzeitig habe ich das

Gefühl, selbst dieser Zug zu sein. Ich fühle mich wie berauscht und würde am liebsten immer weiter fliegen, in die Endlosigkeit des Raumes.

Dieser Spielzeugzug, sagte die Analysandin, sei angemalt gewesen wie ein Kleinkinderzug, den sie nie besessen hatte und den auch eine Freundin, die mehr Spielzeug besaß, um das sie die Träumerin als Kind oft auch glühend beneidete, nicht hatte. Den Zug gab es nur in der Phantasie.

Vergleicht man diesen Traum mit dem vorangehenden, fällt auf, wie das Eingeschlossensein in dem Turm im luftleeren Raum, das ingesamt den Eindruck von Bewegungslosigkeit vermittelt, nun einer ungeheuren Dynamik gewichen ist. Diese Dynamik ist mit dem Lebensgefühl des Berauschtseins und auch dem Gefühl verbunden, sich in der Endlichkeit des Raumes auflösen zu können. Die Träumerin kennt das Lebensgefühl, sich im Kosmos auflösen zu wollen, und mir scheint dies das Gegengefühl zum Eingeschlossensein im Turm zu sein, ein Gefühl zudem, sich ausbreiten zu können im All, fast selber so zu werden wie die Luft und damit ein Höchstmaß an Verbindung mit allem Lebendigen zu haben.

Der Traum sagt aber, daß diese Befreiung, dieses euphorische Lebensgefühl, den Luftraum ausfahren zu können, sehr kleinkindhaft ist, phantastisch. Das Phantastische gehört aber mit zum Luftraum, der Luftraum ist der Raum der Phantasie. Der Traum wurde in einer Phase geträumt, als die Analysandin ganz begeistert von der Analyse und der Analytikerin war. Die Analytikerin, eine etwas ältere Frau, wurde als gute Mutter erlebt, die dieses verschlossene Leben aufzuschließen vermochte. Wenn wir auf einen Menschen, mit dem wir in Beziehung treten, so sehr die gute Mutter projizieren, geraten wir in die Rolle eines Kindes, hier in die Rolle eines Kleinkindes. Natürlich läßt dieser Kinderzug auch daran denken, daß das Leben dieser Träumerin eingefroren wurde, als sie in dem Alter war, in dem man mit solchen Holzzügen spielt. Der Entwicklungsprozeß setzt bei ihr dort neu an, wo er einmal durch ein traumatisches Erlebnis gebremst wurde. Ungeachtet dieser Lebenszusammenhänge wird unter anderem auch deutlich, daß diese Frau sehr phantasiebegabt ist, daß ihre Traumbilder sehr sinnlich – und dennoch von einer großen Luftigkeit sind, das Kennzeichen einer lebendigen schöpferischen Phantasie.

Die Träumerin fliegt, nicht mit einem Flugzeug, sondern mit einem Zug, einem Bewegungsmittel, das auf der Erde fahren müßte. Außer in der kindlichen Phantasie geht das nicht, also noch einmal ein Hinweis darauf, daß die Träumerin im Moment von kindlichen Phantasien der Freiheit und der Dynamik erfaßt ist. Fliegen heißt immer auch, von Gefühlen des Gehobenseins erfaßt zu sein, von euphorischen Gefühlen, von den Gefühlen auch, die Widerständigkeit des Irdischen zumindest vorübergehend hinter sich gelassen zu haben. Diese Sehnsucht dürfte eine Sehnsucht sein, die tief in der Persönlichkeit der Träumerin wurzelt. Deshalb ist die Sehnsucht sich aufzulösen auch mit der Luft verbunden – und nicht etwa mit dem Wasser, was durchaus auch sein könnte. Sich auflösen in der Luft hieße: nirgends zu sein und doch überall, nirgends zu sein und doch alles zu beeinflussen und an allem teilzuhaben. Die Teilhabe am ganzen Kosmos wäre eine totale, löste man sich im Kosmos auf.

Es wundert denn auch nicht, daß die Träumerin verschiedentlich von Flugzeugen träumt, von Flugzeugen, die in den Himmel steigen, die landen müssen, die auch abstürzen. Flugzeuge sind Ersatz für das Fliegenkönnen aus eigener Kraft. Solange man im Flugzeug nicht selber steuert, solange ist man auf einen Piloten oder eine Pilotin angewiesen, und sogar wenn man die Flugzeuge selber steuert, sind die Wege in der Luft noch vorgegeben. Ganz anders aber, wenn wir wie Vögel uns selbständig in die Luft erheben und uns dort haltend bewegen. Erst dann haben wir das Gefühl, adäquat mit diesem Element Luft umzugehen. Landen müssen von Zeit zu Zeit aber auch Vögel, und die Nester bauen auch diese nicht in der Luft.

Die Träumerin träumt, zwei Jahre nach Beginn der Analyse:

Ich befinde mich in einem Flugzeug, das mich nach Hongkong bringen soll. Als es den Indischen Ozean überfliegt, überlege ich, wie es wohl wäre, wenn das Flugzeug abstürzen würde. Gleich darauf landet es an der Küste von Indien, mitten in der Wildnis. Hohes Gras umgibt uns, als wir aussteigen. Große Vögel, groß wie Adler und blaugrün schimmernd wie Eisvögel, werden gerade von einigen Männern aus der Gefangenschaft entlassen und wieder in der freien Natur ausgesetzt. Die Männer bezeichnen die Vögel als Austernfischer und erklären uns, sie hätten sie hier vor kurzem eingefangen. Mit großen, leichten Flügelschlägen heben sich die Vögel in die Luft. Es macht mir Spaß, sie zu beobachten, und wie gedankenverloren ahme ich ihre Flügelschläge mit den Armen nach. Da lösen sich plötzlich meine Füße von der Erde. Ganz langsam werde ich in dieselbe Höhe wie die Vögel getragen. Ich fliege zwischen ihnen umher. Dann treibt mich, ohne daß ich meine Arme noch weiter bewege, ein Aufwind sogar hoch über die Vögel hinaus. Einen Moment lang spüre ich ein wenig Angst, ob ich wieder heil landen werde, aber schnell ist die Angst verschwunden. Ich finde das Fliegen herrlich, bin überglücklich und lache voller Ausgelassenheit.

Plötzlich sehe ich, daß meine Mutter das Ganze nachmachen will. Sie kommt jedoch längst nicht so hoch wie ich. Als der Aufwind nachläßt, gleite ich tiefer. Da mich der Wind ein Stück weit übers Meer abgetrieben hat, versuche ich, durch rudernde Bewegungen an meinen Ausgangspunkt zurückzukehren, was mir auch gut gelingt. Doch dann sehe ich, daß meine Mutter Schwierigkeiten hat. Ich fliege zu ihr hin. Sie sackt ab, aber ich kann sie gerade noch auffangen. Allerdings ist sie sehr schwer und behindert mich im Fliegen, so daß meine Leichtigkeit verlorengeht. Deshalb lasse ich sie wieder los. Aber sie schafft es nicht allein, fängt an zu stürzen, und nochmals fange ich sie auf. Nun jedoch klammert sie sich an mich wie eine Ertrinkende. Ich kann mich kaum noch bewegen. Sie reißt mich in die Tiefe. Wir scheinen ins Meer zu stürzen. – Da wache ich auf.

Es ist wunderschön, wie die Träumerin hier in der Identifikation mit dem Vogel selber fliegen lernt. «Gedankenverloren» ahmt sie die Flügelschläge des Vogels nach – das genügt. Die Sehnsucht, fliegen zu können, auch zu sein wie ein Vogel, trägt sie empor, bringt ihr auch Aufwind. Zunächst ist sie aber in einem Flugzeug über dem Indischen Ozean. Mit dem Indischen Ozean und mit Indien brachte die Träumerin exotisches Leben in Verbindung, ein auch mehr ursprünglicheres Leben, mit einer wuchernden Fülle – ein naturhaftes Leben, das anzufassen und zu riechen ist. Wie es wohl wäre, wenn das Flugzeug abstürzt? Es ist weniger eine Todessehnsucht zu spüren als eine Sehnsucht, in dieses wild wuchernde Leben hineingeworfen zu werden. Das Flugzeug landet denn auch mitten in der Wildnis. Das ist offenbar der Ort, wo sie landen muß, wo sie den Boden wieder berühren muß und auch kann.

Mögen die Flugzeuge Symbole dafür sein, daß wir in der Welt der Phantasie mit viel größerer Leichtigkeit verschiedene Räume miteinander verbinden, mögen sie auch gelegentlich Symbole von Größenideen sein, denen wir uns anvertraut haben, mögen sie für Dynamik stehen, durch die wir uns – getragen von der Luft – sehr schnell bewegen können: immer wieder landet das Flugzeug, kommt an einem Ort an, wo etwas erlebt werden kann, wo das Leben etwas von uns will – oder aber es stürzt ab. Das wäre dann der Hinweis darauf, daß unsere Ideen und Phantasien, die uns Schutz geboten haben, unsanft mit dem Boden der Wirklichkeit zusammenprallen. In diesem Traum landet das Flugzeug – ohne Probleme.

Nun werden wirkliche Vögel – Flugzeuge werden ja gelegentlich umgangssprachlich auch Vögel genannt – freigelassen. Der Umgang mit dem Luftigen, mit Freiheit, wird für diese Analysandin organischer, weniger technisch. Auch Menschen kommen vor im Traum, Männer, die Vögel einfangen und sie auch wieder freilassen. Vielleicht sie jetzt freilassen, weil die Träumerin hier ist, an ihnen etwas lernen kann? Die Männer sind der Träumerin unbekannt.

Austernfischer sind die Vögel, also Vögel, die dem volkstümlichen Namen nach nach Austern fischen. In der Tat kann der Austernfischer mit seinem langen Schnabel leicht Muscheln aufbrechen. Austern, als eine Muschelart, haben eine weibliche Form, und sie wachsen auf Bänken im Meer. Die Träumerin beschreibt die Austernfischer nun sehr eigenwillig, jedenfalls hat sie im Traum nicht einen Austernfischer gesehen, wie er vom Wattenmeer her etwa bekannt ist. Es ist aber die Freiheit der Träumerin und des Traumes, eine neue Art von Austernfischern zu erfinden, wir haben der Träumerin in ihren Assoziationen zu folgen. Sie beschreibt die Vögel als Adler mit der Farbe der Eisvögel. Der Adler, der König der Lüfte, der immer wieder einmal mit dem männlichen göttlichen Prinzip verbunden wird, nimmt durch die Farbe des kleinen Eisvogels dessen blau-grün schimmernde Tönung an und geht so mit ihm auch eine Verbindung ein. Blaugrün, noch eher Türkis, ist die Lieblingsfarbe der Träumerin, vielleicht auch ihre Wesensfarbe, die sie an die geheimnisvolle Tiefe des Meeres erinnert, wenn es gespiegelt ist in einem sehr hellen Licht.

Diese Austernfischer verbinden die Höhe der Luft mit der Tiefe des Meeres, mit dem Geheimnis der Tiefe, sie tun es, gemäß den Assoziationen der Träumerin, auch der Farbe nach. Sich mit diesen Vögeln zu identifizieren heißt letztlich nicht, sich einfach in die Luft zu erheben, es ist nicht nur eine Variante des Turmes in der Luft mit allerdings bedeutend mehr Freiheitsgraden; sich mit diesen Vögeln zu identifizieren heißt auch, sich in die Höhe zu erheben, die Freiheit auszukosten, um letztlich das Geheimnis der Tiefe, das hier auch mit dem Geheimnis der Weiblichkeit verbunden ist, zielsicher anzufliegen und herausfischen zu können. Die Höhe muß der Tiefe letztlich verbunden werden, sagt dieser Traum.

Aber so weit kommt es zunächst noch nicht. Die Träumerin genießt es, fliegen zu können wie ein Vogel, sich im Element der Luft tragen zu lassen, sich dem Aufwind überlassen zu können – auch das sind alles Formen des Getragenseins im Leben, zudem in einer dynamischen, freiheitlichen Weise. Vom Absturz bedroht sicher auch – aber jede Form der Geborgenheit hat ihren gefährlichen Aspekt.

Gefährlich wird die Situation, als sie sieht, daß die Mutter ihr das Fliegen nachmacht. Diese gewinnt nicht so leicht an Höhe, sackt ab. Und die Tochter fängt sie auf, letztlich um den Preis, daß sie selber in die Tiefe stürzt – und daran erwacht. Das heißt, sie muß bewußt sehen, daß die Mutter sie in die Tiefe reißt, daß die Leichtigkeit verloren geht, wenn die Mutter auftaucht, vor allem, wenn die Mutter sich an ihren Flug anhängt.

Dieser Traum wurde in einer Phase der Therapie geträumt, als viele funktionelle Symptome (Gastritis, allergische Hautsymptome etc.) gebessert waren, die Schlafstörungen waren völlig verschwunden. Es gelang der Frau zu der Zeit bereits, ihre Stimmungen jeweils differenziert zu beschreiben. Die Träumerin hatte zum ersten Mal eine Liebesbeziehung, auf die sie sich voll einlassen konnte. Früher pflegte sie in solchen Situationen zu fliehen. Nicht nur im Traum, auch im Leben herrscht ein Hochgefühl vor: die Hoffnung, die sie in eine Therapie gesetzt hatte, war offenbar nicht vergebens. In dieser guten Lebensstimmung wurde aber auch deutlich, wie schwerwiegend das Problem mit ihrem Mutterkomplex war.

Ein Mutterkomplex besteht aus den verdichteten Erinnerungen an die Mutter, an die Erfahrungen mit der Mutter und aus den Phantasien um die Mutter[9], die alle auf die Entwicklung der kindlichen Persönlichkeit und des kindlichen Ichs eingewirkt haben. Wann immer das Thema des Mütterlichen und des Mütterlichseins, auch sich selbst gegenüber, angesprochen ist im Leben, werden verschiedene Aspekte des Mutterkomplexes wiederbelebt. Der Träger oder die Trägerin des Komplexes reagiert dann emotional wie zu den Zeiten, als diese Komplexe gesetzt oder verstärkt wurden. Setzt man sich mit diesen Komplexanteilen auseinander, wird das Ich immer freier, steht nicht mehr so sehr unter einem Wiederholungszwang und kann mehr es selbst werden.

Die Mutter hatte sich, seit die Tochter eine Therapie machte, etwas gewandelt, sich mehr auf die Tochter eingestellt, um diese, wie die Tochter es interpretiert, nicht zu verlieren. Die Mutter im Traum könnte ein Symbol sein für den Mutterkomplex der Träumerin, der unter anderem die Auswirkung hat, daß sie sich nicht einfach in der Höhe freuen kann, der sie vielmehr zwingt, sich mit der Tiefe, dem Meer, den Austern auseinanderzusetzen: also letztlich mit Symbolen des «Enthaltenden», die wir gerne mit Symbolen der Großen Mutter in Zusammenhang bringen. Das leuchtet psychologisch ein: Wer solche Schwierigkeiten gehabt hat in der Auseinandersetzung mit der persönlichen Mutter, muß sich mit allem Mütterlichen, was es sonst noch gibt auf der Welt, auseinandersetzen, um letztlich in sich einen tragenden Grund der Tiefe zu finden. Die tragende Luft allein genügt nicht. Ganz nebenbei bemerkt, wird in diesem Traum auch deutlich, daß die Träumerin ihre Mutter nicht einfach abstürzen läßt, daß sie sehr viel Verantwortung für das Leben ihrer Mutter wahrscheinlich schon in früher Zeit übernommen hat.

3½ Jahre nach Beginn der Analyse kam ein Traum, in dem sich die Träumerin noch einmal in einer anderen Art in der Luft fortbewegt:

Ich befinde mich in einer Gebirgslandschaft, über der eine dicke Schneedecke liegt. Mit ausgebreiteten Armen halte ich eine riesige Plane und gleite wie ein Drachenflieger über die Berghänge. Ab und zu komme ich an ungeheuren Schnee- und Eisformationen mit dazwischenliegenden Schluchten vorbei... Der Abgrund wirkt unheimlich. Mich schaudert, als ich darüber hinwegschwebe, und ich bin erleichtert, als ich auf der nächsten Bergkuppe ankomme.

Die Träumerin erzählt, daß das Fliegen mit der Plane, wie ein Drachenflieger, nicht schwierig war. Sie ist kein Vogel mehr, befindet sich aber auch nicht mehr in einem Flugzeug. Sie hat ein Fluggerät, das schon fast ein Sportgerät ist, allerdings noch etwas zusammengebastelt. Diesmal ist der Flug weniger euphorisch, Schnee und damit Kälte, Schluchten, Abgründe werden sichtbar. Ihr Fliegenkönnen bewahrt sie aber davor, in die Abgründe zu fallen.

Zu dieser Zeit ihrer Analyse wurde die Träumerin von ihrer Depression eingeholt, sie sah und fühlte die Abgründe, spürte aber auch, daß sie nicht in jeden dieser Abgründe fallen mußte. Im Traum ist sie froh, daß sie auf einer Bergkuppe landet.

Die Lebensstimmung dieser Zeit schildert die Träumerin mit Traumfragmenten – vielleicht ist auch das typisch für einen Menschen, dessen Element die Luft ist. So bringt sie in verschiedenen Träumen Kinder zur Welt, die aber auch gefährdet sind. Ein neues Haus wird gebaut, es ist keines ihrer bisherigen Hochhäuser. Pflanzen, die sie gesät hat, wachsen, verschwinden aber, wenn ihre Mutter im Traum auftaucht. Beim Malen verwendet die Träumerin häufig ein strahlendes, warmes Gelb.

Gerade weil Neues wird, Kinder als Hoffnung in die Zukunft hinein geboren werden, eine Hoffnung auf strahlendes, warmes Licht da ist, können die Abgründe auch besser gesehen werden, kann die Depression dann, wenn sie emotional auch erlebbar ist, zugelassen werden; es ist dabei schließlich auch herauszufinden, was die Depression von ihr will. Das Leben der Träumerin wird deutlich erdnäher, auch menschlicher – und dennoch bleibt sie auch eine Frau der Lüfte.

Interessant ist an diesen ausgewählten Träumen – und das könnte durch eine ganze Reihe weiterer Träume belegt werden –, daß immer eine Verbindung zwischen dem Reich des Luftigen und dem Reich der Erde oder des Meeres gesucht und hergestellt wird – und sei es nur in der Sehnsucht nach der Schönheit der Erde im ersten Traum. Obwohl der Luftbereich, und damit auch der Bereich des Geistigen, des Idealen, der Ideen, des Intellekts, samt dem Bereich der Phantasie und der gehobenen Gefühle eine große Rolle spielt, auch als Möglichkeit der Abwehr des Irdisch-Allzuirdischen, dieses

Irdische bleibt doch immer im Blickfeld, bleibt Thema. In den Träumen wird deutlich, daß vom Unbewußten her die Tendenz wirkt, eine gute anthropologische Proportion herzustellen, bei der den Sprüngen in die Höhe auch Schritte in die Weite des irdischen Alltags zu folgen haben. Die Träumerin ist nicht einfach nur abgehoben, baut nicht einfach nur Luftschlösser, sie «west» in der Luft – und das ist ebenso eine Art des Existierens wie die, bei der man mit den Füßen ständig an der Erde klebt oder gar ein Maulwurfsdasein führt –, und von ihrem Element der Luft aus versucht sie, ihre Probleme optimal anzugehen.

Es ist denn auch nicht zufällig, daß diese Frau einen ausgesprochen lebendigen Zugang zur Welt der Imagination hat, zur Welt der Vorstellungskraft. Es gelingt ihr, ihren Traumbildern in der imaginativen Nachgestaltung[10] eine große Lebendigkeit zu geben, und diese Lebendigkeit belebt die Träumerin wieder. Ausgehend von Traumbildern können Folgen von Imaginationen entwickelt werden, in denen alle Sinne erlebt werden und denen dennoch das Luftige nie abgeht. Das ist wohl die Voraussetzung für die Möglichkeit des schöpferischen Gestaltens.

Die Luft verbindet alles mit allem

Stürme

Nicht nur ein zarter Hauch kann uns anwehen, wir können auch unmittelbar in einen Sturm geraten. Es besteht nicht nur die Gefahr, daß wir nicht mehr aus dem Luftraum auf die Erde finden, auch die Luft selbst kann uns als Sturm bedrohen. Und dies nicht nur im realen Alltagsleben, sondern auch im Traum.

Der Traum einer 42jährigen Frau:

Ich bin unterwegs, ich weiß nicht wo, kenne mich nicht aus. Ich gehe einem Wasser entlang, See oder Meer. Plötzlich gibt es hohe Wellen, immer höhere, und der Wind bläst mich fast weg. Der Sturm wird zu einem Orkan, ich flüchte mich in ein Strandcafé, aber die Wellen oder der Wind reißen einen Pfosten ein, das Dach wird herunterfallen. Ich renne weg, landeinwärts. Geduckt setze ich mich hinter einen großen Stein und schütze meinen Kopf – alles mögliche fliegt durch die Luft. Ich versuche, mich so zwischen die Steine zu klemmen, daß mein Körper möglichst gut geschützt ist. Es fällt mir ein, daß jeder Sturm auch einmal vorübergeht.

Plötzlich beginnt es zu stürmen. Die Träumerin nimmt anhand der Wellen zunächst wahr, daß es stürmt. Erst nach und nach spürt sie den Sturm körperlich, rückt ihr das stürmische Geschehen auf die Haut, bedroht sie. Das Strandcafé bietet keinen Schutz mehr. Sie muß sich selber schützen – und sie kann sich auch schützen – zwischen den Steinen. Sie darf sich dem Sturm nicht aussetzen, muß sich ganz auf sich selbst beziehen, dafür sorgen, daß sie nicht verletzt wird.

Ein solcher aufkommender Sturm kann in Träumen verschiedener Menschen auch auf Verschiedenes bezogen werden: Manchmal weiß man ja, wo es gerade stürmt, oder man findet heraus, wo es stürmisch werden wird. Dabei können diese Stürme sich auf Turbulenzen in Beziehungen, aber auch auf Schicksalsschläge beziehen, oder aber eine stürmische Belebung der Psyche ankündigen, die erfrischend oder auch gefährlich sein kann.

Die Träumerin dieses Traumes litt unter heftigen Affektdurchbrüchen. Sie wütete und tobte dann selbst, vergleichbar einem Orkan. Diese Affektdurchbrüche hatten zum einen damit zu tun, daß sie versuchte, ihre Gefühle niemandem zu zeigen, zum anderen damit, daß sie in ihrer Identität sehr unsicher war und daher von vielen Lebenssituationen überfordert, was sie allerdings weder zeigte noch zugab. Dann stürmte es in ihr. Dieser Traum zeigt die Bedrohlichkeit des Sturmes, aber auch, daß es nicht mehr damit getan ist, sich ins Strandcafé zu flüchten, auszuspannen, halt einmal einen Kaffee zu trinken in einer netten Umgebung, sondern daß sie sich vor ihrer Emotion selber schützen muß, indem sie sich ganz entschieden auf sich selbst zurückzieht, also nicht mehr, identifiziert mit dem Sturm, auf andere Menschen zustürmt, sondern sich selbst gefährdet weiß und sich dementsprechend schützt.

Stürme können einen Landstrich auch verwüstet zurücklassen, wie der Traum eines 66jährigen Mannes es schildert:

Ein Sturm muß getobt haben. Ich schaue aus dem Schlafzimmerfenster. Die beiden Fichten vor dem Haus sind geknickt, Pflanzen und Äste – nicht nur dürre – liegen überall herum. Es gibt keine Früchte mehr an den Bäumen. Mir scheint, es ist alles verwüstet. Ich bin ganz geknickt und will meine Frau rufen, sie soll es auch ansehen, das Unglück mit mir teilen. Da fällt mir ein, sie ist ja tot.

In diesem Traum wird der Schicksalsschlag vom Tod der Frau als Sturm, als Einbruch von oben erfahren, als Sturm, der alles zerstört, was als fast unzerstörbar gegolten hat. Der Traum ist nach dem Sturm geträumt, die Spuren des Sturmes werden nun immer deutlicher, die Verwüstungen in der Seelenlandschaft des Träumers. Auch teilt sich in diesen Bildern vom zerstörten Lebensraum die Verzweiflung des trauernden Mannes mit.

Nicht immer wüten Stürme in dieser Intensität, es gibt auch Stürme, die die alten, vertrockneten Äste von den Bäumen holen, schwüle Luft wegfegen, frischen Wind bringen oder auch ein Feuer entfachen.

Ein Feuer anblasen

Der Traum einer 53jährigen Frau:

Ich weiß, daß in meinem Garten ein kleines Feuer mottet. Ich bin dann unterwegs an ganz verschiedenen Orten auf der Welt, einmal in Tibet, dann wieder in Mexiko, eine große Reiserei; ich habe auch immer Probleme mit dem Gepäck – entweder hat es Übergewicht oder es ist nicht angekommen. Es ist so ein Traum, an dem man die ganze Nacht träumt, ohne an ein Ende zu kommen. Plötzlich bin ich wieder in meinem Garten. Da brennt jetzt ein riesiges Feuer. Ein starker Wind weht, hat es angeblasen. Eigentlich ein Wunder, war ich doch so lange unterwegs. Vielleicht ist es auch etwas gefährlich, es könnte mein Haus bedrohen.

Die Träumerin wunderte sich, daß dieser «Endlostraum», wie sie ihn nannte, so zäh am Thema des Feuers festhielt und sogar ein Feuer in ihrem Garten anblies. Die Träumerin fühlte sich zu dieser Zeit ihres Lebens sehr unterwegs, sie wußte nicht so recht, wohin sie gehörte, wohin sie wollte, «wohin der Wind sie eigentlich wehte». Sie wußte nicht so recht, was das Leben noch mit ihr vorhatte. Eine Beziehung, die ihr über viele Jahre hinweg sehr wichtig gewesen war, empfand sie als «auf Sparflamme köchelnd», und dieses Beziehungsfeuer ist wohl im Traum ausgedrückt in dem «mottenden» Feuer im Garten. Dieses scheint nicht aufzuhören zu «motten», auch wenn sie unterwegs ist, im Gegenteil, der Wind bläst das Feuer wieder an. Der Wind – es ist kein Verdienst dahinter, keine Anstrengung – der Wind weht sie offenbar dahin, wo sie eh schon ist. Aber bedenken wir den interessanten Ausdruck der Träumerin: Sie will wissen, wohin der Wind sie weht. Hier steht der Wind eindeutig für das Schicksal, und zwar das Schicksal, das in einer dynamischen Form ins Leben immer wieder eingreift. Wie nah dabei Belebung und Zerstörung ist, zeigt sich auch im Traum: noch etwas mehr Wind, und das Feuer wäre zu einem zerstörerischen Feuer geworden. Immerhin fragt sich die Frau schon, ob das Feuer gefährlich ist.

Papiere fortblasen

Der Traum einer 47jährigen Frau, einer Dozentin an einer Universität:

Ich ordne die Papiere meines Vorlesungsmanuskriptes in einem Zimmer hoch oben in der Universität. Es ist heiß, die Fenster stehen offen. Plötzlich entsteht Durchzug – vielleicht hat jemand die Türe geöffnet, auf jeden Fall wirbeln die Blätter teils auf den Boden, teils zum Fenster hinaus. Ich versuche noch festzuhalten, was festzuhalten ist. Es ist nicht viel. Ich schaue zum Fenster hinaus, wie meine Blätter langsam schwebend sich auf die Stadt unter mir senken und sich verteilen werden. Ein Kollege sagt geistesgegenwärtig: «So kommt der Geist wenigstens unter die Leute.» Wir lachen, an meinem Gelächter wache ich auf.

Die Interpretation, die der schlagfertige und auch humorvolle Kollege im Traum gibt, ist faszinierend: Was da im Turme der Gelehrsamkeit, hoch oben, gesammelt wird, das soll auch unter die Menschen kommen. Wenn der Geist wirklich mit der Luft zu vergleichen ist, dann muß der Geist in Bewegung bleiben, müssen geistige Erzeugnisse immer wieder untereinander ausgetauscht werden, damit sie Menschen bewegen können.

Zu dieser Deutung würde auch passen, daß in dem offenbar recht gemütlichen Zimmer plötzlich Durchzug entsteht, also offenbar eine Türe von außen aufgemacht wird, etwas Neues in das Leben der Dozentin tritt, wobei der Mensch, der die Türe öffnet, nicht auszumachen ist. Das hieße dann auch, daß nicht sichtbar ist, was sich in dieses Dozentenzimmer und damit auch in den Lebensraum der Frau als Dozentin neu Eintritt verschaffen will. Folge davon ist, daß ihr Vorlesungsmanuskript, das sie gerade noch vorsichtig ordnet, nicht mehr vorhanden ist. Das ist eigentlich der Alptraum jedes Vortragenden. Zu den Gefühlen des Schreckens kommt es aber gar nicht, weil der Kollege, der plötzlich anwesend ist, das Vorkommnis als witzig und sinnvoll zugleich kommentiert. Das Gelächter der beiden zeigt, daß die Träumerin die Situation von einer neuen Warte aus ansehen kann, daß sie sich auch distanzieren kann von dem Verlust.

Sie fragte sich angesichts dieses Traumes, ob sie sich zu sehr an der Universität vergrabe. Ob der Traum ihr vielleicht sogar mitteilen könnte, ihren Blättern zu folgen und die Unversität zu verlassen, ober ob sie einfach lernen sollte, weniger an ihren Vorbereitungen zu kleben und sich auch in der Vorlesungssituation mehr Spontaneität zuzutrauen.

Es ist oft das Wesen von Träumen, gerade auch von Träumen zum Thema Luft, daß sie uns anregen, gewisse Fragen zu stellen, die wir uns sonst nicht stellen würden. Die Deutung muß nicht eindeutig sein; gerade wenn sich mehrere Deutungen anbieten, wirken Träume sehr anregend auf unser Nachdenken über unser Leben. Bei all diesem Nachdenken über ihren Traum holte immer wieder Heiterkeit die Dozentin ein: Sie stellte sich vor, wie die Menschen reagieren würden, wenn einzelne beschriebene Blätter vom Himmel fielen, zudem versehen mit ihren Zeichnungen, von denen sie überzeugt war, daß nur sie diese verstehen konnte.

Aus diesen ihren Phantasien läßt sich schließen, daß die Dozentin auch den tiefen Wunsch hat, daß die Menschen außerhalb der Universität ihre Gedanken kennen lernen, sich damit auseinandersetzen. Sie war realitätsangepaßt genug, auch zu denken, daß einzelne Blätter liegen bleiben, verschmutzen und schließlich von der Straßenreinigung entsorgt werden würden – im besten Fall vielleicht noch als Papierschiffchen eines Kindes ihre letzte Bestimmung finden könnten. Ihre Phantasien deuten darauf hin, daß sie sich von dem Traum nicht nur darauf hingewiesen fühlt, daß «der Geist unter die Menschen kommen müßte», sondern auch darauf, ihr Tun, das sie offenbar recht wichtig nimmt, etwas zu relativieren.

Schlußbemerkung

Es gäbe noch viele Träume zu berichten, in denen die Luft eine Rolle spielt, denn die Luft ist überall mit im Spiel, wo Lebendigkeit herrscht, wo das Prinzip der Wandlung spürbar wird. Vor allem aber wäre auch von Imaginationen zu sprechen, die unter anderem geradezu Ausdruck der Leichtigkeit der Menschen sind, der Fähigkeit der Menschen, an der Welt der Vertikalen teilzuhaben und teilzunehmen, der Vertikalen, die uns nicht nur die gehobenen Gefühle erleben läßt, sondern die uns auch immer wieder das Gefühl vermittelt, daß wir auch über uns selbst hinauswachsen können. Und vieles vertieft sich, indem wir uns über den Alltag und unser alltägliches Dasein erheben.[11]

Anmerkungen

1 Hermes: Lexikon der antiken Mythen und Gestalten. München: dtv 1985.
2 Kast, Verena: Freude, Inspiration, Hoffnung. Olten: Walter 1991.
3 Bachelard, Gaston: L'air et les songes. 1943. Paris: Corti 1990, S. 15.
4 Binswanger, Ludwig: Vom anthropologischen Sinn der Verstiegenheit. In: Ausgewählte Vorträge und Aufsätze II. Bern: Francke 1955.
5 von Ranke-Graves, Robert: Griechische Mythologie. 1960. Reinbek: Rowohlt 1982, S. 22. Vgl. auch Seifert, Theodor: Weltentstehung. Zürich: Kreuz 1986.
6 Johannes 5,2 ff.
7 Vgl. Kast, Verena: Imagination als Raum der Freiheit. Olten: Walter 1988.
8 Genesis 2,7.
9 Kast, Verena: Die Dynamik der Symbole. Olten: Walter 1990, S. 76 ff.
10 Kast: Imagination, a. a. O., S. 56 ff.
11 Bachelard, a. a. O., S. 127.

Träume von der Erde

Von Viktor Zielen

Aspekte der Erde in Traum und Poesie

Wie wir mit unserer Erde umgehen, so stellt sie sich vielfach auch in unseren Träumen dar. Wir behandeln die Erde im allgemeinen weder gut noch schlecht. Eigentlich bemerken wir sie kaum. Wir leben auf der Erde. Sie ist für uns da, so selbstverständlich wie die Luft oder wie das Wasser und das Feuer, nur daß wir mit dem Feuer und dem Wasser verständlicherweise vorsichtiger umgehen. In der Regel reagieren wir auch rasch, sobald wir kleinste Luftveränderungen wahrnehmen. Der Erde gegenüber verhalten wir uns aber meist gleichgültig, die Acker- oder Gartenerde ausgenommen. Den Acker bestellt der Bauer, die Gartenerde hegt der Gärtner. Doch was geschieht mit der Erde, die weder Garten-, Wiesen- noch Ackererde ist? Sehe ich von der Gefahr ab, daß unsere Erde immer mehr in eine Kulturwüste verändert wird, so erscheint die Erde in unseren Träumen oft als die Bühne, auf der wir leben, wobei allerdings Bilder der durch Technik oder Raubbau bedrohten Erde warnende Signale sein können. Oft stellt die Erde im Traum eine Fläche dar, auf der die verschiedensten Lebensvorgänge ablaufen – sie ist Spielwiese wie Ruhestätte, das Feld, auf dem wir arbeiten, oder der Bereich, in dem wir mit anderen zusammentreffen. Sie ist ein Weg der uns irgendwo hinführt, auf dem uns allerhand begegnen oder zustoßen kann. Manchmal ist die Erde ein dorniges Feld, ein unübersichtliches Gelände, sumpfiger Boden oder eine Wüste – dann stoßen wir plötzlich mit ihrer unbekannten und bedrohlichen Seite zusammen.

Die Erde kann sich aber auch im Traum als eine grüne Aue, als ein fruchttragendes Erntefeld, als ein schöner Garten oder eine üppige Landschaft voller Seltsamkeiten und Wunder darstellen, die in uns die Erinnerung an den Garten

Eden wachrufen. Nun ist die Erde etwas überraschend anderes und Neues. Ihr Bild wird zum Symbol der das Leben hervorbringenden, sich beständig erneuernden Naturkraft. Sie ist dann nicht nur ein Element, das neben Feuer, Wasser und Luft einen Viertelplatz einnimmt, sondern ein Symbol des Ganzen. Sie ist (mythisch) der mütterliche Urschoß aus dem alles entsteht, und der Grabschoß, in den alles Entstandene wieder zurücksinkt. Das gleichsam profane Bild der dem Erdenbürger vertrauten Erde verändert sich wie mit einem Schlag. Die Erde ist plötzlich anders, sie ist ein lebendiges Wesen, welches das Ichbewußtsein des Menschen mit seinen vielfältigen Facetten anlacht, verzaubert, verwandelt.

Beide Aspekte hat die Erde in den Träumen: einen sehr alltäglichen, den wir kaum beachten, und einen lebendig seelenhaften numinosen Aspekt, der dem mythischen Aspekt der Erde entspricht. Dieser mythische Aspekt wird uns im folgenden noch vielfach beschäftigen, denn er übt auf unser Traumbewußtsein eine tiefgreifende und nachhaltige Wirkung aus, welche das Wachbewußtsein ergreift und so Wandlungsvorgänge initiiert oder befördert. Solche archetypischen Traumbilder pflegen meist während Lebenskrisen oder in bestimmten entscheidenden Lebenssituationen aufzutreten. Sie werden deshalb von den Betroffenen innerlich gewünscht oder auch gefürchtet.

Haben wir uns nun darauf eingestellt, die Erde als Symbol der beseelten Natur zu begreifen, dann nimmt ihr Bild die Gestalt einer alliebenden, geduldigen und überpersönlichen Mutter an.

Gabriela Mistral, die chilenische Dichterin, die in unserem Jahrhundert lebte, beschreibt in einem Gedicht, das den Titel «Erde» trägt, die Gestalt der großen mythischen Mutter. Das Gedicht, welches ich als Ganzes zitiere, beginnt mit einer Anrufung:

«Bist Du ermattet, Indianerkind,
legst Du Dich auf die Erde nieder.
Bist Du fröhlich, tust desgleichen,
spiele mit der Erde, spiel mit ihr, mein Kind.»

Dann läßt die Dichterin das Bild der Mutter Erde entstehen. Sie beschreibt sie als eine Frau, welche die Indianertrommel schlägt und die Frau und Instrument in einem ist:

«Wundersam erklingen die Dinge,
rührt die Erde selbst die Indianertrommel.
Feuer flackert auf und nieder,
pausenlos sucht es das Himmelszelt.
Unaufhörlich rollt und rollt es.
Flüsse rauschen in Kaskaden, endlos ihre Zahl.
Tiere hörst Du brüllen.
Hörst die Axt den Wald verzehren,
hörst den Indianerwebstuhl surren,
Hörst das Dreschen, hörst das Festgelag.»

In allen Schilderungen, welche die chilenische Dichterin gibt, waltet die Muttergöttin, die Erde. Sie ist die Inkarnation der Natur und aller von ihr ausgehenden Lebensprozesse.

«Wo der Indio sie anruft,
gibt die Indianertrommel Antwort,
tönt sie nahe, tönt sie ferne,
als ob einer fliehe, einer heimkehrt ...
Alles nimmt der heilige Erdrücken,
alles trägt er:
Was da wandert, was da schläft,
was da lustig, was da leidet,
trägt die Lebenden und trägt die Toten,
Indianertrommel Erde.»

Wie ein weissagender Mund an das Erdenkind schließt das Gedicht:

«Wenn ich sterbe Kind, sollst Du nicht weinen:
Brust an Brust leg Dich zur Erde.
Halte stumm den Atem an,
wie wenn Du alles oder nichts wärest.
Wirst Du vernehmen, wie der Erde Atem sich hebt,
der mich hielt und der mich hingibt,
und die Mutter, die vergangen,
wirst zurückgekehrt und heil Du sehen.»

(Mistral, S. 84 f.)

Bei Gabriela Mistral, welche einer für uns eher fernen Kultur angehört, sprechen die irdischen Dinge noch ihre ursprüngliche mythische Sprache. Für sie, die zur Hälfte Indianerblut in sich trägt, ist die Erde alles andere als toter Staub, in den die Erdgeborenen zuletzt wieder zerfallen. Die christliche Tradition erweiternd, erhebt Gabriela Mistral den Staub der Erde zum unvergänglichen mütterlichen Prinzip, welches durch den Mund der Dichterin in Lobgesang oder Klage die Vielfalt des Erdendaseins bezeugt.

In einem Zyklus von Prosagedichten, denen sie den Titel «Motive des Töpfertons» gibt, greift Gabriela Mistral das Motiv der beseelend beseelten Erde auf, variiert es und macht so (für uns) den archetypischen Hintergrund des Traumbildes Erde transparent. In Ergänzung zum vorangestellten Gedicht und als Amplifikation zum Traumbild Erde wähle ich zwei aus den neun Prosastücken aus: das wie ein Prolog gemeinte Gedicht «Geweihter Staub» und das anschließende Gedicht «Staub der Mutter» (Mistral, S. 135).

Visionär mit dem Staubelement Erde verbunden, eröffnet die Dichterin den Reigen der Prosastücke mit einer Anrufung. Darin redet die durch den Titel «Geweihter Staub» magisch beschworene Erde wie folgt zu den Lebenden:

«Ich habe Augen, habe Blicke: Deine Augen, die der Tod gebrochen hat. Ich erblicke Dich mit allen Blicken. Ich bin nicht blind, wie Du mich nennst. Und ich liebe. Auch bin ich nicht tot. Ich bewahre die Liebe, die Leidenschaft, die Ihr andern in mir ergossen habt wie in schwelende Aschenglut. Eure verlangenden Lippen lassen mich aufstöhnen.»

Sodann greift die Dichterin das Thema Mutter auf. Wie in allen anderen Prosastücken des Gedichtzyklus' «Motive des Töpfertons» redet auch hier der Staub. Er wendet sich an den auf der Erde lebenden Sohn, wobei er als «Staub der Mutter» auf sich selbst als Inkarnation der alles einenden, hervorbringenden Mutter Erde verweist.

«Warum suchst Du mich, Deinen Blick in die gestirnte Nacht gerichtet? Hier bin ich, ergreife mich mit Deiner Hand ...»

Es ist klar, der mütterliche Staub der Erde west als Lebens-Urelement nirgends anders als auf der Erde selbst. Er ist dem Gedicht zufolge Gesetz der Erde, ihr allgegenwärtiger mythischer Schoß, der im Prozeß einer beständigen Wandlung das Lied von der Auferstehung der Vielgestalt erdmütterlichen Seins verkündet. Darum heißt es im Gedicht weiter:

«Schütze mich, trage mich froh. Ich will nicht, daß die Herden über mich stampfen. Nicht sollen die Eidechsen über meine Knie huschen. Halt mich mit Deiner Hand, bringe mich fort. So trug ich Dich. Warum willst Du mich nicht auch tragen?»

Die suggestive Kraft des Gedichts beruht auf der Verschmelzung von Staub und Stimme. Mit dem lebend Angerufenen eins, werden die vom Staub gesprochenen Worte zum Lobgesang:

«Mit der einen Hand schneidest Du Blumen, umarmst Du die Frauen, mit der anderen preßt Du Deine Mutter an die Brust.
Ergreife mich, knete mich zu einer weiten Vase für die Rosen des Frühlings.
Einmal schon war ich Rose und hütete einen Rosenzweig: Dich trug ich. Ich weiß um die edle Wölbung einer Vase, denn ich war der Leib Deiner Mutter.

Als Staub flog ich von ihrem Grabe auf, senkte mich auf Dein Feld, um Dich anzublicken, Dich Bauernsohn! Warum pflügst Du mich unter?»

Der mythische Gesang endet überraschend mit einer Klage:

«Heute beim Morgengrauen, da Du über das Feld gingst, stieg die Lerche auf aus dem Ungestüm meines Herzens, sang sie von meiner Verzweiflung.»

Es ist die Verzweiflung, Staub zu sein für die Lebenden, hinter der sich – von den Lebenden nicht begriffen – die Werdelust der Mutter Erde verbirgt, die niemals ruhend, in jedem Augenblick neuem Schöpfungswerden ausgesetzt ist.

In dem von der Dichterin geschauten Zusammenhang bezeugen ebenso der Staub wie die aus dem Staub gewordenen Geschöpfe die Kraft der Mutter Erde. So darf auch die Lerche als Inkarnation eines das Bewußtsein des Menschen überschreitenden mythischen Geschehens interpretiert werden. Geschöpf der allbeseelten Natur symbolisiert die Lerche als Vogel die kosmische Seele. Aus dem mütterlichen Erdschoß aufsteigend breitet sie ihre Schwingen im Licht des anbrechenden Tages aus, um das Lob der Schöpfung zu bekunden.

Zur weiteren amplifikatorischen Erhellung des Traumbilds Erde möchte ich nun die Bewertung beziehungsweise die Einschätzung der Erde im Rahmen unterschiedlicher Kulturen vorstellen. Ich beginne mit einem ursprünglichen Mythologem, streife – wie vorn abgeleitet – eine christliche Variante, beleuchte die griechische und die chinesische Auffassung sowie abschließend die Bewertung der Erde innerhalb unserer jüdisch-christlichen Tradition.

Die Erde im Mythos verschiedener Kulturen

Der Vogel spielt als schöpferische Urkraft in verschiedenen Schöpfungsmythen eine Rolle. Einem weitverbreiteten archaischen Schöpfungsmythos zufolge entstand die Welt aus so viel Erde, als ein Vogel in seinem Schnabel faßte. Er bringt die Erde nach mehrmaligen Tauchversuchen vom Grund des Urmeeres in die Höhe herauf. Gott, der seinerseits als Vogel über dem Wasser schwebte, schafft dann aus der herausgebrachten Erde die Welt mit den Geschöpfen. Der Vogel, den wir in verwandelter Gestalt in anderen Mythen als Eros wiederentdecken und der, wie M. Eliade darstellt, in zahlreichen christlichen osteuropäischen Legenden zum Satanas oder Teufel wird, ist hier der Bruder oder Gegenspieler des zuerst einsamen Gottes; er holt auf Gottes Befehl die Erde aus dem Grund des Urmeeres herauf, aus der nun wiederum Gott die Erde und die Menschen erschafft.

Abstrakter, aber in der Konzeption ähnlich, wird das Schöpfungsgeschehen in der griechischen Mythologie erfaßt. Anstelle des Vogels oder wie in späteren christlichen Legenden des Teufels ist es Eros, welcher aus dem gähnenden Nichts (dem Chaos) die große Urmutter Erde (Gaia) hervorbringt. In liebender Verbindung mit den aus ihr hervorgetretenen Geschöpfen – dem Meer (Pontos) und dem Himmel (Uranos) – bringt Gaia als göttliche Urmutter die Welt der Götter, der Erde und der Geschöpfe hervor.

Der griechische Dichter Hesiod, der in seiner Jugend die Schafe am Götterberg Helikon weidete, erzählt die Geschichte abgekürzt etwa wie folgt:

Zuerst, sagt er, entstand das Chaos, danach die Erde mit breiten Brüsten als Sitz der Götter, zusammen mit ihr entstand der große

Gott Eros; er ist der schönste unter den Göttern, der den Sinn aller Gottheiten und Menschen leitet. Aus dem Chaos entstanden die lichtlosen Tiefen, welche den Tag erzeugen. Aber Gaia gebar, damit er sie fester umfange, den gestirnten Himmel, sie brachte auch das schäumende Meer hervor. Mit diesen beiden gebiert sie die bunte Welt der Götter und Menschen.

So ist es die Erde, welche im griechischen Mythos als Allmutter die Gebärerin der Götter und Menschen ist und die ewig hinter dem Geschick der Götter und Menschen steht. Denn auch Themis – dem Wortsinn nach «Regel der Natur» oder «Norm», die ebenso das Zusammenleben der Geschlechter wie das der Götter und Menschen bestimmt – ist eine aus der Verbindung von Erde und Himmel entsprossene Titanin. Sie ist, wie der Dichter Pindar kündet, zugleich die von glänzenden Stuten geleitete, erste Göttin des Göttervaters Zeus.

Ich wende mich nun dem Bild und der Auffassung von Erde zu, die von der chinesischen Kultur geprägt ist. In dem altehrwürdigen, berühmten Orakel- und Weisheitsbuch «I-Ging», wird die Erde als die schattige, weiche, rezeptive Kraft des Yin beschrieben. Sie bildet als weibliche Hälfte des Schöpfungsganzen das Gegenstück (nicht den Gegensatz) zur männlich zeugenden Schöpferkraft des Yang. Ihre Stärke besteht in der Hingebung, ihr Wesen ist «das Empfangende». Sie ist Natur gegenüber dem Geist. Sie entfaltet sich unter der Leitung des Schöpferischen. Als das Empfangende ist Erde dem Geistigen gegenüber räumliche Wirklichkeit. Sie erinnert an die griechische Themis. Im Bild der Stute vereint sie mythisch die Kraft und Schnelligkeit des Pferdes mit der Sanftheit und Hingebung der Kuh. Erde schafft Gedeihen für alles Lebendige. Ihr Reichtum besteht darin, daß sie alle Wesen ernährt, und ihre Größe darin, daß sie alles verschönt und herrlich macht. Sie ist räumliche Ausdehnung und Festigkeit, mit der sie alles, was da lebt und webt, trägt und ernährt. Sie weigert sich nicht, irgendein Wesen zu dulden, auch das ist ihre Größe. Sie erreicht ohne äußeres Machen oder besondere Absichten für alle das Rechte. Höchste Weisheit des Menschen ist, in seinem Wirken so selbstverständlich zu werden wie die Natur.

Diese sehr ausgewogene, vom Standpunkt des abendländischen Bewußtseins die Erde als mythische Kraft beinahe idealisierende Auffassung steht, wie ich zu zeigen habe, im deutlichen Gegensatz zur jüdisch-christlichen Konzeption.

Im christlichen Mythos haben wir es mit der Überbetonung der männlich geistigen Position zu tun. Die damit einhergehende Abwertung der Natur und des Weiblichen ist bis auf den heutigen Tag ein Stigma unserer abendländisch-christlichen Kultur. Im Zentrum der durch die Bibel überlieferten Schöpfungsgeschichte steht die Vorstellung des alles bewirkenden alles erschaffenden Vatergottes. Dieser ist von sich und seinem Tun ergriffen, findet alles, was er hervorbringt, gut und ist bald eifersüchtig auf die Geschöpfe, welche er hervorbrachte. Eine Verbindung dieses alttestamentarischen Schöpfergottes mit der zum mesopotanisch-babylonischen Kulturkreis gehörenden großen weiblichen Göttin Astarte wird im Alten Testament weitgehend getilgt oder kaschiert. Gott, der Vater, schafft die Erde, indem er das Feste vom Wasser scheidet. So lesen wir im ersten Buch Mose:

> «Und Gott sprach: Es sammle sich das Wasser unter dem Himmel an besondere Orte, daß man das Trockene sehe. Und es geschah so. Und Gott nannte das Trockene Erde und die Sammlung der Wasser nannte er Meer. Und Gott sah, daß es gut war. Und Gott sprach: Es lasse die Erde aufgehen Gras und Kraut, das sich besame, und fruchtbare Bäume, die ein jeglicher nach seiner Art Frucht trage und habe seinen eigenen Samen bei ihm selbst, auf Erden.»

Als dies geschehen ist, die Lichter am Himmel eingerichtet sind, der Rhythmus der Gezeiten seinen Anfang genommen und die Meerestiere und Vögel ebenfalls erschaffen sind, heißt es im Schöpfungsbericht weiter:

«Und Gott sprach, die Erde bringe hervor lebendige Tiere, ein jegliches nach seiner Art ... [Dazu gleichsam als Erläuterung:] Und Gott machte die Tiere auf Erden, ein jegliches nach seiner Art, und das Vieh nach seiner Art und allerlei Gewürm auf Erden nach seiner Art. Und Gott sah, daß es gut war.»

Zuletzt schafft Gott den Menschen aus einem Erdenkloß, dem er seinen Odem einbläst. Da die Gehilfin (Frau) für den sich nach dem Vorbild des Vatergottes gebärdenden Mann fehlt, läßt Gott diesen in tiefen Schlaf fallen und baut aus der Rippe, die er dem Mann Adam entnimmt, das Weib.

Damit ist die Erde als Werk des Vatergottes fertig eingerichtet, und zwar als gelungenes Objekt seiner alleinigen Schöpferkraft. Jegliche Verehrung gehört somit allein dem patriarchalen Gott. Bestrebungen, die an ein früheres matriarchales Gefüge erinnern könnten, werden, wie der alttestamentarische Bericht ebenfalls zeigt, streng unterbunden und bestraft. Der im Schöpfungsbericht niedergelegte, vom Vatergott ausgehende und von ihm sanktionierte Anspruch auf Anerkennung seiner Ordnung prägt die Einstellung zur Erde, zur Natur und zur Frau, die der Natur in vielem näher steht, als der Mann.

Die Umstände der Erschaffung der «Männin» Eva («man wird sie Männin heißen, darum, daß sie vom Mann genommen») machen die Überbetonung des Patriarchalen mehr als augenfällig deutlich. Nicht nur, daß Gott, wie er es zuvor mit der Erde tat, nun auch die Frau als Gehilfin des Mannes aus der Rippe Adams (als seinem Ebenbild) schuf, das Gewicht liegt auf der Unterwerfung der Frau unter das patriarchale Gesetz und ihrer mit der Unterwerfung einhergehenden Entwertung. Diese erreicht als Ausdruck größter (patriarchaler) Selbstgefälligkeit Gottes ihren Höhepunkt in der Verführungsgeschichte, die sich im Garten Eden abspielt.

Da die Frau in einem anderen irdisch-terreomorphen Aspekt auch Schlange ist – wobei die Schlange ihrerseits sowohl den Aspekt der kinderfressenden Lilith wie des Teufels darstellt –, wird sie gleichsam mit Gottes Segen zur Inkarnation des satanisch Bösen. Der «Beweis» hierfür liegt auf der Hand: Indem die Erde (welche den Apfel am Paradiesbaum reifen läßt) der Eva (welche den Einflüsterungen der Schlange folgt) den Apfel in die Hand spielt, den diese (das Gebot Gottes mißachtend) Adam zum Genuß anbietet, ist sie für alle Zeiten die Urheberin allen irdischen Übels. Sie trägt die (ihr von Gott zugewiesene) Schuld an der Vertreibung aus dem Paradies.

Der Mord an Abel und alle weiteren Untaten sind somit in die Welt gesetzt. Der durch die Verführung Evas aus dem Stand der Unschuld gefallene, sündige und heimatlose Mensch ist nun ohne die verheißende Hilfe von Gott für immer unfähig, hier auf Erden mit sich und seiner Natur zum Frieden zu kommen.

Menschsein innerhalb unserer abendländischen Kultur heißt demnach – sofern wir uns nicht beständig geistigen Exerzitien unterwerfen, und wer kann das? –, entweder ein Leben gegen die leib-seelische Natur führen oder so verfahren, wie es der Dichter Goethe dem Teufel in den Mund legt: «Staub sollst Du fressen und mit Lust wie unsere Muhme, die berühmte Schlange!»

Sehr im Unterschied zur mythischen Wahrnehmung, wie sie etwa Gabriela Mistral eigen ist, liegt die verborgene Heilkraft des Staubes allerdings praktisch außerhalb der zuletzt vorgestellten Zusammenhänge. Sie gehört jedenfalls nicht zu einer Bewußtseinseinstellung, in welcher, wie der Dichter ironisch anspielt, die Logik des Menschenverstandes das Ich regiert. Damit beschäftigt, nicht nur die Erde sich untertan zu machen, sondern sich wechselseitig zu unterdrücken, scheint der Mensch innerhalb der abendländisch-christlichen Zivilisation längst aus der natürlichen Ordnung gefallen. Perspektivelosigkeit und innere Leere, nervöse Umtriebigkeit, hinter der Verzweiflung und Ängste stehen, erschüttern und verunsichern im weiten Umfang das gegenwärtige kollektive Bewußtsein. Der in der Tiefe liegende Konflikt kann als Folge der Verleugnung oder Abtrennung der zur Mutter Erde gehörenden seelischen Kräfte interpretiert werden. Die Chance, die in der Bearbeitung dieses Konfliktes in Träumen liegt, die das Thema Erde aufgreifen (welche die Bearbeitung der persönlichen Problematik ergänzt und vertieft), soll Gegenstand meiner Untersuchung des Traumbilds Erde sein.

Erde hinter Beton

In meinem Familienalbum befindet sich folgendes Bild: Auf einer Maienwiese pflückt neben einem erlenumsäumten Bach ein kleines lockiges Mädchen – die dreijährige Eva – Pusteblumen. Ein alter Steinbruch grenzt die Wiese wie eine romantische Theaterkulisse ein. So oft ich die Straße ans Grab der Mutter fahre, kommt mir dies Bild in den Sinn. Ich schaue dann dorthin, wo einst die Wiese, die Erlen, der Steinbruch standen. Die fortschrittliche Dorfgemeinde ließ inzwischen den Steinbruch abtragen, der Bach wurde in Röhren gefaßt und umgeleitet, der Erdboden mit Zement überzogen und auf dem Platz ein Großhandelshof eingerichtet. Die gelben Fahnen der Verkaufsgenossenschaft haben die Pusteblumen vertrieben. Vielleicht würden sie mich nicht einmal stören, käme mir nicht das Bild des kleinen Mädchens vor Augen, das auf diesem betonüberkrusteten Platz einst Pusteblumen pflückte. Dann blicke ich rasch auf die andere Seite zu der noch grünenden Hügelkette in der Nähe des Friedhofs.

In diesem Zusammenhang bleibt für mich ein Traum eines Jugendlichen unvergessen, in dem aus einer Ritze, in der von Beton zugedeckten Erde, eine welke Blume kümmert. Ich empfand den Traum als eine Anklage, die sich ebenso gegen das eigene Leben, die welke Seele des jungen Mannes richtete wie gegen die Zeitumstände, denen wir alle ausgesetzt sind.

Der damals 17jährige Schüler war ein Sohn reicher Eltern. Er hätte gerne Geige gespielt, oder, wie er sagte, Kunst gemacht, aber die Eltern verlangten von ihm, daß er die Fabrik übernimmt. So erschöpft er sich und seine Kräfte im Protest. Er findet sich in der ihm angebotenen Ordnung nicht zurecht, verweigert die geforderten Schulleistungen, schließt sich an Jugendliche an, die von den Eltern abgelehnt werden, er ist nervös, unruhig, ratlos, depressiv. Nach außen gibt er sich als eine Art Beatle (es ist die Zeit der siebziger Jahre).

Er kommt zu mir teils aus eigenem Interesse, teils deshalb, weil die Eltern es wollen; etwas Neugier ist auch dabei. Er plumpst in den angebotenen Sessel, streckt und reckt ein Bein über das andere, lehnt sich mit gesenktem Kopf zurück und schweigt. Nach einer Weile kramt er aus der Innentasche seines Ledermantels (den er anbehält) eine lose Zigarette hervor und erzählt, er wisse nicht, was das alles – auch sein Herkommen – solle, doch zuletzt teilt er mir einen Traum mit:

Ich stehe im Traum verloren auf einem überdimensionalen Platz. Der Platz ist, wie die Pisten auf einem Flughafen, mit Beton ausgegossen. Seine entfernten Enden werden von steinernen Hausfassaden umfaßt. In der Mitte des Platzes befindet sich ein aus Quadern errichteter Sockel, auf diesem eine leuchtende Uhr. Links im Vordergrund in einer kleinen Ritze eine welke Blume. Die Blume wird tot umfallen, wenn die Zeiger der Uhr auf zwölf zeigen. Es ist kurz vor zwölf.

Erde, wie wir sie uns üblicherweise vorstellen, zeigt der Traum nicht, er zeigt vielmehr, was mit der Erde gemacht wurde. Sie wird zu Beton verarbeitet. Um Beton herzustellen und die Erde mit einer Betonschicht zuzudecken, braucht es Sand. In dieser Form ist Erde im Traumbild als toter Staub allerdings überreich vorhanden. In der Zeit, in der ich den Jugendlichen sehe, sind die Bäume im Frankfurter Stadtwald noch nicht abgeholzt, ist die Startbahn West noch nicht gebaut, hat die stürmische Flut von Protesten das allgemeine Bewußtsein der Bevölkerung noch nicht erreicht. Der Jugendliche ist also mit seinem Traum dem Zeitgeschehen voraus. Wohl geht es wie bei allen Träumen um die eigene Seele, die laut Traumbild vor sich hinkümmernd, den nahen Tod in einer toten Welt erwartet. Doch konfrontiert der Träumer sich im Inneren mit einer Katastrophe, die zweifellos nicht nur sein eigenes Leben betrifft. Es bedarf – besonders in unserer Gegenwart – keiner hellseherischen Begabung, um den Traum des jungen Mannes auf die bedrohte Erde als Ganzes zu beziehen, weshalb ich den Traum als Alarmsignal auffaßte und ihn nicht vergaß.

Die im Traum vorgestellte Todeslandschaft ist perfekt. Sie bedarf im Grunde keines Kommentars. Leere Häuserfassaden umstehen, wie auf einem Bild von Chirico, den überdimensionalen Platz. Das Metermaß und die Betonmischmaschine haben ihr Werk getan. Auf einem auf Steinquadern errichteten Sockel in der Mitte regiert als Symbol des Todes die Uhr. Sie ist das Monument der Unterwerfung unter die abstrakte Zahl und die unerbittlich fortschreitende Zeit.

Das Ichbewußtsein des Träumenden ist mit der welkenden Blume identifiziert. Verloren wie die Blume, allein auf dem weiten Platz stehend, weiß er, daß es gleich «aus» ist.

Nun wäre das Traumbild kaum mehr als eine Manifestation der Zerstörung, die unsere Umwelt bedroht, wenn nicht – ein krasser Widerspruch zu der dokumentierten Wirklichkeit – eine Ritze im Beton übriggeblieben wäre, aus der eine welke Blume hervorkümmert. Damit wird das Traumbild zu einer Seelenlandschaft, welche den überdimensionalen Platz und die Uhr in der Mitte in eine Perspektive rückt, die als Hinweis auf eine bevorstehende Katastrophe das Traumgeschehen in eine zugleich allgemeine metaphysische Dimension hebt. Das Traumbild spricht von und zur Seele eines jungen Mannes, der ohne Zugang zur Erde, wie jedes Leben auf der Erde, verloren ist. Das nach außen grandiose, nach innen eher stille, fast sentimental anmutende Bild, rührt ans Herz. Wer wollte sich in der vorgestellten Traumperspektive nicht laut oder leise, gegen die Gewalt empören, die unserer Erde angetan wird? Hat nicht, wie alt wir auch sein mögen, die Jugend recht, wenn sie sich, wie der Traum mehr als deutlich macht, als Gegner eines Fortschritts begreift, der die natürlichen seelischen Lebenszusammenhänge außer Kraft setzt und zerstört, und wenn sie deshalb die kollektiv erwartete Anpassungsleistung ablehnt, die – unbedacht im Vertrauen auf die alte Ordnung vollzogen – ebenso den eigenen Tod wie den Tod aller auf Erden nach sich zieht?

Vom Erdschlamm verschluckt

Als Kontrast zu dem eben geschilderten Bild stelle ich nun den Traum einer an der Schwelle zum Alter stehenden Frau vor, die aus angesehener Familie stammend, das Leben trotz äußerem Wohlstand, vielleicht weil sie sich in allem so sehr bemüht, als im Grunde glücklos empfindet.

Der Traum von Agnes scheint aus dem Alltag gegriffen, er wiederholt eine Alltagsverrichtung, doch geschieht in ihm über Nacht, d. h. während die Träumerin träumt, daß sie schläft, etwas Ungewöhnliches, welches das Ich von Agnes tief anrührt und sie zum Nachsinnen anregt. Ich gebe nicht nur den Traum, sondern in Auszügen Einfälle zum Traum und Formulierungen aus dem Gespräch wieder, die sich mit dem Sinn des Traumes und seiner Auslegung beschäftigen. Der Traum lautet:

Ich habe mein Auto nicht in der Garage geparkt, sondern (was ich in Wirklichkeit nie machen würde) es auf freiem Feld stehen lassen. Über Nacht ist das Auto durch ein Unwetter fast ganz im Schlamm versunken. Gleichzeitig befand es sich nicht mehr am alten Platz, sondern in einer fremden Gegend. Es gab Felder, auf die ich aus einem Haus hinaufschaute.

Die Träumerin liebt Felder, besonders die ihrer vertrauten fränkischen Heimat. Ein wenig erinnern die Felder im Traum sie an Irland, eine ursprüngliche Landschaft, in der, wie sie sagt, sich Wasser, Berg und Feld vereinen und die urtümlich und kultiviert zugleich ist. Im Traum war es, als wenn sie bei einem bekannten Ehepaar auf Besuch wäre, aus deren Bauernhäuschen man oben auf die Felder schauen kann, wo ihr Auto versunken im Erdschlamm steckte. Die

Eheleute betätigen sich als Hobbylandwirte. Mann und Frau sind Individualisten, er von Statur kräftig, handwerklich geschickt. Beide sind musikliebend und gebildet. Sie pflegen einen Umgang miteinander, den Agnes bewundert.

Das Parken des Autos im Traum ist für Agnes unverständlich, sie habe gegen ihre Gewohnheit und Sorgfalt das Auto einfach stehen lassen. Ein Auto sei für sie ein Verkehrsmittel, insofern (sie ist psychologisch geschult) bedeute das Auto wohl einen Modus der Kommunikation. Hierzu – und weil sie sich mit der Art ihres Ehemannes in der Beziehung schwer tut – kommt ihr ein Einfall zum Auto, das sie gemeinsam besitzen. Ihr Ehemann sei einmal, weil er meine, stets alles anders als andere machen zu müssen, mit dem Auto so weit an den Seestrand gefahren, daß es tatsächlich im Sand versackte. Es mußte daraufhin von zwei Bulldozern herausgezogen werden.

In Verbindung mit dem Versinken des Autos kommen wir im Gespräch auf die Episode in ihrem Traum, die Agnes am stärksten beschäftigte und beeindruckte. Sie weiß, daß sie ihr Auto im Traum zuerst auf einem Parkplatz «wie jetzt zu Hause» oder vielleicht «wie früher vor dem Elternhaus», also auf jeden Fall auf einem festen Platz abgestellt hatte. Es sei dann «über Nacht» im Traum in eine fremde Gegend versetzt und dort vom Erdschlamm wie verschluckt worden. Es ist Agnes klar, daß es sich beim Unwetter im Traum nicht um ein «gewöhnliches oder wirkliches» Unwetter handeln kann. Möglicherweise steht das Unwetter für Erschütterungen und Aufregungen, die zu ihrem Leben gehören, doch befriedigt sie dieser Einfall nicht so recht. Unwetter bedeuten für Agnes so etwas «wie ein Angriff der Natur», «wie eine Urgewalt», welche, wie sie es empfindet, auf seltsame Weise mit der Erde zusammenhängen und damit wohl mit Vorgängen im Seelisch-Unbewußten, die sich ihrem Ich entziehen.

Die Frage beschäftigt sie, ob sie eigentlich das alte Auto noch brauche. Steht es am Ende als Bild für die «Beziehungskiste», in der sie gegen ihren Willen stets weiter mitmischt? Sollte sie das Auto nicht – wie der Traum es zeigt – mit allen

Mißhelligkeiten und Spannungen vom Erdschlamm verschlucken lassen, um sich zu entdecken? Darf aber solches im Schlaf, das heißt unbewußt, geschehen, oder hat sie sich hierbei nicht aktiv zu beteiligen? Hat sich inzwischen – nicht nur im Traum, in dem sie das Auto zur eigenen Verwunderung einfach stehen läßt – nicht auch im Zusammenleben mit dem Mann manches geändert?

Agnes beschreibt die in der Auseinandersetzung mit dem Traum sich bildende Einstellung so: «So lange ich am alten Auto und damit an dem eingespielten Verhalten festhalte, bin ich nicht für das neue Leben frei, das ich mir wünsche, bin ich lange noch nicht so, wie ich sein will.» Sie schweigt eine Weile, sagt dann: «Es ist an der Zeit, daß das Auto nicht nur im Schlamm versinkt, sondern daß es von mir beerdigt wird. Die Mutter Erde wird es mir schon abnehmen und mir meine tiefe Sehnsucht nach Weiblichkeit erfüllen.»

Das Gespräch endet mit meiner deutenden Feststellung, die Träumerin brauche und suche eine neue Beziehung, die, von dem verständnisvollen und offenen Umgang zwischen Frau und Mann getragen, zu ihr selbst führe. Dazu bedarf es aber, wie der Traum zeigt, einer radikalen Umstellung nicht nur im Innern, sondern auch im Bewußtsein. Etwas, das der Traum im Unbewußten für Agnes mache, habe sie bewußt und entschlossen nachzuvollziehen.

Die Problematik, die der Traum von Agnes entrollt, ist, wie stets in Träumen, verschlungen. Vordergründig geht es um die Ehe der Träumenden, doch hat die Beziehungsproblematik, unter der Agnes leidet, auch ihre hintergründige Seite: Es gehört zum Schicksal der Frau in unserer Zeit, daß sie sich so lange um die Lösung ihrer Beziehungs-, d. h. der Partnerprobleme mühen muß, solange sie nicht aus der Faszination der Vaterwelt heraustritt. Erst dieser Schritt verschafft der Frau den Freiraum, den sie braucht, um die Projektionen in ihrer jeweiligen Partnerbeziehung zu durchschauen, sie zurückzunehmen und eine Beziehung zum Mann aufzubauen, die der Verwirklichung ihrer Weiblichkeit dient.

Darum wird in Agnes' Traum das Auto (ihre «Beziehungskiste») von dem Platz, der zu ihrem seitherigen beziehungsweise vergangenen Leben gehört, weggeführt, damit es auf einem für sie zunächst fremden Feld im Erdschlamm versinkt. Es versinkt ja nicht irgendwo, sondern im Erdschlamm; wird also aufgenommen, zurückgenommen in den mütterlichen Erdschoß, aus dem anderes, Lebendiges neu geboren werden kann. Gerade so bereitet sich eine Wandlung in der Tiefe vor. Sie ergreift die Träumerin und vermag sie mit Hoffnung und Mut zu erfüllen, die sie längst verloren zu haben glaubte.

Die Erdscholle

Wie mit dem Traumbild Erde Umstrukturierungs- und Wandlungsvorgänge in der Seele eingeleitet und befördert werden, kann der folgende Traum veranschaulichen.

Es handelt sich bei dem Träumer um einen jungen Mann Anfang 20. Er hat zwei längere, tiefgreifende seelische Krisen hinter sich, die jedesmal eine Behandlung in einem Krankenhaus notwendig machten. Als Sportstudent mit unterbrochenem Studium fühlt er sich seinem jüngeren Bruder gegenüber, der inzwischen ein technisches Studium mit Auszeichnung beendete, hoffnungslos unterlegen. Besonders sein schlechtes theoretisches Abschneiden bei den Semesterabschlußprüfungen schmerzt ihn. Auf die Eltern, die beide Akademiker sind, ist er stolz und ist an sie gebunden. Er strengt sich verzweifelt an, den Erwartungen und Forderungen der Familie zu genügen. Er möchte ebenfalls erfolgreich und frei werden, aber wie? Auf ärztlichen Rat begibt er sich – hierin besonders von der Mutter unterstützt – in Psychotherapie. In die zweite Stunde bringt Rüdiger folgenden Traum:

Ich bin – irgendwie – mit der Familie an einem Meer unterwegs. Wir spazieren am Strand entlang, finden einen Höhleneingang, in den wir alle hineingehen. Innen in der Höhle sieht man nochmals eine Art von Meeresstrand. Einige Erdschollen kommen herangeschwommen. Auf einer stehen plötzlich die Eltern und der Bruder. Wie ich mit heraufspringen will, kommt die Scholle ins Kippen. Ich springe mit dem Bruder zurück, während die Eltern auf der Scholle langsam davontreiben. Ich gehe mit meinem Bruder am Strand weiter, da taucht eine neue Erdscholle aus dem Wasser auf. Mein Bruder steht auf ihr und sagt: «Steig ein.» Als ich auch auf der Erdscholle bin, hört der Traum auf. Ich wache mit mutigem Gefühl auf.

Der Traum ist für Rüdiger «wie ein Geschenk», er ist «wie eine Eingebung von Gott». Er äußert diesen Gedanken – wie überhaupt seine Einfälle zum Traum – spontan und ungekünstelt, wie es seiner natürlichen seelischen Art entspricht. Dabei überläßt er sich, wie im Traum, auch im Wachen, seiner Intuition. Ich könnte auch sagen, die Trauminhalte und die sie begleitenden Stimmungen fließen bei Rüdiger wie selbstverständlich und fast unreflektiert ins Ichbewußtsein ein. Er nimmt, was ihm im Traum widerfährt, wörtlich, wobei er sich den Traumvorgängen anvertraut. So fühlt er sich, wenn er seinen jetzigen Zustand betrachtet, einerseits wie auf der ersten Erdscholle wacklig, andererseits wenn er an die Erdscholle denkt, die aus der Tiefe des Wassers auftaucht, befreit. Er fühlt Mut, bisher Versäumtes nachzuholen.

Von mir nach den Erdschollen befragt, beschreibt Rüdiger diese wie Erde, die aus dem Wattenmeer auftaucht, nur daß es afrikanische Lehmerde gewesen sei, die Schollen seien rund und fast von der Größe eines Zimmers gewesen.

Die zu einem dunklen und fremden Kontinent gehörende Traumerde, welche zudem aus einem Meer auftaucht – oder auf ihm herantreibt –, das nur durch eine Höhle (also von innen) erreichbar ist, macht deutlich, daß es sich bei den Erdschollen um einen zutiefst inneren, unbewußten seelischen Bezirk handelt. Damit gewinnt der Träumer eine neue, ursprüngliche Position, welche die Voraussetzung für seine Trennung von den (inneren) Eltern und die Bereicherung und Erweiterung seines Ichs bildet. Darum treibt in der Logik des Traumgeschehens die Erdscholle mit den Eltern zu unbekannten Ufern, während er zusammen mit seinem (Zwillings)bruder als dem aktiven und erfolgreichen Teil seiner Person auf die eigene Erdscholle gelangt. Sie ist der seelische Boden, aus dem ihm die gewünschte freie und erfolgreiche Einstellung zum Leben erwachsen soll.

«Erde, du liebe, ich will»

Während zuletzt bei Rüdiger, dem durch seelische Krisen gehenden jungen Mann, das Traumbild Erde als Erdscholle erscheint, die aus den Wassern eines Meeres, also aus tiefsten Schichten des Unbewußten aufsteigt, um die Basis für die Komplettierung und Umstrukturierung des Ichbewußtseins zu ermöglichen, ist das Thema des nun folgenden Traumes ein im Unbewußten des Ich liegendes mythisches Wissen um die stablisierende und erlösende Kraft, die aus dem Umgang mit der Erde kommt. Entsprechend steht im Mittelpunkt des Traumes der Schrei nach Erdung, durch welche die Träumerin aus der tödlichen Isolation im Hochspannungsbereich wieder zu dem erlösenden Kontakt mit der Erde gelangen will. Anette träumt:

Ich stehe neben einem befreundeten Ehepaar auf einer Kreuzung neben einer vergitterten Verkehrsinsel. Wir schauen alle in Fahrtgegenrichtung; ich stehe am weitesten auf der Straße. Ein Auto rast auf uns zu. Da ich mich nicht auf die schmale Verkehrsinsel retten kann, ohne die Freunde wegzuschubsen, klettere ich auf den danebenstehenden Mast. Ich überlege voller Angst, wie es mir erginge, wenn mein Mast ein Hochspannungsmast wäre. Obwohl ich weiß, daß mir niemand helfen kann, da er dann sofort selbst einen elektrischen Schlag bekäme, höre ich mich um Hilfe schreien. Dabei weiß ich, daß mir nur eine Kette von Menschen die Erdung verschaffen kann, die mir Rettung bringt.

Wie stets sollte die persönliche Problematik von Anette, die im Traum zum Ausdruck kommt, zuerst betrachtet werden. Etwa: Was heißt für Anette Freundschaft? Was bedeutet für sie ein von hinten heranrasendes Auto? Wieso bringt sie sich in ihrem Traum vor allem selbst in tödliche Gefahr? Wie sieht ihre aktuelle Lebenssituation aus? Was hält die Träumerin vom Leben? Welche Einstellungen und Strategien hat sie entwickelt, um sich in Szene zu setzen beziehungsweise sich zu behaupten?

Anette, eine Frau an der Schwelle des Alters, in äußerlich gesicherter, gut bürgerlicher Position, hat Familie und einen großen Freundeskreis. Umsichtig und fürsorglich im Haus wie im Umgang mit den Freunden, aufgeschlossen für Philosophie, Musik und Kunst, selbst schriftstellerisch begabt, steckt sie voller Aktivitäten. Hier setzt ihr Traum offensichtlich kompensatorisch an, indem er auf dem Hintergrund der Zeitumstände die seelisch geistige Einstellung und Position der Träumerin hinterfragt. Der Traum versetzt Anette auf eine Autostraße, neben eine schmale, vergitterte Verkehrsinsel, auf der ein Mast steht. Es ist eine fast alltägliche, lediglich durch die Zusammenstellung – Mast auf der Kreuzung – leicht verfremdete Landschaft. Mit ihren Freunden, das heißt den zu ihrem Ich gehörenden seelischen Kräften, schaut sie in die Fahrtgegenrichtung, wobei sie sich am meisten exponiert. In dieser Situation rast ein Auto von hinten auf die Gruppe zu. Die Träumerin registriert die Gefahr, die durch die Freunde, welche näher zur Verkehrsinsel stehen, für sie noch verschärft wird. Man könnte die Gefahr als eine Gefahr deuten, die von der modernen Technik ausgeht, welche, als Fortschritt mißverstanden, sich ebenso gegenüber den Menschen wie gegenüber der Welt als blind und destruktiv erweist. Sie stellt sich im Traum als ein von hinten plötzlich heranrasendes Auto dar, das heißt, bei dem inzwischen erreichten Grad der technischen Perfektion besteht die Gefahr in einem unkontrollierten Rausch nach Geschwindigkeit. Im paradoxen Bild des Traumes sucht Anette in ihrer Bedrohung dadurch Rettung, daß sie, man weiß nicht recht wie, jedenfalls flink wie ein Eichhörnchen, auf einen Stahlmast klettert. So gelangt sie in eine höhergelegene Position. Hier beginnt der Traum «abstrakt» zu werden, das heißt, er wird nun eindeutig vom Denken gelenkt. Er führt der Träumerin die Vergeblichkeit und Tödlichkeit eines Denkens von oben ins Bewußtsein, welches, formal betrachtet, als ein zwanghaftes Denken bezeichnet werden kann. Indem nun Anette träumt, daß sie sich über der Straßenkreuzung an einem Mast anklammert, benutzt sie ein kollektives Bild, um einen subjektiven Konflikt darzustellen. Es wäre aber genauso richtig zu sagen, daß das Traumbewußtsein einen subjektiven Konflikt aufgreift, um ein von jeher bestehendes kollektives Verhängnis auszudrücken. Bei dem alten chinesischen Philosophen Dschuang Dsi, einem Schüler aus der Tradition von Laotse, lesen wir in der einprägsamen Parabel «Der Ziehbrunnen»:

> «Ich habe meinen Lehrer sagen hören: ‹Wenn einer Maschinen benutzt, so betreibt er all seine Geschäfte maschinenmäßig; wer seine Geschäfte maschinenmäßig betreibt, der bekommt ein Maschinenherz. Wenn einer aber ein Maschinenherz in der Brust hat, der wird ungewiß in den Regungen seines Geistes. Ungewißheit in den Regungen des Geistes ist etwas, das sich mit dem wahren Sinne nicht verträgt» (Dschuang Dsi, S. 89).

Die Unsicherheit in den Regungen des Geistes (mit allen sich hieraus ergebenden Konsequenzen), auf die Dschuang Dsi vor mehr als 2000 Jahren warnend hinwies, ist in unserem technischen Jahrhundert zu einer das menschliche Leben infragestellenden Wirklichkeit geworden. Sie gipfelt bekanntlich in der Erfindung der Atombombe. Anette, die in ihrem Traum für die Darstellung der kollektiven Bedrohung ein mechanisch-technisches Bild benutzt (die Betonstraße mit dem heranrasenden Auto), erfaßt intuitiv, daß der Versuch, dem kollektiven wie, hiervon nicht zu trennen, auch dem subjektiven Verhängnis durch eine «Darüber-hinaus-Position» entgehen zu wollen, sie in die gleiche oder noch größere tödliche Gefahr stürzen würde. Diese besteht eindeutig in einer Abgehobenheit und Isolation von der Erde. Damit gelangt Anette und jeder einzelne, der ihrem Ruf folgt, in einen Energiebereich, der, als Hochspannungsenergie vorgestellt, sich gegen die Menschen in ihrer Vereinzelung richtet.

Die Frage, ob und inwiefern Anette sich durch ihr rasches Denken in Höhen zu versteigen droht, durch die sie seelisch-geistig in eine tödliche Isolation versetzt wäre, könnte die subjektive Seite des Konflikts berühren. In der wie immer ebenso gefährlichen wie ausweglosen Position findet das Traumdenken von Anette jedenfalls die erlösende Antwort, diese heißt «Erdung». Nun ist die Erdung laut Traum nicht etwas Mechanisches – etwa das Erden einer Antenne oder das Anbringen eines Blitzableiters durch einen Mechaniker –, sondern Erdung heißt, wie der Traumtext deutlich macht, dadurch wieder zurück zur Erde zu kommen, indem die Träumerin ein Glied in einer Menschenkette wird. Der Traum greift sehr sinnvoll das Bild der Menschenkette als Ausdruck eines gewaltlosen Widerstandes gegen die Bedrohung auf, welche, um es mit Dschuang Dsi zu sagen, von «der Ungewißheit in den Regungen des Geistes» ausgeht. Darum heißt Erdung für Anette, wieder zu einer Menschenkette zu gehören, die auf der Erde steht und die zur Erde gehört und in der einer dem anderen die Hände reicht und zuletzt auch Anette. In der geschlossenen Menschenkette vermag sie mit allen, auch denen, die es scheinbar nicht betrifft, aus der Verstiegenheit geistiger wie materieller Isolation erlöst zu werden.

Hier kann uns die Geschichte des Riesen Antaios einfallen, der alle Fremden zum Ringkampf aufforderte und der als Sohn der Erde unüberwindbar blieb, solange er die Erde berührte. In dem Augenblick, wo er die Erde berührte, strömte alle Kraft der Erde wieder in ihn hinein. Im Unterschied zum frühen klassischen Griechentum aber, das die Kraft der Erde in der Gestalt des Riesen Antaios fürchtet, den es deshalb durch Heldenkraft zu überwinden gilt, geht es im Traum von Anette für sie, wie für uns alle, darum, mit Hilfe eines erdverbundenen, mütterlich bewahrenden Lebens die erzwungene rational-technische Lebensschablone wieder zu überwinden. Es gilt, durch den Kontakt zur Erde – als dem unbewußten ganzheitlich körperlich-seelischen Bereich – die seelisch geistigen Impulse aufzunehmen, die zu einem sinnerfüllten menschlichen Leben gehören. Darum gilt für Anette, was Rainer Maria Rilke in der neunten der «Duineser Elegien» als Dichter kündet:

«Ist nicht die heimliche List
dieser verschwiegenen Erde, wenn sie die Liebenden drängt,
daß sich in ihrem Gefühl jedes und jedes entzückt?»

Denn, so singt Rilke weiter:

«Was, wenn Verwandlung nicht, ist dein drängender Auftrag?
Erde, du liebe, ich will. Oh glaub, es bedürfte
nicht deiner Frühlinge mehr, mich dir zu gewinnen – *einer*,
ach, ein einziger ist schon dem Blute zu viel.
Namenlos bin ich zu dir entschlossen, von weit her.
Immer warst du im Recht ...»

Verwandlung aber, die aus der seelischen Natur kommt, heißt Ganzheit. Sie ist nicht ohne das Bestehen der äußersten Gefahr zu erreichen. Wir können Anettes Traum als ein Signal auf diesem Wege verstehen. Rilke nimmt diesen Gedanken in dem von mir unterbrochenen Vers auf, indem er von der Erde sagt: «... und dein heiliger Einfall ist der vertrauliche Tod» (Rilke, 1974, S. 40).

Landschaften der Seele

Träume sind Landschaften, welche die Seele in uns ausbreitet. Sie lädt den Träumer dazu ein, in ihnen spazieren zu gehen, wobei es freilich nicht immer wie auf einem Sonntagsspaziergang zugeht. Nicht selten versetzt die Seele uns in Gefahren, mutet uns seltsame Abenteuer zu, auf die wir weder gefaßt noch vorbereitet sind. Zuweilen stehen wir im Traum vor einer Aufgabe, die uns auf der einen Seite ebenso anlockt, wie sie uns auf der andern Seite verunsichert oder gar erschreckt. Könnten wir wie Kinder offenen Herzens oder wie in unserer Jugend die mythische Sprache der Träume direkt auf uns wirken lassen, wäre vieles einfacher. Jedenfalls hätten wir es dann kaum nötig, uns unsere Träume auslegen oder ausdeuten zu lassen, damit wir auch bewußt nachvollziehen, was die Seele uns sagt. Je erwachsener wir uns fühlen (und uns dabei besonders vom Denken leiten lassen), um so schwerer fällt es uns jedenfalls, die Impulse aufzunehmen und den inneren Weg zu gehen, den uns die Träume zeigen. Hier tut sich leicht eine Quelle von Widersprüchen auf, die uns den Zugang zur mythischen Aussage des Traumbildes erschwert oder gar verstellt.

Für den erwachsenen und aufgeklärten Menschen ist die Erde auch im Traum zunächst kaum etwas anderes als ein durch die Wirkung der Gezeiten und die Witterungseinflüsse entstandenes Zerfallsprodukt von Gestein. Es kann unterschiedlich zusammengesetzt sein, Lehm zum Beispiel ist ein Gemisch aus Ton, Sand und verrotteten Pflanzen. In einem Kinderbuch heißt es von der Ackerkrume, daß sie eine mehr oder weniger dicke Haut sei, die sich über dem Felsgrund des Sternes Erde erstrecke. Alles was die Erde hervorbringt, wird wieder zu Erde.

So ist Erde für den Menschen Quelle der Natur, die ihn leben läßt und in der er – je nach Anlage und Vermögen – den verschiedensten Tätigkeiten nachgeht. Er kann in ihr als Jäger und Sammler oder als Bauer leben. Er kann die ursprüngliche Welt in eine Stadt- und Industrielandschaft verändern, doch wird er sich stets zurück zur Natur sehnen, dem Ursprung allen Lebens.

Mit solchen Vorerfahrungen ausgerüstet, hat das träumende Ich Schwierigkeiten wahrzunehmen, was Erde im Traum nicht nur heißt oder bedeutet, sondern was die Erde meint, sagt und will! Und sie will – als Traumbild jedenfalls –, daß wir in den zu ihrer Natur gehörenden Wandel eintreten und uns diesem Wandel unterziehen, ganz im Sinne des Dichters Rilke, der das Thema Wandlung im XXIX seiner «Sonette an Orpheus» so beschreibt (Rilke, 1974, S. 90):

«Sei in dieser Nacht aus Übermaß
Zauberkraft am Kreuzweg deiner Sinne,
ihrer seltsamen Begegnung Sinn.

Und wenn dich das Irdische vergaß,
zu der stillen Erde sag: Ich rinne.
Zu dem raschen Wasser sag: Ich bin.»

Das Traumbild Erde hat also je nachdem, in welcher Phase des menschlichen Lebens es erscheint, seine jeweils besondere Bedeutung, wie dies ja auch die bereits vorgestellten Träume gezeigt haben.

Die Träumerin, gelernte Buchhändlerin, Anfang 30, befindet sich wegen ihrer Beziehungsproblematik (vorzüglich zu Männern) in einer Psychotherapie, die vor dem Abschluß steht. Sie hat ihre Mutter früh verloren, ist an den Vater, der sich bald nach dem Tod der Mutter wieder verheiratete, ebenso gebunden wie von ihm enttäuscht. Renate träumt:

Ich ziehe in einer anderen Stadt in ein neues Haus ein. Das Haus ist von einem großen Stück Land mit frisch umgegrabe-

ner Erde umgeben. Es ist schwere, dunkle Erde, in die entlang des Ganges, der zum Haus führt, junge Salatpflänzchen auf beiden Seiten gesetzt sind. Dieser Anblick erfreut mich sehr. Mein Hausherr, der im Parterre des Hauses wohnt, bietet mir die linke Hälfte des Grundstücks an, falls ich bereit sei, die Bestellung des Grundstücks zu übernehmen. Ich habe zuerst Bedenken. Wie ich das Land anschaue, wird mir wohl zumute. Ich empfinde ein Glücksgefühl. Ich nehme das Angebot des Mannes an, bitte um seinen Rat, damit die Pflanzen in der Gartenerde gut gedeihen.

Renate hat, wie der Traum sofort deutlich macht, einen wichtigen neuen Lebensabschnitt begonnen. Sie zieht in eine neue Stadt, an einen neuen Ort in ein Haus ein, das auf einem großen Grundstück liegt. Stadt und Haus können – zumal in Verbindung mit dem großen Stück frisch umgegrabener Erde – als Symbol einer positiven Mütterlichkeit gelten. Junge Pflänzchen wachsen auf beiden Seiten des Ganges, der zum Haus führt. Das Traumbild erfreut sie sehr, doch das Angebot des Hausherren weckt in ihr Zweifel und Bedenken. Sobald Renate sich dem Traumbild Erde überläßt, fühlt sie große Freude im Gemüt; die Arbeit aber, die durch das Angebot des Mannes auf sie zukommt, macht ihr Bedenken. Renates Traumich fragt nicht, woher und wieso ihm das reiche, dunkle Fruchtland angeboten wird, es sieht – sicher nicht zu Unrecht – die Mühen und die Pflicht. Das Ich braucht sich dabei nicht nur auf den Vater zu stützen, sondern auch auf das Wort in der Bibel: «Und», so heißt es über das Leben, «wenn es köstlich gewesen ist, so ist es Mühe und Arbeit gewesen.» Wie sollte das Wort auch anders lauten? Unser Ich ist immer schon aus dem Paradies vertrieben, die Seele hingegen lebt noch bei der Mutter im Paradies. Darum freut sich die Seele von Renate über das Traumbild Erde, während das durch die Therapie von den negativen Komplexen entlastete und gestärkte Ich bereit ist, sich im neuen Haus am neuen Ort wohl zu fühlen. Auch ist Renate nicht allein. Der Hausherr ist bereit, mit der hinzugekommenen Hausbewohnerin die Arbeit (Aufgaben) zu teilen. Als der aktive, kenntnisreiche und leitende (verantwortliche) Teil ihrer Seele ist er, wie die Einfälle zum Traum zeigen, in der Lage und willens, die Träumerin bei ihrer Aufgabe zu unterstützen. So nimmt Renate das Angebot, das ihr im Traum angetragen wird, an. Sie begreift die Chance, die ihr damit innerlich, das heißt vom Unbewußten, gegeben ist, sagt ja zu dem, was das Traumbild Erde mit einschließt – auch im Blick auf die Perspektiven in ihrem Alltag – und erwacht glücklich.

Anders, aber wie bei Renate vom Traumbild Erde inspiriert, ist die Lebenssituation der nächsten Träumerin. Stefanie ist inzwischen älter als zum Zeitpunkt des Traums, ihr Herz aber, so sagt sie mir, schlage noch heute höher, wenn sie sich an die wunderschöne braunrote Erde in ihrem Traum von damals erinnere, der gleichsam am Anfang ihrer Berufslaufbahn steht. Die Träumerin war gerade 21, hatte an der Uni eine Prüfung hinter sich gebracht und kam sich, wenn sie daran denkt, furchtbar klug vor. Die junge Frau wollte Analytikerin werden, deshalb begab sie sich in Therapie. In dieser Situation breitete die Seele ihren ganzen großen Reichtum vor der jungen Frau aus, indem sie ihr einen Traum mit dem Bild der Erde schenkte. Sie träumte:

Ich stehe mit einem älteren Mann und einer Frau in einer Landschaft. Soweit man sehen kann, ist die Erde verkrustet. Es ist eine hügelige Landschaft, die an sich nicht ganz zu meiner Heimat hier gehört, sondern eher etwas tiefer zu dem Land unten, also dort, wo es richtige Äcker gibt. Ich schaue erst mutlos da drauf und sage, das wäre doch sehr viel Arbeit, worauf die Frau sagt, das wäre praktisch überhaupt keine Arbeit, man müsse nur die Kruste lockern. Und sie fängt an, die Kruste zu lockern, und ich helfe, also ich gehe hin und helfe, und der Mann geht auch hin und macht dasselbe. Und wir lockern die Kruste, und unten kommt eine wunderschöne braunrote Erde zum Vorschein, die mir damals das Herz höher hat schlagen lassen und heute auch noch. Und mir ist es dann plötzlich sehr egal, daß es unheimlich viel Arbeit braucht, daß man ja vielleicht auch besser einen Traktor oder irgend was holen würde; es muß offenbar von Hand gemacht werden, und es ist außerordentlich lustvoll.

Der Traum stellt Stefani in eine weite hügelige Landschaft. Die Landschaft erinnert sie an ihre Heimat, und doch ist sie (im Unterschied zu der Landschaft, in der sie lebt) etwas anders.

Der Boden, auf dem sie steht, gehört eigentlich zu einem tiefer unten gelegenen Landstrich, wo die Äcker und Felder sehr fruchtbar sind. Eben dieser Ackergrund gehört hier der Träumerin, nur daß der Boden im Traum – so weit man sehen kann – verkrustet ist – vielleicht wie Ackererde im Vorfrühling. Der Anblick bewegt die junge Frau, er versetzt sie in Unruhe und macht ihr Traumich mutlos: Was ist ein Mensch in Anbetracht einer Landschaft? Was das Ich (mit seinen beiden «Traumeltern») gegenüber dem ausgebreiteten Grund der Seele mit all ihrem Reichtum und ihren Schätzen? «Der Seele Grund wirst Du nicht ausschöpfen», sagt Heraklit, «einen so tiefen Logos hat sie.» Vor allem aber ist die Seelenlandschaft vorerst verkrustet.

Wohl ist die Träumerin bereit, das Leben neu in die Hand zu nehmen und die Probleme, soweit sie für das Ich erinnerbar sind, zu beackern. Auch ist Stefani mit einem älteren Mann und einer älteren Frau in der Traumlandschaft. Sie kennt den Mann und die Frau nicht – wahrscheinlich sind es aber (wie ihr erst heute in den Sinn kommt) ihre «Traumeltern», nämlich ihre Analytikerin, bei der sie die Therapie begann, und ihr Analytiker, bei dem sie die Analyse fortsetzte. Beide unterstützen das Traumich und machen der Träumerin Mut. Besonders die Frau, die sich wie selbstverständlich an die Arbeit macht und die Bedenken zerstreut, die sich in Stefanis Traumich regen wollen.

So folgt die Träumerin den inneren Weisungen ihrer Seele. Sie ist bereit, die Konflikte anzugehen, welche wie eine Kruste die lebendigen Impulse im Inneren unterdrücken und so die Entfaltung der produktiven Kräfte in ihrer Seele behindern. Darum folgt sie den Traumeltern, lockert den Boden, entfernt die Krusten und macht die darunter liegende Erde frei. Noch heute spürt Stefani, wenn sie sich an den Traum erinnert, den Geruch der offenen Ackerschollen, der sich mit dem Morgenduft in der Höhe vermischt. Mit der braunroten Erde verbindet sich für die Träumerin Südfrankreich, Fruchtbarkeit, Sonne, Geheimnis der Erde – oder wie es die chilenische Dichterin ausdrückt: «... ihre Seele durchfurcht die zarte, liebliche Pflugschar, die Furche öffnend, um Vollendung darin anzusiedeln.»

Bei einem solchen Tun tritt das Ich in den Dienst der Seele zurück. Es ist klar, die braunrote Erde im Traum gehört nicht zu einem Feld, das mit Traktoren oder sonst etwas bestellt werden darf. Traumerde will mit eigener Hand von der Kruste befreit sein, um Frucht zu tragen.

Die Erde im Traum – Stefanis Seele – hat die Mühe der jungen Frau gefühlt und sie dafür reichlich belohnt. Die Frau von heute hat seit damals ein reiches Werk hervorgebracht und mehr noch, sie ist für alle, die sie kennen, die rotbraune Erde geblieben, die ihre Schüler und Freunde weiter beschenkt.

Der Traum eines etwa 50jährigen Mannes, der im Unterschied zu den beiden Träumerinnen mitten im therapeutischen Prozeß steht, soll uns nun als nächstes beschäftigen. Der Vater des Träumers, ein Pfarrer, steckte ihn als Knaben, er weiß nicht, wieso und weshalb – «wohl aus Spaß» – in einen Rucksack, so daß der Kopf wie ein rotbackiges Äpfelchen oben herausschaute. Er hängte ihn samt Rucksack an einen Haken an die Wand (er mag damals vier oder fünf Jahre alt gewesen sein), ließ ihn schreien und ging fort. Die Mutter schritt gegen die Maßnahme des Vaters nicht ein, jedenfalls dauerte es lange, lange, ehe der kleine Wicht wieder auf seinen eigenen Beinen stehen konnte.

Der Träumer leidet noch heute unter Schwitzanfällen, zum Beispiel, wenn er vor Leute treten muß, besonders wenn es Leute in Position sind. Er arbeitet in der Therapie, die inzwischen mehr als zwei Jahre dauert, angestrengt an den

Elternkomplexen, respektive am Autoritätenkomplex. Parallel mit den Anstrengungen in der Therapie entdeckte er für sich wieder neu die griechischen Mythen, insbesondere die Bücher von Kerényi, die ihn begeistern. Nicht, daß er sich mit einem der großen Götter – mit Chronos, Zeus oder mit dem König Ödipus – in seiner Phantasie verwechselt, aber manchmal im Schlaf durchströmt seine Brust nun ein seltsames Glücksgefühl. Es ist, als wenn sich in seiner Seele etwas Neues auftun möchte. In dieser Zeit hat Frank, aus einer frohen Stimmung erwachend, folgenden kurzen Traum:

Ich stehe mitten auf einem weiten Feld; unter meinen Füßen dunkle Erde. Da hole ich mit meinem linken Arm weit aus und durchfahre mit meiner Hand, wie mit einer Pflugschar, die schwarze, fruchtbare Erde. Ich tauche in die gelockerte Erde ein, ziehe die Furche, die sich wie eine Schoßfurche öffnet.

Franks Augen blitzen, während er mir seinen Traum erzählt. Etwas, das er in seinem Leben früher weder zu fühlen noch zu sagen wagte und das sich auch jetzt noch kaum aussprechen läßt, ist eingetreten. Von seinem Traumbild gleichsam inspiriert, fühlt der Träumer sich wie ein Held, der seine Heldenkraft dem Erdschoß anvertraut, damit wie im Traum das Neue werde. Frank fühlt sich dabei als Erfüller eines höheren Auftrages, der ihn zu einer neuen Identität als Mann führen wird. Es ist die Identität eines menschlichen Mannes, die ihm durch das Eindringen in die Schoßkraft der Erde (in seine empfangensbereite Seele) befähigen soll, die ihm aufgepfropften Einstellungen des Vaters und das heißt, auch die vom Vater übernommenen Herrscheransprüche und Dressate, abzuschütteln. So schafft der Traum für Frank unerwartet die Voraussetzungen, das Leben als Mann aus dem inneren Zentrum der Person (seinem Selbst) neu aufzubauen und zu gestalten. Indem Frank dem inneren Auftrag der Seele entschlossen folgt, wacht Heldenkraft in ihm auf. Sie erfüllt ihn mit Mut, die Bearbeitung des Vaterkonflikts unbeirrt fortzusetzen.

Ohne daß Frank es nun «vom Kopf her» weiß, knüpft das Traumgeschehen an die Rituale der Menschen auf der Naturstufe an, für die – wie ethnologisch gesichert – die Ackerfurche die Schoßpforte der Nahrung und Leben spendenden Mutter Erde darstellt. Eben dieses Thema nimmt der griechische Mythos von Jason und Medea auf und wandelt es ab. Von den Zaubersprüchen der Kolcherin Medea unterstützt, läßt der Held Jason ein kriegerisches Erdengeschlecht entstehen, indem er aus seinem ehernen Helm Drachenzähne in das Erdreich sät.

> «Gleich nun» – so heißt es bei Ovid in den «Metamorphosen», «erweicht der Boden ... und es keimt und erhebt sich ein kriegerisches Geschlecht aus den Zähnen. So wie menschliche Formen das Kind im Leibe der Mutter annimmt und innen bereits die Glieder und Teile sich fügen, aber erst voll gereift in gemeinsame Lüfte hervorgeht, so wird Menschengeschlecht im schwangeren Schoße der Erde hier entwickelt, entsteigt dem Muttergefilde und hebt sich ... empor mit geschwungenen Waffen» (Ovid, S. 128 f.).

Nachdem der Held Jason die von ihm erdgezeugten Krieger mit List überwunden hat, ist er am Ziel seines Heldenweges und gewinnt so zuletzt die von ihm begehrte kostbare Trophäe, das goldene Vlies!

Von der Wunderkraft der Erde

Die seltsame Wunderkraft der Erde, über die die Mythen berichten, erscheint in Träumen als Lebens- und Heilskraft der Mutter Erde. Hierfür bringe ich drei Beispiele.

Im ersten Traum ist es die lebenserneuernde Kraft der Gartenerde, die Verdorrtes wieder aufblühen läßt, im zweiten die Erdhöhle, aus der ein Bär herauskommt, und im dritten Traum ist es die Schoßkraft der Mutter Erde als Grab, welche die noch nicht tote Großmutter (d.h. den Komplex der Träumerin) aufnimmt und die Träumerin so von dem seit langem überfälligen Lebensproblem befreit.

Nabelschnur

Die Träumerin, über die ich als erstes berichte, hat Schwierigkeiten in der Ehe. Nachdem die Kinder dem Haus, das die Eheleute gemeinsam erbaut hatten, entwachsen sind, geht der Mann eigene Wege. Paradoxerweise hängen beide Eheleute dennoch weiter aneinander. In dieser Situation träumt Margarete:

In einem wunderschönen Garten findet eine Zusammenkunft von Menschen statt, die etwas Neues erfahren wollen. Junge und alte Leute wandeln umher. Ich spreche mit ihnen, merke, daß die älteren Leute skeptisch sind. Ich halte eine Artischocke in der Hand, die auf der einen Seite vertrocknet, aber auf der anderen Seite grün ist. Ein Stengel verbindet, wie eine Nabelschnur, beide Teile. Ich lege die Pflanze in die Gartenerde und bedecke die Nabelschnur mit Erde, damit sie Wurzeln schlagen kann. Ich weiß (und fühle), daß die Pflanze in der fruchtbaren

Gartenerde Wurzeln faßt. Sie schießt in die Höhe, und ich bin von ihrem prompten Aufblühen fasziniert. Das Wissen, daß etwas, was in Wirklichkeit nicht gehen würde, im Traum geht, beeindruckte mich nachhaltig.

Die Träumerin bringt den Garten mit den jungen und alten Leute und der fruchtbaren Erde intuitiv mit der begonnenen Therapie in Zusammenhang. Sie assoziiert sofort zum Thema: Das Neue komme aus der Erfahrung in der gemeinsamen Therapie mit ihrem Mann. Margarete, die von Beruf Soziologin, dabei psychologisch gebildet ist, fährt dann fort: Die Erde ist wohl das Symbol des sich erneuernden Lebens. Sie vertreibt, als Kraft der Seele, wie sie ergänzend hinzufügt, das Verdorrte und Verkrüppelte an der Nabelschnur und an der Pflanze. Auch wenn die alten Meinungen, das heißt die alten im Unterschied zu den jungen Leuten im Garten, es nicht fassen wollen: die Gartenerde im Traum ist die Mutter, welche trägt und nährt und macht, daß Verdorrtes wieder lebendig wird.

Margarete spürt und begreift den Kontakt zum Unbewußten, der im Traumbild Erde die verloren geglaubte Verbindung in der Ehe wieder mit neuer Lebenskraft erfüllt.

Der Bär

Margaretes Mann bringt in dieselbe Stunde ebenfalls einen kurzen Traum:

Aus einer Erdhöhle im Wald läuft ein Bär auf ihn zu. Erst hat er vor ihm Angst, dann spürt er, daß der Bär ihm nichts tut; er schöpft Vertrauen, schwingt sich auf ein Fahrrad und erwacht fröhlich.

Hans spürt – wie immer er künftig vor sich hinstrampelt – eine Bärenkraft. Sie entspringt aus dem seelischen Bereich des mütterlich Unbewußten (die Erdhöhle im Wald) und gehört nun zu seinem neuen Leben. Sie schenkt ihm Zuversicht für die Zukunft, und zwar, wie er fühlt, auch für seine Beziehung zu Familie und Frau, in der er sich trotz des Widerspruchs von Margarete bisher allzu klein und abhängig fühlte.

Graberde

Im nächsten Traum geht es um die Beerdigung der Großmutter, deren Leiche noch lebendig ist. Sie soll trotzdem – ohne daß es jemand Fremdes merkt – im Traum beerdigt werden. Vera, eine attraktive Mittvierzigerin, träumt:

Ich stehe auf dem Friedhof. Ich muß die noch lebendige Leiche der Großmutter unter die Erde bringen. Die Zeremonie ist für ½ 6 Uhr angesetzt. Ein junger Mann, der mich an einen Studienfreund erinnert, macht das Ritual. Er zündet eine mit Schriftzeichen versehene Kerze an und hält diese über die Leiche der Großmutter. Dann passiert es. Der Sargdeckel geht zu, die Erde öffnet sich, der Sarg versinkt, das Grabloch schließt sich mit schwarzer fruchtbarer Erde und bewächst mit einem grünen Rasen. Meine Angst ist plötzlich weg, ich gebe einer Frau, die in der Vorhalle des Friedhofs wartet, einen Artikel über mich und meine Arbeit.

Dieser Traum illustriert weniger eine Art märchenhaftes Zaubergeschehen als einen im seelisch Unbewußten vorbereiteten Vorgang, durch die Auseinandersetzung mit dem Schattenkomplex. Es geht dabei um die Bearbeitung der vom Ich als anstößig (und minderwertig) empfundenen seelischen Anteile, welche das Bewußtseinsfeld einschränken und stören. So betrachtet, stellt Veras Traum von der Beerdigung der Großmutter einen wichtigen Schritt in Richtung der Ichintegration und Ichdifferenzierung dar. Die Graberde wird dabei zur Allmutter, welche die noch lebendig aktiven Inhalte des Komplexes aufnehmen wird, die das Ich peinigen. Veras Einfälle zeigen, daß es sich bei der Großmutter im Traum um die ebenso morbiden wie dünkelhaften Anteile ihrer eigenen Seele handelt, die offenbar die Großmutter verkörperte und die bislang der Träumerin dazu dienten, die Gefühle von Minderwertigkeit hinter einer zur Schau gestellten Anspruchshaltung zu verstecken. Hier setzt Veras Traum ein. Er bereitet den Boden für eine tatkräftige, neue und wirklichkeitsnahe Einstellung zum Leben vor. Damit solches geschieht, bedarf es allerdings, wie der Traum zeigt, der Unterstützung durch eine aktive männliche, die Icheinstellung der Träumerin kompensierende Kraft. Indem der Zeremonienmeister, welcher Vera an einen geistig sehr lebendigen und weitsichtigen Studienfreund erinnert, ein Licht anzündet und die im Sarg liegende Großmutter (Veras Komplex) nochmals ernst beleuchtet, ist der Augenblick eingetreten, in dem der Sarg sich schließt. Nun kann die Allmutter Erde – der, wie wir schon wissen, seelisch unbewußte Bereich der Träumerin – den Schoß öffnen und den Sarg mit der Großmutter aufnehmen. Damit versinkt aber, mit der endlich zu Tode gekommenen Frau, die das Bewußtsein so lange komplexhaft besetzende Vergangenheit. Fruchtbare Erde, welche als Sinnbild einer psychischen Potenz (Energie) gelten kann, die Altes auflöst, um Neues werden zu lassen, verschließt den Erdschoß. Über das Gewesene kann, wie es im Volksmund lautet, nunmehr frisches grünes Gras wachsen. Vera ist in der Lage, ihrem zweiten Ich, der Frau, die in der Vorhalle des Friedhofs wartet, mit der Übergabe des Artikels über sich und ihre Arbeit, gleichsam abschließend Rechenschaft abzulegen.

Natürlicherweise geht die Aufarbeitung eines Komplexes selten so befriedigend und strikt vonstatten wie im Traum von Vera. Wie verschieden die Menschen sich immer in ihrem Komplexverhalten aufführen und zeigen, das (seelisch) Unbewußte pflegt im Bild der Allmutter Erde im Traum wie eine geduldig abwartende und empfangsbereite Frau zu antworten. Diese nimmt hierbei nicht nur – wie im Traum von Vera – einzelne störende Seelenanteile auf, sondern den ganzen Menschen, wie er nun einmal ist, mit seiner Seele und seinem Leib. Bestattungsrituale von Urzeit her, etwa die Bestattung in Baumhöhlen oder im Hockergrab, spiegeln solche Abläufe, die zum Unbewußten des Menschen gehören, wie auch entsprechende Bildvorstellungen, Träume und das Brauchtum es tun. Das in goldenen oder schwarzen Schriftzeichen über dem Grab angebrachte «Ruhe sanft» darf als Ausdruck einer allgemeinen lebendigen Sehnsucht nach Unsterblichkeit, jedenfalls nach einem Weiterleben nach dem Tod angesehen werden. Die Inschrift interpretiert den Tod als ein Zurücksinken des Leibes in den Schoß der Mutter Erde. In der Erde ruhen wird so zu einer Art von seelischer Inkubationszeit beziehungsweise zu einer verborgenen Reifezeit, die alles, was die Erde hervorgebracht hat, zu einer neuen Vollständigkeit und Vollendung bringen soll.

Der Physiker Wilhelm Fechner hat diesen Gedanken in einer kleinen esoterischen Schrift «Vom Leben nach dem Tode» ausgeführt. Danach ist der Tod die Vorbereitung für ein neues geistiges Wachstum, für das Leben nach dem Tod. Wie nämlich ein Kind im Leib der Mutter heranreife, einen Körper mit Gliedern und Sinnesorganen für ein noch unbekanntes Leben in der Welt heranbilde, so entwickle der Mensch im Schoße dieser Welt die entscheidenden geistigen Anlagen, um mit seinem Tod in die künftige Welt Gottes hineingeboren zu werden, die auf ihn warte.

Mütterchen Erde

Je nach seelischer Anlage und Begabung können Träume mit dem Traumbild Erde, die von Menschen kurz vor ihrem Tod geträumt werden, wie geheime Botschaften nach Art eines Kassibers erscheinen, mit deren Hilfe die Seele nach einer Orientierung im Jenseits Ausschau hält, oder einfach Trost erhofft.

Mein lieber alter Freund Arie, der, wie er zuweilen im Scherz sagte, gerne 91 geworden wäre (er starb im 88. Jahr seines Lebens), hatte kurz vor seinem Tod ein Traumbild, das ihn zuerst erschreckte und ihm dann Ruhe brachte:

Er befindet sich auf freiem Feld, er sieht eine kleine, etwas ältliche Frau auf sich zukommen, die streckt ihm ihre Arme entgegen. Er erschrickt, weiß: «Mütterchen Erde will mich holen». Er erwacht mit Herzklopfen.

Auf seinen Tod seit langem vorbereitet, teilt er das Traumbild seiner Frau mit. Er läßt sich von ihr seinen Lieblingspsalm vorlesen, spricht mit ihr Gebete. Mein alter Freund nimmt von diesem Tag an kaum noch Speisen zu sich, schläft, wenn er nicht betet, auch tagsüber viel, und stirbt einige Tage danach im inneren Frieden.

Das Mädchen Bella

Das Mädchen Bella lernte ich kennen, als es 17 Jahre wurde. Als ich sie einige Jahre später als junge aufgeblühte Frau traf, erbebte mein Herz. Es war mir, als wäre Bella von fern her aus dem Land der Schönheit in unsere Menschenwelt herübergekommen. Ihr volles Lockenhaar war schwarz wie Ebenholz, ihr Teint milchweiß, die Lippen waren wie zwei lachende Kirschen rot; sie aber schaute mich mit ihren dunklen Augen an, als hätte sie von dem vergifteten Apfel gekostet, den ihr die böse Mutter, wie Schneewittchen im Märchen, gereicht hätte. Bella litt unter Ängsten. Sie hatte den Vater früh verloren, fühlte sich von der eigenen Mutter wie von einer Stiefmutter abgelehnt und verstoßen. Sie hielt sich für einen Ausbund an Häßlichkeit.

Aus Furcht vor Genmanipulationen gab sie ihre Stelle in einem großen Labor auf, legte ein Begabtenabitur ab, absolvierte das Studium der Soziologie – ihr Herz aufgeschlossen und enthusiasmiert für die Ausbildung eines neuen weiblichen Bewußtseins. Auf einmal erkrankte sie. Die Ärzte stellten Krebs fest. Sie wehrte sich lange und verzweifelt gegen den Tod. Kurz bevor sie starb, hatte Bella folgenden Traum:

Ich befinde mich in einer Parklandschaft mit alten und jungen Bäumen. Ich lehne mich an den Stamm einer hohen schlanken Birke. Die Ästchen des Baumes wiegen im sanften Licht der Sonne. Dann habe ich die Vorstellung, ich bin selbst dieser Baum. Ich will vom Stamm in die Zweige, dann von den Zweigen zurück in den Boden. Auf einmal spüre ich keine Begrenzung der Wurzeln mehr, und ich fließe in die Erde. Das macht mir Angst, und ich erwache.

Bella fällt sofort zu ihrem Traumbild das Kinderbuch von den Wurzelkindern ein. Sie lächelt ein wenig. Mir ist, wie wenn sie mich stumm fragen wollte: «Ist es wahr, daß ich nicht mehr lang hier oben im Licht sein kann?» Sie schaut mich an und sagt halb flüsternd: «Weil es so ist, daß es für mich keine Hilfe mehr gibt, wozu kämpfen und die entsetzlichen Schmerzen noch ertragen?» Wir schweigen, das also ist unser Abschied. Sie möchte wie ihr Traumbild zur Mutter Erde, wünscht sich, daß man ihren Staub nach ihrem Tod im Wald verstreut. Mit ihrer Mutter, vor der sie sich so sehr fürchtete, ist Bella seit langem ausgesöhnt.

Die Berührung mit der mythischen Kraft der Erde hilft Bella wie von selbst, sich mit der persönlichen Mutter auszusöhnen. Und nicht nur das! Sie gibt ihr – auch wenn ihre Seele im Traum vor dem Einströmen in den Erdleib erschrak – die Kraft, sich mit ihrem Tod auszusöhnen.

Die unvollständige Wandlung

Der Träumer, dessen Berührung mit dem mythischen Wurzelgrund im Traum uns nun beschäftigen soll, steht, knapp 40jährig, ebenfalls wenige Tage vor seinem Tod. Er ist ein hochbegabter, im Beruf sehr erfolgreicher Physiker, der auf dem Höhepunkt seiner Karriere von einer tödlichen Krebskrankheit befallen wurde. Wie Bella leidet auch er unter einem Mutterkomplex. Von seiner Frau nach einer kurzen Ehe geschieden, zieht es ihn in die Arme von vielen Frauen, ohne daß sein Herz zur Ruhe gekommen wäre oder er den Frieden gefunden hätte, den Liebe gibt. Durch eine Bestrahlungskur, nach der er alle Haare einbüßt, doppelt von der Krankheit gezeichnet, kommt er sich im Traum wie ein sterbendes Tier, dann wie eine gerupfte Gans vor. Berthold träumt:

Ich war auf einem Gartenfest auf dem Lande. Auch meine geschiedene Frau, deren Mutter und eine Freundin waren dort – sowie ein Hund. Meine Frau gibt mir den Auftrag, den Hund zurück zu ihrer Mutter zu bringen. Ich mache mich alleine mit dem Hund auf den Weg. Ich mußte durch einen Wald gehen, da verlor ich auf einmal den Hund. Ich suche den Hund lange und verzweifelt, endlich finde ich ihn. Ich nehme ihn in die Arme und drücke ihn fest an mich. Wie ich ihn auf die Beine stellen will, merke ich, daß er tot ist. Ich denke, wie soll ich das der Mutter beibringen? Ich lege den Hund auf die Erde, da verwandelt er sich in eine gerupfte Gans und fliegt davon. Ich wache auf, bin über den Ausgang des Traumes sehr verwundert, habe aber ein schönes Gefühl.

Indem der Träumer den Auftrag bekommt, einen Hund zurück zur Mutter seiner geschiedenen Frau zu bringen, wird er, wie der Ablauf des Traumes deutlich macht, einer überraschenden Prüfung unterzogen. Im Widerspruch zum augenfälligen Auftrag, jedoch in Übereinstimmung mit der mythischen Wahrheit des Traumes (der Traumlogik) begibt Berthold sich mit dem Hund nicht zu der Mutter seiner geschiedenen Ehefrau, die doch wie er selbst auf der Landparty anwesend ist. Er nimmt vielmehr den Hund und begibt sich mit ihm in den Wald. Es ist, als hätte Berthold den seelischen Auftrag, an der Schwelle des Todes zu erspüren, was er mit seinem Leben gemacht hat. Indem er den Hund statt dessen zu der archetypischen Mutter bringt, die im Wald wohnt, wendet er sich von den irdischen Mutterfrauen ab und damit der inneren Mutter zu, von der er Hilfe in der Not erwartet. Dabei verbindet er die innere Mutter mit der Gestalt der Mutter seiner ehemaligen Frau, die ihm – sehr im Unterschied zur eigenen Mutter – auch dann gewogen blieb, als er sich von seiner Ehefrau trennte.

Seltsamerweise verliert der Träumer sofort mit dem Eintreten in den Wald, und das heißt, sobald er in den inneren Bereich der Seele eintritt, den Hund. Hier beginnt für Berthold die eigentliche Prüfung. Will der Traum, daß er auf der überraschenden Suchwanderung die Verwirrungen seines Lebens noch einmal wiederholt? Was geschah eigentlich, als er seine Energien dazu einsetzte, nun vor den Augen der anderen auf der Bühne des Lebens zu glänzen? Ist er an seinem Glück vorübergegangen, als er sich von der Frau trennte, an der er doch – wie an der eigenen Seele – noch immer hängt? Was bedeuten dagegen die anderen Frauen in seinem Leben? Hat er, ohne daß er sich versah – ein Leben gegen die Seele gelebt? Hat er vielleicht etwas gegen den Rat seines Gewissens gemacht? Wo liegt seine Schuld? Soll er die Seelennot nun im Traum durchleiden, um so seinen Tod vorwegzunehmen?

Als Berthold das verlorene Tier wie in einer Schauerballade endlich in die Arme schließt – er tut es mit großer

Inbrunst –, scheinen seine Lebenskräfte erschöpft. Er möchte seinen Hund wieder auf die Erde stellen, aber der Hund ist tot. Wie soll er den Tod vor der inneren Mutter verantworten? Wie sich selbst eingestehen, daß die Lebensparty für ihn nun praktisch zu Ende ist? Mit fast demütiger Gebärde legt Berthold das tote Tier auf die Erde. Ist, was sich jetzt ereignet, Ausdruck von Bertholds Lebensnot, oder wendet der Traum das Geschehen bereits zum Besseren, wenn er den Träumer mit einer Auferstehung überrascht, die aus einem entlaufenen und zuletzt wiedergefundenen Hund eine gerupfte Gans werden läßt? Wohl erwacht das auf die Erde niedergelegte Tier zu neuem Leben, eine befreiende und vollständige Wandlung, die doch sonst der Mutter Erde eigen ist, schenkt der Traum dem Träumer nicht. Bertholds wieder verlebendigte Natur – seine Seele – erhebt weder als stolzer Schwan noch als ein anderer Sonnenvogel, zum Beispiel eine Wildgans, die Schwingen zum Flug in den Himmel. Durch die überraschende Wandlung im Traum aufgeschreckt, gesteht Berthold sich ein, daß es in seinem Traum nicht um eine noch so fundierte oder behutsame Interpretation gehen kann, sondern daß er – wie immer sein Leben gewesen ist – inneren Zuspruch und Trost benötigt. Solches kann, wie er fühlt, allein von einem religiösen Gespräch kommen. Die Mutter Erde bringt die Geschöpfe hervor, ernährt alle ohne Unterschied und nimmt sie wieder in sich auf. Der Geist des Menschen sucht nach Unterscheidung, Verantwortung und Aussöhnung. Bertholds Geistseele möchte, wie der Träumer es in den glücklichsten Stunden seines Lebens ahnte, dorthin zurück, von wo er gekommen ist – ins All, in die Ewigkeit, in Gott. Indessen sollte nicht auch für die in eine gerupfte Gans verwandelte Traumseele ein Platz im Himmel sein? Als Berthold aus seinem Traum erwacht, hat er, wie er selbst sagt, ein schönes Gefühl. Angeregt durch den Traum, setzte sich Bertholds Therapeutin dafür ein, daß er die Gelegenheit für ein religiöses Gespräch erhielt und auch wahrnahm.

Auch wenn Träume eine ähnliche Thematik abhandeln,

lassen sie sich nicht miteinander vergleichen. Sie kommen wohl aus einer gemeinsamen mythisch-archetypischen Schicht, geben aber stets eine unverwechselbare individuelle Antwort auf die jeweilige Lebenssituation der Träumer. Hier habe ich hinzuzufügen, daß die Antwort der Träume sich niemals nur an einen Teil des Menschen, also etwa an sein Ich oder an die moralische Instanz in ihm, wenden, sondern an die Person des Träumers, und das heißt an den Menschen als Ganzen. Träume kommen aus einem Daseinshintergrund und vermitteln eine Erfahrung, welche die aktuelle Lebenssituation übersteigt. Sie eröffnen neue Perspektiven und führen den Träumer so zu einer Mitte als seinem Selbst. Darum sind Antworten, die aus der Seele kommen, mit den Worten von Rilke (wenn er von der Wandlung der Dinge spricht) ausgedrückt, «ein anderer Hauch, ein Weh'n in Gott, ein Wind». Sie sind Dasein, in welchem, wie der Dichter weiter sagt, Gott die Erde und die Sterne an unser Sein wendet – sie sind also Dasein, in dem sich die Gegensätze aufheben, die unser Ichbewußtsein schafft.

Der Lebensbaum

Unser nächster Träumer ist ein Mann von Mitte 30, der bewußt auf eine Karriere nach außen verzichtet. Er befindet sich in einem seelischen Prozeß, der als Suchwanderung beschrieben werden kann. Seit langem in Analyse, die für ihn zugleich Teil einer neuen Identität bildet, ist er konsequent dabei, sich seinen Lebenskonflikten zu stellen und sie zu bearbeiten. Dabei steht die Bereinigung seiner Beziehung zu den Eltern und zu seinem Bruder für ihn im Vordergrund der Problematik. Aus einer Serie von Träumen greife ich einen heraus, in dem der Träumer sich in den Wald und das heißt wiederum, wie wir schon wissen, in den Innenbereich der Seele begibt. Er gelangt auf dem Traumwege in einer Waldlichtung an einen Ort, an dem er von der Erde auf wunderbare Weise gestärkt und beschenkt wird. Eric träumt:

Ich komme auf einer langen Wanderung an den Rand eines großen Waldes. Hier steht ein Haus, an dem ich erst vorüber möchte. Ein Mann, der hier wohnt, lädt mich ins Haus ein und bewirtet mich. Zum Abschied erhalte ich von ihm einen funkelnden Stein, den ich über dem Herzen tragen soll. Mit dem Stein ausgerüstet, setze ich den Weg in den Wald fort und komme zuletzt an eine Waldlichtung. Ich gehe hier umher, entdecke etwas Schwarzes. Es sind große Marmorblöcke, die wie Grabsteine ausschauen. Dann erkenne ich auf jedem der Blöcke den Namen meiner Mutter, meines Vaters und meines Bruders. Ich möchte wieder weiter, aber es geht nicht. So knie ich auf die Erde nieder zum Gebet. Daraufhin wächst vor dem Grabstein aus dem Waldboden ein Baum mit Früchten in die Höhe. Es sind reife Äpfel. Ich pflücke einige, weiß, daß ich nun weitergehen kann, und erwache.

Der Traum rückt das nach außen kaum auffällige Leben von Eric in eine überraschend andere schicksalhafte Perspektive. Er übergeht sozusagen Erics Alltag, Erics Beruf, in dem er zusammen mit seiner Partnerin arbeitet und forscht, und versetzt ihn statt dessen in den Stand eines auf sich allein angewiesenen Wanderers. Weit weg von der Alltagswelt (ähnlich wie mancher Märchenheld) kommt der Träumer auf seiner Wanderschaft zu einem großen Wald, an dessen Peripherie ein großes Haus steht. Eric möchte, wie es seine Art ist – nämlich auf das Wanderziel konzentriert –, am Haus vorübergehen. Doch der Traum weiß es anders und besser. Ein Mann tritt aus dem Haus, lädt ihn zu sich ins Haus ein, bewirtet ihn und schenkt ihm zum Abschied einen kostbaren Stein. Der Träumer empfängt den Stein wie einen Talisman; er fühlt, daß er durch den Stein geschützt und gelenkt wird. Bei der Übergabe des Steins kommt Eric entfernt der Analytiker und dessen Haus in den Sinn – jedenfalls fühlt er auch, daß er nicht unvorbereitet und ohne Hilfe den Wanderweg nach innen in den Wald fortsetzen darf.

Daß er mit dem Durchwandern des Waldes einen innerseelischen Bezirk betreten soll, ist dem Träumer klar. Mit dem Stein auf der Brust betritt er ihn mutig. Das im Stein eingeschlossene Wissen entfaltet nun sofort seine verborgene Kraft. Der «andere Hauch», das Heilige, von dem der Dichter spricht, lenkt geheimnisvoll des Wanderers Schritte. Als ein von innen Inspirierter schreitet Eric frei vor sich hin und kommt an eine Lichtung. Hier nun geht er umher, entdeckt schwarze Marmorblöcke, die wie Grabsteine ausschauen. Der Träumer hat einen bedeutungsvollen Ort erreicht, der, mythisch gesehen als Einbruchstelle des Jenseits, ihn in Berührung mit der Erdmutter als der Herrin des Ortes bringt. Zu seinem größten Erstaunen entdeckt Eric auf den Marmorblöcken die Namen vom Vater, der Mutter und den Namen seines Bruders. Der Träumer möchte jetzt weiter, aber er fühlt sich wie gelähmt. Die Namen auf den schwarzen Blöcken werden zu geheimnisvollen Lebenschiffren, die eine radikale Sinneswandlung bei Eric auslösen.

Wollte man das so geheimnisvolle Geschehen im Traum psychologisch zu erfassen oder zu beschreiben versuchen, so könnte man von einer sich anbahnenden Entladung des Eltern- beziehungsweise des Familienkomplexes sprechen. Ereignisse und Handlungen, die im zurückliegenden Leben von Eric die Zerstörung und den Abbruch der Beziehung zur Familie nach sich gezogen haben, verlieren am Ort, der durch die Grabsteine (mythisch) zur Mitte des Kosmos wird, ihre finster vernichtende Wirkung. Alle Kränkungen und alle Mißverständnisse, denen der Träumer in der Vergangenheit von Kind an ausgesetzt war, werden zu einem unverhofften Taufbad, das der Seele wieder Anschluß an das Unzerstörbare und Bleibende (das Ewige) in der Beziehung zu den Eltern, dem Bruder und damit zu sich selbst gibt. Als ein wiedergeliebt Liebender kniet Eric zum Gebet auf der Erde nieder.

Indem der Träumer sich so am heiligen Ort mit dem Heiligen in Verbindung setzt, erweckt Mutter Erde das von Eric verloren oder erstorben Geglaubte zu neuem Leben. Aus dem Erdschoß des Waldbodens wächst als Zeichen der vollzogenen Wandlung ein Baum mit Früchten in die Höhe. Es ist Erics Lebensbaum. In ihm findet die Manakraft der Seele ihre glückbringende Gestaltung. Die Früchte am Baum bieten Eric wie dem mythischen Helden Herakles einst – oder wie dem Götterkönig Gilgamesch das von ihm gesuchte Wunderkraut – die verjüngende, das Leben verlängernde Kraft. Indem der Träumer die Äpfel vom Baum pflückt, steht dem gesuchten inneren Weg, den Eric vor sich hat und der ihn zu sich selbst führt, nun nichts mehr entgegen. Er ist unter dem Schutz der Mutter Erde – wie die mythischen Helden der Vorzeit – zu einem Dasein berufen, das von Gehorsam, Ehrfurcht und Liebe zum Leben gelenkt ist.

Im Grabschoß

Die mythische Heilkraft der Erde gestaltet – so könnte man sagen – den nachfolgenden Traum. Mutter Erde als Heimstädte aller lebenden Gestalten, Erde als Schoßhöhle, die ihre Kinder schützt, die Krankes und Totes aufnimmt, um es wieder ins Lebens zu entlassen, sind das umfassende Thema des Traumes. Er wurde von einer jungen, vom Schicksal tief geprüften Frau geträumt, deren Kind kurz vor Ende der Schwangerschaft im Unterleib stirbt und das von ihr tot ausgetragen werden mußte. Ein Jahr später wird bei der jungen Frau eine zweite Schwangerschaft unterbrochen, weil der Fötus sich außerhalb der Gebärmutter im Eileiter ansiedelte. Die Frau überlebte mit knapper Not den Eingriff. Vom Wunsch nach einem Kind weiterhin beseelt, entschließt sie sich – hierin von ihrem Mann unterstützt – zur Adoption. In dieser Zeit, die für die junge Frau zugleich eine Zeit der Trennung von ihrer seitherigen Heimat ist, träumt Ute:

Ich ging über einen frisch gepflügten Acker in einer langen Furche. Die Erde war dunkel und feucht und klebte an meinen Schuhen, so daß sie mit jedem Schritt schwerer wurden. Auf einem Steinhaufen mitten im Acker setzte ich mich nieder, um die Erde von meinen Sohlen zu lösen. Ich kratzte sie mit einem Stein ab, und sie fiel in Brocken herunter. Der Geruch der Erde war in meiner Nase, sie roch nach Verwesung und doch auch frisch. Als ich weiterging, saßen viele schwarze Vögel in den Ackerfurchen, es waren Krähen. Sie flogen auf vor mir. Ich kam an den Waldrand und sah dicht hinter der ersten Reihe ein ausgehobenes Grab. Die Erde lag wie ein Wall aufgeschüttet an drei Seiten der Grube. Ich stieg über die vordere Schmalseite der Grube hinunter und entdeckte eine Spalte, einen Ein-

gang in die Erde. Fast wäre ich nicht hineingekommen, denn ich trug plötzlich auf meinem Rücken ein riesengroßes vertrocknetes Blatt. Es war an meinem Rücken festgewachsen. Ich zwängte mich durch den Eingang hindurch und konnte drinnen durch Scheuern meines Rückens an den Erdwänden das Blatt abreiben. Ich war eine Last los, aber mein Rücken war nun eine blutende Wunde. Ich kauerte mich nieder und weinte. Vielleicht war ich dort drinnen in der Höhle eine ganze Nacht, zuletzt entdeckte ich jedenfalls einen Lichtschein, auf den ich zukroch. Ein großer schwarzer Hund bewachte den Ausgang. Er leckte meinen Rücken. Dann trat ich hinaus in den hellen Morgen.

Ute fügt zu ihrem Traum hinzu: «Ich erinnere, daß ich, als ich erwachte, lange nicht begriff, daß es ein Traum war. Mein Gesicht war naß von Tränen, und es war noch etwas von Schluchzen in mir, und doch fühlte ich mich unendlich frei und leicht und erlöst.»

Die Gleichsetzung der bearbeiteten Erde mit der Frau gehört zum verbreiteten mythischen Kulturgut der Menschheit. Der Ethnologe und Mythenforscher Mircea Eliade hat hierfür in seinem Buch «Die Religionen und das Heilige» zahlreiche Belege gegeben. Ich wähle einige Beispiele heraus: So heißt es in der zweiten Sure im Koran: «Eure Frauen sollen für euch wie ein Acker sein. Gehet ihr Männer zu eurem Acker.» Ein paralleler altindischer Text lautet: «Die Frau ist gekommen als ein lebendiges Erdstück, sät in sie, Männer, den Samen.» Eine mittelalterliche Hymne verherrlicht die Jungfrau Maria als «die nicht beackerte Erde, die doch Frucht getragen hat». Umgekehrt vergleicht ein altpersischer Text die brachliegende Erde mit einer Frau, die keine Kinder geboren hat. Die kinderlose Königin in einem Märchen klagt: «Ich bin wie ein Feld, auf dem nichts wächst.» Ein finnisches Sprichwort heißt: «Junge Mädchen tragen ihren Acker in ihrem Leib.»

So ist der feuchte und dunkle Acker, über den Ute geht, das von ihr geträumte Abbild ihrer Person. Sie ist, der Symbolik des Traumes nach, ebenso die junge Frau, die über den Acker geht, wie der Acker, über dessen Furche sie entlanggeht. Dieser Weg ist für Ute schwer, schwer kleben die Erdbrocken an ihren Sohlen, die sie mit dem dunklen Acker verbindet. Sie läßt sich auf einem Steinhaufen nieder, streift von den Sohlen die Erdbrocken ab, die verwest und zugleich frisch riechen. Rabenvögel, die sich vom Toten nähren, pikken in den Furchen des Ackers. Sendboten von Trauer und Einsamkeit, picken die schwarzen Vögel zugleich als Sendboten der Mutter Erde das Tote auf. Wohl im Auftrag der Erdmutter säumen die Krähen den Weg, der die Träumerin an den Waldrand führt, dorthin, wo hinter der ersten Baumreihe das ausgehobene Grab auf sie wartet. Es ist der Weg, der die von der Totgeburt und dem Mißfall bedrückte und leidgeprüfte Frau zurück in den mütterlichen Erdschoß bringt, von wo sie dem Traumgeschehen nach symbolisch ins Jenseitige gelangen soll. Der enge Spalt, durch den die Träumerin sich durchzwängt, stellt (wiederum symbolisch) den Durchgang ins Totenreich dar – er repräsentiert ihre Geburt zum Tode: ihren Tod zur Geburt.

Das auf dem Rücken angewachsene, vertrocknete Blatt (ihr totes Kind) behindert nun ebenso den Durchgang, wie er ihn befördert und erzwingt. Sie scheuert wie ein wundes Tier das am Rücken angewachsene, vertrocknete Blatt an den Grabwänden ab, bis ihr Rücken eine einzige blutige Wunde ist. Dem Geschehen im Traum nach ebenso gebärende Frau wie totes Kind, erleidet sie im Erdschoß der Mutter das Mysterium der Mutterschaft. Ute streift das Verweste ab und gelangt im Grabschoß der Erdmutter wieder zur eigenen Blüte. Vielleicht war es eine ganze Nacht, während der sie im Grabschoß weilte. Der mütterliche Lebensrhythmus, der aus dem Hellen ins Dunkle und aus dem Dunklen wieder ins Helle führt, bringt auch Ute wieder zurück ins Leben. Jedenfalls entdeckt die Träumerin in der dunklen Höhle zuletzt einen Lichtschein. Sie kriecht auf das Licht zu. Da, am Übergang ins Leben, leckt ein großer schwarzer Hund, ein Diener der Erdmutter, ihre Instinktseite, der auch die Pforte zurück ins Leben bewacht, Utes wunden Rücken. Geheilt, vom Tod zum neuen Leben erkoren, begrüßt die Träumerin den neuen Morgen.

Ute erinnert sich, daß sie – vom Traum erwacht – lange nicht begriff, daß das, was sie erlebte, ein Traum war. Ihr Gesicht ist naß von Tränen, und es ist noch etwas von Schluchzen in ihr, und doch fühlt sie sich unendlich frei, leicht und erlöst. Was Ute in ihrem Traum durchlebte, drückt der Dichter Clemens Brentano (S. 394) so aus:

«Und hat sie, einsam und verschmäht,
die Nacht durch dankend im Gebet,
die Körner ausgerieben,
liest sie, als früh der Hahn gekräht,
was Lieb erhielt, was Leid verweht
ans Feldkreuz angeschrieben:
O Stern und Blume, Geist und Kleid,
Lieb, Leid und Zeit und Ewigkeit.»

Mit diesem Traum ist die Trauer aus Utes Leben gewichen. Von der Erdmutter zu neuem Leben erweckt, siedelt sie bald darauf in eine neue Heimat über, in der sie, mit der von ihr wiedererlangten Identität als Frau und Mutter, das von ihr (und ihrem Ehemann) adoptierte Kind in Empfang nimmt.

Wie innig und selbstverständlich die Verbundenheit zwischen der Mutter Erde und all ihren Geschöpfen sein kann, erzählt Gabriela Mistral in dem Gedicht: «Die Erde und die Frau». Das Gedicht liest sich wie eine Naturschilderung, die die mythische Allverbundenheit der Erde mit ihren Kindern zuletzt im Dialog von zwei Frauen überzeugend zum Ausdruck bringt:

«Solange die Welt Licht hat,
und mein Kind wach ist,
blinzeln ihm alle Dinge zu,
die es anblickt.

Es winken die Pappeln,
mit gelben Fingern,
hinterdrein kommen die Wolken
und springen wie Böckchen.

Die Zikade mitten am Tage,
zirpt Zeichen,
und der listige Wind
macht Zeichen mit seiner Windel.

Und wenn es Nacht wird,
schickt die Grille verschmitzte Zeichen,
und heilige die Sterne,
wenn sie aufgehen …

Zur anderen Mutter sag ich,
der mit den vielen Wegen,
‹mach, daß dein Kleiner schläft,
damit meiner einschlummert.›

Und die von den Wegen durchfurchte,
von Herzen zustimmende Erde erwidert:
‹Schläfere du deinen ein,
auf daß auch meiner schlafe.›»

(Mistral, S. 91)

Annas Traum

Von einem mythischen Urwissen ist der nachfolgende Traum erfüllt, der die Serie der Traumberichte mit abrunden soll. Ich bekam ihn von meiner Freundin Anna erzählt, als ich mit ihr über meinen Plan sprach, etwas zum Traumbild Erde zu schreiben. Sie war gerade von einer Reise aus Bolivien zurückgekehrt, wo sie sich der Erforschung der Indianerkultur in den Hochlanden gewidmet hatte. Ihre besondere Aufmerksamkeit gehört den Heilungen und den dabei ausgeführten magischen Handlungen. Was ich an Anna besonders schätze, ist nicht nur ihre Zielstrebigkeit und Ausdauer, sondern ihre Herzenskraft, mit der sie sich für die dort lebenden Menschen einsetzt, die ihr ihrerseits Vertrauen und Anerkennung schenken. Anna ist auf besondere Weise aber nicht nur mit den Menschen, sondern auch mit dem Land als Ganzem identifiziert, von dessen Geistern sie sich wie ihre indianischen Freunde angenommen und geschützt fühlen darf.

Nach der Teilnahme an einem Erdbebauungsritual, dem Challay-chajmay-Ritual, hat Anna einen Traum. Sie trägt ihn in ihr Forschungstagebuch ein. Der Traumtext, den sie mir zur Verfügung stellt, lautet:

Die Erde ist bearbeitet, lange weiche gleichmäßige Furchen. Es ist ganz früh morgens. In der Luft sehe ich die Begegnung von Tag und Nacht. Ich nehme mit Staunen wahr, wie sanft und konfliktfrei und protestlos sie sich ablösen. Ich fühle mich sehr eins mit dieser sanften Begegnung von Nacht und Tag. Ich lege mich in eine dieser weichen Furchen dieser Erde. Heute nacht haben wir sie gegraben. Ich passe in diese Furche. Ich spüre das sehr genau. Ich schließe die Augen. Vor mir erscheint ein

Schriftzug. Ich kann ihn erst gar nicht erkennen. Der Schriftzug zeigt die gleichen wellenartigen Furchen der Erde. Dann kann ich es lesen. Die Schrift sagt: Erdreich oder Erdboden (das weiß ich nicht mehr genau). Und die Art, wie sich die wellenartige Schrift zu Sinn – Erdboden oder Erdreich – kristallisiert, ist genau so, wie die Nacht und der Tag sich in der Luft begegnet sind, und wie ich es so deutlich gesehen habe.

Der Traum hinterläßt beim Aufwachen ein Gefühl von Glück und Reichtum.

Die Vorgänge während des Erdbebauungsrituals in der Nacht, die in ein Fest von Lachen, ekstatischer Bewegung und unbändiger Heiterkeit ausklangen, der tiefe Schlaf, in den die Träumerin gleichsam wie eine Initiantin fällt, bilden einen eigentümlichen Kontrast zu dem von Anna notierten Traum. Es ist, als käme dieser Traum nicht nur von weit her, sondern als würde er die Träumende in eine andere, fremde Welt hineinnehmen.

Anna träumt den Augenblick, in dem Tag und Nacht einander begegnen und ablösen. Jenseitigkeit und Diesseits treffen zusammen, bilden einen Rhythmus, der Anna durchpulst und der sie an einer weltumfassenden Ganzheit teilhaben läßt. Sie sieht in der Luft staunend die Begegnung von Tag und Nacht, die sich sanft, konflikt- und protestlos ablösen. So schildert auch der Gesang «An Uschas, die Morgenröte» aus der «Rigveda» die Begegnung von Tag und Nacht. Sie lösen sich im Hymnus ohne Streit ab, sind verschiedenfarbig, aber dennoch gleichgesinnt.

«Dies schönste Licht der Lichter ist genaht,
der bunte Vorschein, weit verbreitet, ward geboren.
Die Nacht, wie auf Savitars, des Antreibers, Betreiben
ist angetrieben, so hat der Morgenröte sie den Platz geräumt.
Mit hellem Kalb, die Helle, Lichte ist gekommen,
ihr hat die Schwarze ihre Sitze eingeräumt,
die nah Verwandten, Tag und Nacht, unsterblich beide,

gehen aufeinander folgend und tauschen ihre Farbe.
Gleich ist der Weg der beiden Schwestern, endlos,
den wandeln sie, von Göttern unterwiesen, eine um die andre;
gut aufgereiht streiten sich nicht noch bleiben sie stehn
Nacht und Tag, gleich gesinnt, verschieden farbig.»

(Gedichte der Rigveda, S. 30)

Anna hat die Gesänge der Rigveda nie gelesen, dennoch ist es, als wollte der Traum sie mit der von ihr innerlich lange gesuchten, überpersönlichen (mythischen) Welterfahrung bekannt machen. Sie schmiegt sich träumend in eine während der Nacht gegrabene Erdfurche und schließt die Augen. Da kristallisiert sich im Traum ein wie die Erde wellenförmiger Schriftzug zu Sinn, indem er die Begegnung von Tag und Nacht wiederholt. Mit den Abläufen im Traum identifiziert, partizipiert so die Träumerin an der zeitlosen Ordnung der Welt.

Ich habe mit Anna (noch) nicht über ihren Traum gesprochen. Mythisch gehören Tag und Nacht jedoch nicht nur zur Weltordnung; ihre Abfolge begründet geradezu dieselbe. So erfährt Anna die Erde nicht nur als Mutter von Tag und Nacht, sondern als eine allwissende Mutter der Ordnung, die zugleich Sitz ewiger Wahrheit ist.

Erde als Erntefeld

Die Reihe der Traumbilder wurde von einem Traum eingeleitet, in dem die Erde einen von Beton überzogenen Platz darstellte. Bild zerstörerischen menschlichen Tuns, zugleich Vision einer bedrohlichen Zukunft, erinnert der von Steinfassaden umstandene Platz, auf dem aus einer Ritze eine welke Blume hervorkümmert, an eine surrealistische Todeslandschaft. Im Widerspruch hierzu schließe ich nun die Traumserie mit einem Traum ab, der den Übergang aus dem diesseitigen Leben in die (ewige) Jenseitswelt schildert. In diesem Traum erscheint Erde als ein reifes Erntefeld. In dem unserem Ich geläufigen Bild von Schnitter und Ernte erhalten wir Einblick in transpersonale, Gesetz und Ordnung spiegelnde Abläufe des Lebens. Akteurin im Traum ist die von Krankheit ausgezehrte junge Frau Lukeria, die, durch die Annahme des Leids der Mutter Erde aufs tiefste verbunden, zu einer reineren und immer größeren Liebe gelangt. Der russische Dichter Turgenjew teilt uns den Traum in seiner Erzählung «Die lebende Ikone» mit. Der Traum (Turgenjew, S. 467) lautet:

Mir war, ich stünde im Felde, und rings um mich stand der Roggen so hoch und so reif, gleichsam golden. Und dann war mir, da sei ein rotbraunes Hündlein bös, so böse, und das wollte mich in einemfort beißen. Und es war, als hielte ich eine Sichel in der Hand, doch war das keine gewöhnliche Sichel, sondern richtiggehend der Mond, und zwar jener, wenn er einer Sichel ähnlich sieht. Und mir war, ich sollte mit diesem Monde da dieses gelbe Korn reineweg abschneiden. Die Hitze rings aber hatte mich ganz benommen gemacht, und der Mond blendete mich, und es kam eine große Trägheit über mich. Um mich herum jedoch wuchsen Kornblumen, ganz ungeheuer große, und alle kehrten sich mit ihren Köpfen mir zu. Und da dachte ich, diese Kornblumen will ich pflücken. Wasja hat versprochen zu kommen. So will ich mir zuerst einen Kranz winden. Mit dem Mähen komme ich immer noch zurecht. Alsbald begann ich die Kornblumen zu pflücken, die aber tauten mir zwischen den Fingern fort, daß Dich doch! Und ich konnte mir keinen Kranz daraus winden. Und dabei hörte ich, wie jemand schon ganz nahe vor mir war und nach mir rief: «Luscha, Luscha!» Ach, dachte ich, welche Not, ich hab's nicht geschafft. Aber macht nichts. Statt der Kornblumen will ich mir den Mond auf den Kopf tun. So legte ich den Mond gleichsam wie einen Kopfschmuck an, und auf einmal leuchtete ich auf, das ganze Feld rings erhellend. Doch was sah ich? Auf den Spitzen der Ähren glitt mit großer Eile nicht etwa Wasja heran, nein, Christus selber. Und wieso ich erkannte, daß dies Christus sei? Ich kann es nicht sagen. So malt ihn keiner. Allein er war es. Bartlos war er, groß, jung und ganz weiß, nur einen Gürtel, der war golden, und er streckte mir die Hand hin. «Fürchte Dich nicht», sagte er, «Du meine geschmückte Braut. Folge mir nach. Du wirst in meinem Himmelreich die Reigen anführen und wirst paradiesische Lieder spielen.» Im Handkuß verschmolz ich mit seiner Hand. Mein Hündchen aber fuhr mir gleich in die Beine, doch da schwangen wir uns empor. Er voran, seine Flügel schwangen durch den ganzen Himmel, lang wie die einer Möwe, und ich flog hinter ihm. Und das Hündchen, das mußte von mir ablassen. Und da begriff ich erst, daß dieses Hündchen meine Krankheit sei, und daß für die im Himmel kein Platz wäre.

Archaisches, mythisches und individuelles Erleben verbinden und durchdringen sich im Traum zu einem Vorgang, in dem sich das Persönliche ins Kosmische erweitert, wobei das Kosmische im Persönlichen gleichsam wie in einem Brennspiegel reflektiert wird.

In diesem Traum ruft Mutter Erde die Träumende gleichsam zur Ernte auf. Hitze und blendendes Licht erfüllen das

Kornfeld. Die Sichel der Schnitterin ist kein irdisches Gerät, sondern die Sichel des Mondes, die am Himmel steht. Der Traum setzt sich damit sichtlich über die Vorstellungen unseres Ichs hinweg. Er macht also sofort deutlich, daß es sich hier um keine irdische, sondern um eine himmlische Ernte handelt. Dabei ließe sich in der Logik des Traumes das Feld als Leib der Mutter Erde mit den Ähren als Menschenleibern gleichsetzen, Leiber, die durch den Hieb der Sichel zur Verwandlung gelangen sollen. So ist es nicht verwunderlich, wenn sich die Kornblumen vor Lukeria verneigen. Darf doch, der profanen Welt enthoben, das leidverwandelte Erdenkind als ein höheres Wesen kein Schmuck mehr umkränzen, der sie an die Vergangenheit erinnert und der sie so an die Vergangenheit fesseln könnte. Darum tauen auch die Kornblumen, die einer irdischen Braut als Kopfschmuck dienen, zwischen Lukerias Fingern weg. Das fromm naive, bäuerliche Bewußtsein erweitert sich ins Mythische. Das auf Wandlung zielende Gesetz der Erde erfüllend, legt die Träumerin sich die Mondsichel um den Kopf und erfährt so die Verwandlung ins Göttliche. Sie wird zu einer uralten, das Leben erhaltenden und schützenden Mondgöttin, gleichsam zu einer Schwester von Astarte oder der vielen schwarzen Madonnen, deren Füße oftmals auf einer Mondsichel ruhen.

Mit der Apotheose der Träumenden bereitet sich jetzt weiter die Verbindung von Braut und Bräutigam vor. Christus, wie ihn niemand außer der Seele malt, wandelt über den Kornähren Lukeria entgegen. Er reicht seiner im Glanz der Mondsichel strahlenden Braut die Hand. Er ist der Seelenbräutigam, der mit der Braut in himmlische Bereiche entschwebt, damit sie dort den Reigen der Engel anführen kann.

Ernte als Sterben in der Zeit, das sich psychologisch als Abstreifen der Fesseln des Ichs interpretieren läßt, wird, wie Lukerias Traum erläutert, im Bild der himmlischen Ernte zur Voraussetzung für die Geburt des neuen Menschen. Der Vorgang erweist sich, wiederum rein psychologisch betrachtet, als Grundlage für das Gewinnen eines erweiterten luziden Bewußtseins. Es drückt sich als ein tief innerseelisches

Geschehen im Bild beziehungsweise Mythos der himmlischen Hochzeit aus. Im Bild des Traumes gesprochen, verbindet sich die erstrahlende Mondnatur der Frau mit der Sonnennatur des Seelenbräutigams, der Lukeria als Christus erscheint.

Auch wenn Lukerias Traum dies nicht deutlich macht, so gehören doch ebenso die Mond- wie die Sonnennatur des Menschen zum mütterlichen Erntefeld. Mond- und Sonnennatur stellen die einander bedingenden und sich ergänzenden Aspekte der – vergänglichen wie dauernden – alles in sich hereinnehmenden wie aus sich hervorbringenden Mutter Erde dar. Das Gesetz der auf Wandel ausgerichteten Allnatur erfüllend, gelangt der einzelne Mensch in der himmlischen Hochzeit zur vorbestimmten Ganzheit. Sie entspricht mythologisch der Geburt des unsterblichen Menschen und meint in religiöser Auslegung den Eintritt der Seele in ein unsterbliches Sein, das sie als Gott bezeichnet.

Folgen wir dem Traumgeschehen, führt der ins Leben verwobene Erntevorgang über die himmlische Hochzeit zu jenem letzten Ziel, in dem die zur Allmutter Erde gehörenden Vorgänge des Lebens sich verdeutlichen und erfüllen.

Abschließende Betrachtungen

Bisher stellte ich die Träume als eine Art von Dialog zwischen dem Traumich und der Traumnatur vor – oder, um es noch psychologischer zu formulieren, als Ausdruck der Interaktionen zwischen dem Traumich und dem Unbewußten. Dies gehört zur theoretischen Grundposition, die das Muster für den Umgang mit den Träumen und den Schlüssel für die Trauminterpretationen lieferte. Dabei ging es im wesentlichen darum mitzuteilen, was der einzelne (sein Traumich) von der Traumnatur erfährt, oder darum, wie die Traumnatur auf die Einstellungen des Traumichs antwortet oder reagiert.

Nunmehr möchte ich, abschließend, das Gewicht auf die Traumnatur legen und fragen, inwieweit die Abläufe im Traum Rückschlüsse auf die Naur des Traumes gestatten.

Sind Traumbilder nichts (weiteres) als ein subjektives Spiel von Erscheinungsformen, wollen sie mayagleich uns in ihr Spiel verstricken – oder zu einem Erlebensgrund führen, der den Erfahrungshorizont unseres Ichs weit überschreitet? Sind wir, wie der Dichter sagt, aus solchem Stoff, wie Träume sind, und sind es – wie die altindische Philosophie vermutet – nicht nur wir, sondern ist es, wie die Träume es abspiegeln, auch unsere Welt?

Droht dem aufgeklärten Verstand, der sich auf Träume einläßt, ein Rückfall in die «Urdummheit» des prähistorischen Menschen, oder sind Träume die Brücke zum unzerstörbaren Lebensgrund? Gelangen wir mit ihrer Hilfe zur Seinsfülle und damit zur Wahrheit, die sich in Mythen bezeugt?

Eine klare und direkte Antwort auf solche Fragen kann nicht gegeben werden. Angesichts der kollektiven Entwertung der Psyche und damit des Lebens und seiner Bezüge in der Gegenwart erweist sich die Beschäftigung mit der Natur der Träume als Suche nach der Wahrheit im Herzen. Sie bietet die Chance, die Lebenskräfte neu, von innen, zu organisieren. Die Erfahrung der Tiefenpsychologie zeigt, daß wir uns hierbei auf dem Weg einer Selbsterfahrung befinden, die Welterfahrung einschließt. Die Suche nach der Wahrheit ist Voraussetzung für eine sinnerfüllte Existenz, die zugleich Selbstverwirklichung intendiert. Anders formuliert: Die Auseinandersetzung in und mit uns selbst geschieht (auch) mit Hilfe der Amplifikation von Träumen, d. h. durch Einbeziehung von Lebenserfahrungen, die die Menschheitserfahrungen mit einschließen.

Die Aufgaben für das Ichbewußtsein sind vielfältig. Es hat das Traumich (geduldig) auf seinen Traumwegen zu begleiten und dessen Positionen und Reaktionen zu reflektieren. Es setzt sich (hier) zunächst mit den ich-nahen Aspekten auseinander, die es zu überdenken, aufzunehmen oder zu verändern gilt. In ihnen präsentiert Erde sich als ein Aktionsraum, auf dem die Traumgeschehnisse wie auf einer Bühne ablaufen.

Etwa: Das Traumich befindet sich inmitten einer Landschaft auf freiem Feld, das verkrustet gleichsam auf die Bestellung wartet. Es sieht eine Frau mit der Arbeit beginnen und schließt sich an. – Oder: Das Ich einer anderen Frau schreitet über die frisch umgepflügte, schwere Frühlingserde, die sich an die Schuhe der Träumerin haftet. Es gelangt in ein frisch ausgehobenes Grab, in dem es Heilung erfährt. – Oder das Traumich sieht ein altes Mütterchen, das ihm auf einem Feld entgegenkommt. Der Träumer weiß, es wird seinen müden Körper aufnehmen, und bereitet sich auf den Tod vor. – Ein weiteres Bild: Das Traumich entdeckt in einer Waldlichtung die Gräber seiner Eltern. Es kniet auf dem Waldboden nieder, da wächst vor seinen Augen ein Baum mit Früchten in die Höhe. – Oder das Ich eines Mannes erfährt die Erde als eine Höhle, aus der ein Bär (Symbol neu gewonnener Lebenskraft) hervortritt.

Vordergründig zeigt das Traumbild Erde sich oftmals für das Bewußtsein als die vom Menschen gestaltete, von ihm genutzte oder von ihm mißbrauchte Erde. Das Traumich kann in eine Parklandschaft, in einen Garten oder Friedhof eintreten, es kann die Erde aber ebenso als Straße, Straßenkreuzung oder auch als einen von Beton überzogenen Platz wahrnehmen.

Wie verschieden nun Erde sich im Traum selbst darstellt, entscheidend für den Träumer sind stets die durch sie ausgelösten Aktionen, die das Bewußtsein aufzunehmen und zu integrieren hat.

Fest steht, daß Erde im Traum nicht etwa, wie das bewußte Ich meinen könnte, lediglich Bühne oder Objekt ist, sondern lebendige, höchst schöpferische Natur, und zwar auch da, wo wir es nicht vermuten oder es auf Anhieb der Erde nicht ansehen.

Parallel zu den Schöpfungsmythen und der Stimme der Dichter entfaltet das Traumbild Erde sich als ein allumfassender, die Welt und ihre Geschöpfe hervorbringender, bewahrender und in sich wieder zurücknehmender allmütterlicher Schoß. Die Erde verwandelt und leitet ihre Geschöpfe, schenkt ihnen insbesondere dann, wenn sie die Kraft haben, sich ihr zu überlassen, die Weisheit, die zur Erde als Sophia gehört. Als Sinnbild einer geozentrischen matriarchalen Welt erscheint die Erde, worauf E. Neumann hinweist, wie die Nut Ägyptens. Sie ist, mythisch gesehen, auch der nächtliche Himmel der Unendlichkeit, in dem sie als Vollmond ihre eigene Dunkelheit erhellt und morgendlich die Sonne und den Tag gebiert. Polar zur Nut als der oberen Mutter des Himmels lebt im Zentrum der Erde ein Feuergeist, der sich, wie Neumann sagt, als «emotional sprengendes Element ebenso im Kern der psychischen Erde des Menschen wie im Kern der Materie selbst» zeigt.

Folgen wir den Träumen, so geht es nun nicht um eine Niederwerfung der Erde, die eine Trennung ihrer Pole nach sich ziehen würde, sondern – wie der Traum von der Erde als Erntefeld deutlich machen kann – um die Verbindung und die Integrierung der zur Allmutter Erde gehörenden Mond- und Sonnennatur in unserer Psyche.

In einem Brief von Rilke vom November 1925 heißt es:

> «So gilt es, alles Hiesige nicht nur nicht schlecht zu machen und herunterzusetzen, sondern gerade, um seiner Vorläufigkeit willen, die es mit uns teilt, sollen diese Erscheinungen und Dinge von uns in einem innigsten Verstande begriffen und verwandelt werden. Verwandelt? Ja, denn unsere Aufgabe ist es, diese vorläufige, hinfällige Erde uns so tief, so leidend und leidenschaftlich einzuprägen, daß ihr Wesen in uns unsichtbar wieder aufersteht. Wir sind die Bienen des Unsichtbaren» (Rilke, 1937, S. 373 f.).

Literatur

Brentano, C.: Gedichte und Erzählungen. Darmstadt: Wissenschaftliche Buchgesellschaft 1987.
Buber, M.: Die Geschichten der Chassidim. Zürich: Manesse 1947.
Dschuang Dsi: Das wahre Buch vom südlichen Blütenland. München: Diederichs 1957.
Eliade, M.: Mythen, Träume und Mysterien. Salzburg: Otto Müller 1961.
–: Vom Zalmoxis zu Dschingiskhan. Edition Maschke 1970.
–: Die Religionen und das Heilige. Frankfurt: Insel 1986.
Fechner, W.: Vom Leben nach dem Tode. Frankfurt: Insel
Frazer, J. G.: Der goldene Zweig. Berlin: Ullstein 1977.
I Ging. Das Buch der Wandlungen. München: Diederichs 1960.
Jung, C. G.: Die Erdbedingtheit der Psyche. In: Mensch und Erde. Darmstadt: Reichl 1927.
–: Erinnerungen, Träume, Gedanken. Zürich: Rascher 1962.
Hesiod: Werke. Mainz: Dieterich 1947.
Mistral, G.: Gedichte. Darmstadt: Luchterhand 1958.
Neumann, E.: Die Bedeutung des Erdarchetypus für die neue Zeit. In: Eranos-Jahrbuch 1953.
Otto, W. F.: Mythos und die Welt. Darmstadt: Wissenschaftliche Buchgesellschaft 1963.
Ovid: Metamorphosen. Mainz: Dieterich 1948.
Reimbold, E. T.: Die Nacht. Winson-Verlag 1970.
[Rigveda:] Gedichte der Rigveda. München: Barth 1955.
Rilke, R. M.: Briefe aus Muzot 1921–1926, hrsg. von Ruth Sieber-Rilke und Carl Sieber. Leipzig: Insel-Verlag 1937.
–: Duineser Elegien. Die Sonette an Orpheus. Frankfurt: Insel Taschenbuch 1974.
Rösing, I.: Dreifaltigkeit und Orte der Kraft. Nördlingen: Greno 1988.
Turgenjew, I.: Aufzeichnungen eines Jägers. Stuttgart: Reclam 1973.

Wasserträume

Von Karin Anderten

Das Wasser – ein Grundstoff unseres Lebens

Von den vier Elementen, die das abendländische Denken seinem Natur- und Weltverständnis zugrunde legt, sind Wasser und Erde diejenigen, die sich am eindeutigsten in ihrer materiellen Beschaffenheit manifestieren. Die indische Philosophie kennt ein fünftes Element, das des Raumes, dem, soweit mir bekannt ist, ausschließlich geistige Qualität zugeordnet wird. Wasser und Erde hingegen bilden die Voraussetzungen für die Verwirklichungsprozesse in Raum und Zeit. Sie ermöglichen Gestaltwerdung.

Als materielle Grundstoffe sind Wasser und Erde jedoch nicht gleichzusetzen, auch wenn sie sich polar ergänzen. Durch ihre jeweilige Konsistenz markieren sie unterschiedliche, ja sogar gegensätzliche Aspekte der Entstehung aller Lebensformen. Beide Elemente stellen so etwas wie den großen Schoß der Mutter Natur dar, der keimhaft alles enthält, was nach Verwirklichung und Formgebung verlangt. Während die Erde dabei den statischen, ruhenden, festen Boden gewährleistet, der Verwurzelung ermöglicht, zeichnet sich das Wasser durch Bewegung und Bewegtsein aus. Es stellt somit elementare Lebensdynamik an sich dar.

Die belebende Eigenschaft des Wassers ist in der Natur besonders deutlich in trockenen Jahreszeiten und in den Dürregebieten unserer Erde wahrnehmbar. Über Nacht kann ein Tropenregen aus einer Wüstenlandschaft einen blühenden Garten entstehen lassen. Ein Sommergewitter nach langer Trockenheit läßt alles Leben, auch uns Menschen, erlöst aufatmen. Durch die Erfrischung erwachen die Lebensgeister wieder und lassen uns aktiv werden.

Diese wenigen Hinweise machen bereits deutlich, wie direkt wir Menschen die belebende, bewegende Kraft des Elementes Wasser erfahren. Wie aktivierend und aufwühlend kann es manchmal sein, wenn wir uns stimmungsmäßig einlassen auf eine tosende Meeresbrandung, die immer wieder an den Klippen zerschellt und immer wieder mit großer Kraft vorprescht. Und wie wohltuend kann sich das Verweilen an einem stillen See auswirken, dessen unmerklich leise Schwingung auch uns ruhig werden läßt und die Wahrnehmung für die leisen Lebensimpulse weckt. Wie fröstelt es uns andererseits, wenn wir in neblig-kaltes, regennasses Novemberwetter hinausgehen müssen. Dann ist der Wunsch nach Schutz und Geborgenheit besonders groß, und wir liefern uns diesem Wetter nur ungern aus. Im Gezeitenwechsel von Ebbe und Flut wird die zyklische Aufeinanderfolge der natürlichen Lebensrhythmen sichtbar. In Küstenregionen weiß man das Wasser auch zu fürchten, wenn es in der elementaren Gewalt einer Sturmflut die Deiche bedroht.

Das Element Wasser ist aber auch eine unmittelbare Körpererfahrung. Unsere körperliche Substanz besteht überwiegend aus Wasser. Unser Blut, das Nahrung und Sauerstoff in jede einzelne Körperzelle transportiert, ist von wässriger Beschaffenheit. Wie das Wasser im allgemeinen, ist auch das Blut im Körper ein bewegtes und bewegendes Element. Es versorgt die Körperzellen durch sein Fließen und veranlaßt diese zu Leben und Erneuerung. Auch das Fruchtwasser ist von großer Bedeutung. Durch seine Fließfähigkeit und Nachgiebigkeit schützt es das werdende Kind im Mutterleib vor Erschütterungen durch Stöße.

Diese wenigen Hinweise mögen ausreichen, um zu verdeutlichen, daß Wasser in der Tat ein Grundstoff unseres Lebens ist. Seine spezifische Beschaffenheit wird besonders im Vergleich mit dem Element Erde erkennbar. Der Schutz, den der bergende Mutterschoß der Erde gewährleistet, besteht in seiner feststehenden Unerschütterlichkeit, durch die fundamentale Sicherheit entstehen kann. Der Mutterschoß des Wassers schützt auf andere Weise. Durch seine Nachgiebigkeit und Beweglichkeit – durch seine Flexibilität also – wird zum einen die Lebensdynamik als tragende Energie betont, zum anderen schützt gerade die Fließfähigkeit des Wassers vor Blockaden und Verformungen. Im chinesischen Buch der Wandlungen, dem «I Ging», wird vom Wasser gesagt, daß es «alles Leben auf Erden veranlaßt» (Wilhelm, S. 119). In der weiteren Beschreibung heißt es:

> «Es fließt immer weiter und füllt alle Stellen, durch die es fließt, eben nur aus; es scheut vor keiner gefährlichen Stelle, vor keinem Sturz zurück und verliert durch nichts seine wesentliche eigene Art. Es bleibt sich in allen Verhältnissen selber treu.»

Damit sind wesentliche Aspekte des Elementes Wasser beschrieben. Wenn man den verschlungenen Mäanderweg eines Gebirgsflusses entlangwandert, der sich durch Fels- und Geröllmassen seinen Lauf geschaffen hat, dann werden die im «I Ging» beschriebenen Eigenschaften des Wassers besonders gut sichtbar.

Das Wasser als elementare seelische Erfahrung

Vielleicht ist inzwischen bereits deutlich geworden, wie viele Aspekte des Elementes Wasser eine Entsprechung zu unserem seelischen Erleben haben. Der Volksmund benutzt die Symbolik des Wassers sehr häufig, um seelische Zustände zu umschreiben. So drückt beispielsweise der Ausdruck «munter wie ein Fisch im Wasser» seelisches Wohlbefinden aus. «Mir steht das Wasser bis zum Hals» soll oft eine einengende Notsituation umschreiben. Jemandem, der seinen Redefluß nicht gut steuern kann, sagt man nach, er «rede wie ein Wasserfall». Von einem Vorhaben, das sich nicht verwirklichen ließ, sagen wir «das ist ins Wasser gefallen». Versucht jemand, einen Sachverhalt undeutlich zu umschreiben, um die Zuhörer im Unklaren zu lassen, wird leicht der Vorwurf erhoben, er «verwässere» alles. Wenn Träume, Phantasien oder Affekte uns zu überwältigen drohen, sprechen wir nicht selten von Überflutung. Umgekehrt bezeichnen wir gern Zeiten, in denen sich wenig Herausragendes ereignet, als Ebbe. Begegnen wir einer Lebenssituation, die festgefahren, erstarrt ist, sagen wir: «Da fließt nichts mehr». Alle diese Redensarten drücken im Bild des Wassers seelische Zustände oder Befindlichkeiten aus, und zwar in ihrem belebenden, motivierenden Aspekt ebenso wie als Bedrohung durch Erstarrung, Einengung oder Überflutung. Wir sprechen auch vom Lebensfluß, wenn wir ausdrücken wollen, daß wir uns dynamisch, von unseren vitalen Kräften getragen fühlen. Sprechen wir hingegen vom Lebensweg, dann sind die zu vollziehenden Schritte viel deutlicher als bewußte Bemühung im Blickfeld. Das Bild des Lebensflusses oder -stromes enthält sehr viel plastischer den Aspekt der elementaren Lebensdynamik, die uns vital in Entwicklungsphasen und Ereignisse verwickelt. Auf dieser Lebensebene sind wir nicht nur Gestalter unseres Schicksalsweges, sondern auch enthalten in den Lebensprozessen, die wir gerade durchlaufen. Der «I Ging» sagt, auf menschliche Verhältnisse übertragen bedeute das Wasser die Seele, die in den Leib eingeschlossen ist. Ich zitiere noch einmal:

> «Im Herzen ist das göttliche Wesen innerhalb der natürlichen Neigungen und Veranlagungen eingeschlossen und kommt dadurch in die Gefahr, in Begierden und Leidenschaften zu versinken» (Wilhelm, S. 477).

Die Erfahrung des Lebenselementes Wasser machen wir nicht zuletzt in unseren Träumen. Wir bekommen oft deren vitale Bedeutung am nachhaltigsten zu spüren, wenn sich Störungen eingestellt haben. Wenn wir beispielsweise körperlich gesund sind, spüren wir die einzelnen Körperteile oder Organe nicht, wir fühlen uns vollständig und lebendig, alles ist miteinander verbunden und bildet eine Einheit. Erst einen kranken Körperteil oder ein krankes Organ nehmen wir als solches wahr und reagieren darauf. Oft ist es auch in den Träumen so, daß sie sich in ihrer Bildersprache melden, wenn wir psychisch aus dem Gleichgewicht geraten sind und uns in der einen oder anderen Einseitigkeit verfangen haben. Dann helfen sie uns, die Situation zu verstehen und sich neu in eine wie auch immer geartete Mitte einzupendeln.

Einen solchen Traum hatte ein homosexueller Patient in der Nacht vor der ersten Begegnung mit Jung. Er lautet:

Ich befinde mich in einem weiten, von geheimnisvoller Dämmerung erfüllten Dom. Es heißt, es sei der Dom von Lourdes. In der Mitte befindet sich ein tiefer, dunkler Brunnen, in den ich hinabsteigen sollte (Jung, GW7, S. 109).

In der Realität hatte der Träumer eine starke Mutterbindung. Jung verstand diesen Traum als prognostisch günstig, da

Lourdes eine Heilquelle ist, der Träumer also in jene seelischen Schichten geführt wird, die Heilung ermöglichen.

Das belebende und heilende Wasser in Flüssen, Quellen und Seen spielt in Märchen, Mythen und religiösen Riten eine große Rolle. Die heiligen Wasser des Ganges beispielsweise haben für den gläubigen Hindu reinigende, läuternde Eigenschaften. Das Taufwasser im Christentum erhebt den Täufling in den Stand der Gotteskindschaft und bindet ihn überdies in die Gemeinschaft der Christen ein. In dem Grimmschen Märchen «Die beiden Wanderer» bekommt der erblindete Schneider sein Augenlicht durch zwei Tautropfen wieder, mit denen er seine Augen benetzt. Am Ende des Märchens schlägt ein Pferd mit den Hufen eine sprudelnde Quelle aus dem Boden und löst auf diese Weise die Blockaden, die zuvor alles Leben in Eintönigkeit erstarren ließen. In dem anderen Grimmschen Märchen «Das Wasser des Lebens» kann der kranke König nur wieder gesund werden, wenn er das Wasser des Lebens zu trinken bekommt, das sich in einem schwer zugänglichen Brunnen befindet.

Die heilende Wirkung des Wassers läßt sich gut nachvollziehen, wenn das Wasser als vitale Lebensdynamik verstanden wird, als die elementare Ebene der Triebe, Affekte, Wünsche und Bedürfnisse. Wenn – aus welchen Gründen auch immer – die Verbindung mit dieser Lebenstiefe blockiert ist oder gar verloren ging, fordert die daraus entstehende krankmachende Einseitigkeit dazu heraus, die Verbindung mit der ursprünglichen «Quelle der Lebenskraft» wieder herzustellen und aus ihr heraus die Gestaltung des äußeren und inneren Lebensrahmens sich neu entwickeln zu lassen.

Wie deutlich sich das fehlende «Lebenswasser» auch in den Träumen abbilden kann, mag der Traum eines meiner Analysanden aufzeigen, dessen Lebenssituation und Traumbild ähnlich sind wie im obigen, von C. G. Jung berichteten Beispiel. Zu Beginn der Analyse erinnerte sich der damals 36jährige Mann an einen Panik auslösenden Traum, den er während der Pubertätszeit häufig hatte und der später gelegentlich wieder auftrat.

Mit seiner Großmutter betritt der Träumer eine Kirche. In der Mitte des Kirchenschiffes befindet sich ein Brunnen. Großmutter und Enkel schauen hinein und stellen fest, daß er kein Wasser hat. An dieser Stelle erfaßt den Träumer jedesmal Panik. Er fühlt sich vital bedroht und hat den Impuls, sich von der Hand der Großmutter loszureißen, schafft es aber nie. In Panik erwacht er in der Regel an dieser Stelle.

Der Träumer beschrieb seine Großmutter als harte, kalte, herrische Frau, in deren Nähe alle Lebendigkeit erstarrte. Er habe sie als Kind überwiegend bestimmend und Regeln setzend erlebt und sich in ihrer Nähe unbehaglich gefühlt. Die weichen, fließenden, gewährenden Eigenschaften primärer Weiblichkeit und Mütterlichkeit konnte der Träumer weder an der Großmutter noch an der Mutter erfahren. Das Bild des Brunnens, der eigentlich eine ganze Gemeinschaft mit Wasser versorgen könnte, ist im Traum ausgetrocknet und kennzeichnet auf diese Weise treffend die Situation des Träumers, dessen Verbindung mit den eigenen vitalen Lebensbedürfnissen im Laufe des Lebens immer spärlicher geworden war durch ein Übergewicht an rationaler Orientierung. Ausgetrocknet und unlebendig – so fühlte er sich zu dem Zeitpunkt, als er seine Therapie begann.

Dieser Traum und die familiäre Situation, die er abbildete, beschäftigten uns lange Zeit, und der Träumer entwickelte dabei ein sich vertiefendes Verständnis für das Bild der Austrocknung des Brunnens. In diese Phase fiel ein zweiter Traum, der eine Weiterentwicklung abbildete:

Der Träumer steht vor einem Sumpfgelände. Irgendwo «da ganz hinten» befindet sich ein Haus, zu dem er gelangen muß. Das ist aber unmöglich, weil es keine Chance gibt, den Sumpf zu überbrücken, man würde unweigerlich versinken. Ich als seine Therapeutin tauche im Traum auf, und es entsteht die Idee, einen Weg zu schaffen, indem wir am Rand Bäume pflanzen, die dem Boden das Wasser entziehen, so daß er sich verfestigen kann. Jeder von uns nimmt sich eine Seite vor und pflanzt Bäume. Das Vorhaben gelingt. Der Weg wird trocken und begehbar. Wir pflanzen uns bis zu dem Gebäude vor. Der Träumer weiß, er wird in dem Haus einem Ungeheuer begegnen. Er kennt dieses Wesen aus früheren Träumen, und im Gegensatz zu bisherigen Ängsten hat er jetzt das Gefühl, der Gefahr gewachsen zu sein.

In diesem Traum bilden sich die beiden Elemente Wasser und Erde ab. Der von C. G. Jung berichtete Traum zeigt das Wasser in seiner heilenden Funktion, die es besonders dann hat, wenn es getrennte Lebensinhalte miteinander oder wieder miteinander verbindet. Der erste Traum meines Analysanden macht auf die bedrohlich wirkende seelische «Austrocknung» aufmerksam, die der ausgetrocknete Brunnen symbolisiert. Der zweite Traum weist auf einen anderen Aspekt hin, der auch zur Gefahr werden kann. Der Sumpf als Ausdruck für eine psychische Beschaffenheit oder Eigenschaft stellt eine ungenügende Strukturiertheit und Festigkeit des Individuums dar. Es kann weder ein fester eigener Standpunkt bezogen, noch ein zielorientierter Weg beschritten werden. Das Lebensgefühl, das sich in einem derartigen Traumbild ausdrückt, ist häufig das eines sumpfigen Chaos', dem sich der Betroffene bedrohlich ausgeliefert fühlt. Die Wahrnehmung eigener Wünsche und Bedürfnisse bleibt dabei ebenso unklar, wie es sich als unmöglich erweist, ein erkennbares Lebenskonzept zu entwerfen. Vielmehr wird man in einer solchen Situation von Zuständen entweder zu Handlungen motiviert oder gelähmt.

Wenn man in diesen Traumzusammenhängen die beiden Elemente Wasser und Erde noch einmal unter dem Blickwinkel des weiblich-mütterlichen Lebensprinzips nebeneinander stellt, dann ist im Bild des Wassers die vitale Dynamik erkennbar, die aller Form- und Gestaltwerdung innewohnt. Formgebung und Festigkeit sind Wirkungsweisen des Elementes Erde, durch welche das Wasser seinen Lauf, seine Form und seine Begrenzung erhält.

Das Wasser im Traum – die gestaltlose Lebensdynamik

Im Bewegtsein durch unsere Begierden und Leidenschaften finden wir wohl am ehesten eine erlebnismäßige Parallele zur Beschaffenheit des Elementes Wasser. «Wasser hat keine Balken», sagt eine landläufige Redensart und kennzeichnet damit seine Form- oder Gestaltungslosigkeit. Auch die Uferlosigkeit klingt in dieser Redensart an, denn das Wasser selbst findet keine Grenzen. Da, wo es uns in der Natur begegnet, wird es durch Land begrenzt, durch das Urelement also, das als einziges statisch ist, feststehend und unbeweglich.

Im seelischen Erleben begegnet uns Uferlosigkeit im Bereich unserer Affekte und Zustände. Unsere Begierden und Leidenschaften haben keine Begrenzung, auch sind sie gestaltlos, haben keine Form, sie sind die uns bewegenden Kräfte schlechthin.

C. G. Jung zitiert in seinem Buch «Symbole der Wandlung» (GW5, S. 286[35]) Ludwig Tieck, den Schriftsteller der Romantik. Ich gebe den Anfang des Zitats hier wieder:

> «Wollust ist das große Geheimnis unseres Wesens. Sinnlichkeit ist das erste bewegende Rad in unserer Maschine. Sie wälzt unser Dasein von der Stelle und macht es froh und lebendig.»

Wasser und die Erfahrung des Weiblich-Mütterlichen

So sehr diese Sichtweise auch der Romantik entsprechen mag, auf unser vitales Leben bezogen enthält sie doch eine elementare Erfahrung, die wir alle machen. Wir lernen uns beispielsweise am Anfang unseres Lebensweges zunächst in unseren Zuständen kennen. Im Wechsel von Harmonie und Disharmonie bewegt sich unser Erleben, und unsere ersten Aktivitäten sind darauf gerichtet, unsere Umwelt zu bewegen, den angenehmen Harmoniezustand wiederherzustellen, wenn er verlorenging. Erst allmählich erwachen wir durch unsere Bewußtseinsentwicklung aus der Gestaltlosigkeit unseres Zustandserlebens.

In der Regel machen wir die ersten derartigen Erfahrungen im lebendigen Dialog mit der Mutter. Sie ist es, die uns zunächst vermittelt, daß man mit Zuständen umgehen kann, daß sie handhabbar und damit begrenzbar sind. Unsere Unlustsignale fängt sie auf und wird tätig in dem Sinne, daß sie die störenden Spannungszustände durch ihr vorsorgendes Tun aufhebt. Mit zunehmender Bewußtwerdung nehmen wir das wahr und verlieren die Angst vor disharmonischen Spannungen, denn sie lassen sich bewältigen. Die so entstehende Ermutigung befähigt uns in zunehmendem Maße, Unlustspannungen nicht mehr als Bedrohung zu erleben und deren Beseitigung aktiv herbeizuführen.

Das frühestmögliche Identitätserleben, das entstehen kann, ist ein Identischsein mit den Zuständen, die gerade durchlebt werden. Das ist nicht zu vergleichen mit dem Identitätsbewußtsein des erwachsenen Menschen. Dieses enthält auch das Resultat aller Leistungen, der gesellschaftlichen Position, der Begabungen und Begrenzungen. Die ursprüngliche Identität ist eher ein Identischsein mit dem vitalen Wesen, da man ist. Wenn diese «vitale Identität» eine ausreichende Stabilität erreicht hat, kann sie durch keinen Spannungszustand mehr ausgelöscht werden. Das wiederum erinnert an die Charakterisierung des Wassers, wie sie der «I Ging» vornimmt, wenn es da heißt, daß das Wasser sich in allen Verhältnissen gleich bleibt, durch nichts seine ihm eigentümliche Art verliert.

Noch etwas wird verständlicher, wenn man sich die Situation zu Beginn des Lebens verdeutlicht. Die ersten Wahrnehmungen und Erfahrungen auf dem Lebensweg sind affektiver Natur. Sie werden als Körpererfahrungen im Dialog mit der Mutter wahrgenommen und bewältigt. Es ist demzufolge kein Wunder, wenn die Muttersymbole, die in Märchen, Mythen und auch in den Träumen auftauchen, vitale Lebenskräfte versinnbildlichen. In seinem Aufsatz «Psychologische Aspekte des Mutterarchetypus» charakterisiert C.G. Jung dieses «Urbild der Mutter» einmal so:

> «Das sind drei wesentliche Aspekte der Mutter, nämlich ihre hegende und nährende Güte, ihre orgiastische Emotionalität und ihre unterweltliche Dunkelheit» (Jung, GW9I, S. 97).

Das sind nicht alle Aspekte des Weiblich-Mütterlichen, aber bestimmt sind es diejenigen, die im Symbol des Wassers ihren bildhaften Ausdruck finden, und – wie zu zeigen versucht wurde – eignet sich das Wasser aufgrund seiner charakteristischen Eigenschaften besonders gut als bildhafte Beschreibung vitaler Lebensvorgänge.

Aufgrund des bisher Gesagten läßt es sich wohl denken, daß die Art und Weise, wie in unseren Träumen das Wasser auftaucht und von uns erlebt wird, auch mit der Erfahrung zusammenhängt, die der Träumer am Anfang seines Lebensweges machte.

Nun habe ich mich in der bisherigen Schilderung ausschließlich auf die positive Muttererfahrung bezogen. Das geschah, um die ursprüngliche Situation zu kennzeichnen als Ausgangspunkt für individuelle Entwicklungswege. Es soll nicht heißen, daß nur positive, befriedigende Erfahrungen gemacht werden. Keine Mutter kann nur befriedigend und sättigend sein. Das wäre auch gar nicht sinnvoll, denn wir müssen es lernen, mit Triebversagungen, Verzicht auf Wunscherfüllung, Frustration und Enttäuschung umzugehen. Eine Integration in den umgebenden Lebensraum und im Bereich der zwischenmenschlichen Beziehungen kann nicht gelingen, wenn die Fähigkeit, Versagungssituationen zu überwinden, unzureichend entwickelt ist. So gesehen ist ein gewisses Maß an Frustration, das im Umgang mit der Mutter zu bewältigen ist, entwicklungsfördernd.

Es gibt jedoch Situationen und Lebensschicksale, die es einer Mutter – aus welchen Gründen auch immer – unmöglich machen, genügend Befriedigungserleben zu gewährleisten. Für ein Kind entsteht dann ein Übermaß an Enttäuschung und Mangelerleben; und es entsteht auch Lebensangst, weil die unangenehmen Spannungszustände, wie beispielsweise Hunger und Zuwendungswünsche, zu lange ausgehalten werden müssen. Derartige Affekte werden als Bedrohung erlebt, weil sie sich nicht handhaben oder bewältigen lassen. Die emotionalen Wogen werden vielmehr als uferlos, unbegrenzt und unbegrenzbar erlebt. Sie sind wie ein «schlimmes Schicksal», das man nur aushalten und – im günstigsten Fall – überleben kann.

Das mag alles ein wenig übertrieben klingen, ist es aber leider nicht. Diese bedrohlichen Ängste und die Unfähigkeit, mit ihnen umzugehen, sie zu handhaben beziehungsweise aufzulösen, kann man im Erleben und Verhalten Erwachsener wiedererkennen, wenn am Anfang des Lebens derartig traumatische Erfahrungen gemacht werden mußten. Es kann sogar geschehen, daß eine panische Angst vor jeder seelischen Regung, vor jeder emotionalen Bewegung entsteht, weil das Gefühl sich erinnert, daß Affektzustände schmerzhaft und bedrohlich sind. In derartigen Extremsituationen kann es sein, daß der betreffende Mensch überhaupt keine Initiative entwickelt, keine Aktivität hervorbringt, um seine unangenehme Lage zu bessern. Das grundsätzliche Lebensgefühl ist dann zwar oft gekennzeichnet durch Leere, Sinnlosigkeit und Hunger nach Zuwendung, aber die nötigen Schritte zur Erfüllung dieser Wünsche können nicht unternommen werden. Von der prägenden Erstererfahrung aus betrachtet, die diesem Verhalten zugrunde liegt, ist das logisch, denn ursprünglich war es so, daß die quälenden, bedrohlichen Zustände nicht auflösbar waren.

Versinken im Urwasser seelischer Zustände

Bei Grunderfahrungen wie der oben beschriebenen stellt Wasser, wenn es in Träumen auftaucht, häufig eine Bedrohung dar. Nicht selten sind es Überflutungen, Überschwemmungen oder Gefahren des Versinkens im Morast, durch die sich der Träumende bedroht fühlt. Allzu großes Enttäuschungserleben kann auch dazu führen, daß sich jemand seelisch gar nicht mehr in der äußeren Realität verankern kann, weil keine angemessene Sprache der Bedürfnisäußerung entwickelt werden konnte, die ein vertrauensvolles Hinwenden zum anderen Menschen und zur Welt sicherstellt. In einer solchen Situation befand sich ein Mann, der zu mir in die Therapie kam. Er hatte es sich gründlich «abgewöhnt», Bedürfnisse und Wünsche zu äußern. Er hatte sich nie aus seinem Schneckenhaus hervorgewagt aus Angst, es könnte noch mehr Enttäuschungen geben, als er bereits erlitten hatte. Eine Lösung war dieses Verhalten allerdings nicht, denn er konnte insgesamt das «Leben nicht fühlen», und so kam es zu ernsten Schwierigkeiten. In dieser Situation hatte er folgenden Traum:

Er befindet sich «unter Wasser». Das nimmt er erstaunt wahr und weiß auch, daß das kein geeigneter Lebensraum für ihn ist. Dann stellt er jedoch erleichtert fest, er habe ja gelernt, unter Wasser zu atmen.

Dieses Traumgeschehen macht die «Abkehr von der Außenwelt» sehr anschaulich, aber nicht nur das. Wenn wir das Wasser als das seelische Leben, als die Fähigkeit überhaupt zu erleben verstehen, dann fällt auf, daß der Träumer nicht etwa diese Erlebniswelt «in sich trägt», vielmehr ist auch sie «draußen». Wir würden ja viel eher davon ausgehen, daß ein Mensch, der sich seelisch nicht ins Leben hineinbegibt, dieses seelische Leben in sich verschlossen hält wie in einem Tresor. Sicher ist das auch oft der Fall. Hier aber zeigt der Traum, daß nicht nur eine Distanzierung von der Außenwelt stattgefunden hat, sondern auch eine Entfremdung der Innenwelt gegenüber erfolgte. Vom Standpunkt des Träumers aus war mir das sehr verständlich, denn im «unbewußten Urgrund» der Seele sind ja unter anderem auch all die negativen Erfahrungen gespeichert, die im Leben gemacht wurden, und wenn in einem Leben die negativen Erfahrungen überwiegen, dann ist es zunächst einmal verständlich, daß man daran nicht mehr rühren, das nicht mehr erleben möchte.

Mich erinnert dieses Traumgeschehen an Hans Christian Andersens Märchen «Die kleine Seejungfrau». Die Wesen, die da unter Wasser leben, zeichnen sich dadurch aus, daß sie keine unsterbliche Seele haben. Aber gerade danach sehnt sich die kleine Seejungfrau, und so befragt sie die alte Meerhexe, wie sie es denn anstellen müsse, eine solche zu bekommen. Die Meerhexe verrät ihr, es gebe nur einen einzigen Weg, sie müsse es zuwegebringen, die Liebe eines Menschen zu erringen. Wenn ein menschliches Wesen sie liebe, würde seine Seele in sie übergehen und sie würde der Unsterblichkeit teilhaftig. Das Mädchen will in die Menschenwelt hinauf, und die Hexe fordert für ihre Hilfe die schöne Stimme, die Zunge des Mädchens.

Bruno Bettelheim berichtet aus seiner Arbeit mit autistischen Kindern, mit Kindern also, die es aufgegeben haben, sich mit ihren Wünschen und Bedürfnissen an die Außenwelt zu wenden, daß diese Kinder eine Art Mauer um sich ziehen, durch die sie niemanden hindurchlassen, so daß ihnen auch niemand wehtun kann. Umgekehrt haben diese Kinder aber auch «die Sprache der Bedürfnisäußerung» verloren. Selbst wenn sie es wollen, können sie oft nicht ausdrücken, was sie eigentlich wünschen, wonach sie sich sehnen.

Was immer Andersen mit seinem Märchen ausdrücken wollte, ich frage mich, ob dieser Aspekt nicht auch in seiner Erzählung enthalten ist. Das Wesen, das keine unsterbliche Seele hat, hat kein kontinuierlich stabiles Identitätsgefühl, das allen Spannungszuständen standhält. Die Modalitäten der Bedürfnisbefriedigung sind im zwischenmenschlichen

Dialog ungenügend gesichert. Es kann kein ausreichendes Vertrauen wachsen. Daher entwickelt sich auch keine «Sprache der Bedürfnisäußerung», die deutliche und damit verstehbare Signale setzt. Vielmehr entsteht ein eher depressives Lebensgrundgefühl wie «es hat ja doch alles keinen Zweck».

Überschwemmung durch Affekte

In diesem Zusammenhang erinnere ich mich an die Anfangsphase einer Therapie. Als die Frau, von der ich berichten will, zur ersten Stunde kam, weinte sie die ganze Zeit und ging dann wieder. Ein Gespräch war nicht möglich. Auch die zweite Stunde verlief so. Dann versuchte sie, in den nächsten Stunden mir zu sagen, worum es ging, das gelang aber nicht. Es löste sich wieder alles in Tränen auf. So ging es eine lange Weile. Ich wartete ab, versuchte zu verstehen, wußte aber nicht, was es zu verstehen galt, denn alle Versuche der Analysandin, mir verständlich zu machen, was sie bedrückt, blieben in den Anfängen stecken und versanken schließlich in einem Meer von Tränen.

Das ging eine ganze Weile unverändert weiter, bis sich schließlich in mir etwas änderte. Ich wurde wütend, und dieser Affekt war mir unverständlich. Da saß jemand und weinte, und ich war wütend darüber. Ich fand mich gefühllos und war recht irritiert, bis ich mich schließlich fragte, ob mein Ärger etwas mit meiner Analysandin zu tun haben könnte. Vielleicht löste sie einen versteckten Ärger in Tränen auf, machte ihn form- und gestaltlos? Als ich sie aus diesen Überlegungen heraus nach ihrem Umgang mit Ärger fragte, wurde ihr Weinen noch heftiger. Aber in die folgende Stunde brachte sie einen Traum, von dem ich einen Teil hier berichten will.

Sie ist an ihrem Arbeitsplatz und soll eine verantwortungsvolle Aufgabe übernehmen. Da gerät sie in Panik und flieht. Sie läuft die Gänge des großen Hauses entlang, aber die sind überschwemmt. Dann versucht sie, den Fahrstuhl zu erreichen, aber auch er ist überschwemmt, ein Schwall von Wasser kommt ihr entgegen. Wohin sie auch blickt, alles steht unter Wasser. Sie findet schließlich noch einen kleinen Türspalt als rettenden Ausgang.

Von der Träumerin erfahre ich, daß sie sich am Arbeitsplatz oft ärgert, und häufig genug kann sie diesen Ärger nicht artikulieren, nicht in Worte fassen. Passiere es dann aber doch einmal, daß sie sich zur Wehr setze, dann geschehe das so heftig, daß sie selbst erschrocken sei über die Wucht, mit der sie dann «um sich schlage», berichtet sie. Jetzt wird für uns beide so langsam verständlich, was die Tränen bewirken sollten. Durch sie sollte der gefürchtete Affekt «ausgelöscht» werden. Der Traum machte aber deutlich, was damit zusätzlich bewirkt wurde. Alle Flucht- beziehungsweise Distanzierungswege waren überschwemmt.

So ist das wohl manchmal, wenn versucht wird, bestimmte Gefühle nicht zu haben. Man mag mit der Verdrängung Erfolg haben, aber man zahlt auch einen Preis dafür. Wenn ein seelischer Inhalt nicht leben darf, er also aus der Wahrnehmung ausgeschlossen werden muß, dann kann das nur auf Kosten der seelischen Lebendigkeit geschehen. Wenn ein Gefühl nicht leben darf, muß die gefühlsmäßige Beweglichkeit insgesamt eingeschränkt werden, sonst könnte sich ja das Unerwünschte unkontrolliert durchsetzen.

Wenn es hier im Traum also heißt, daß sich die Träumerin auf der Flucht vor ihren Affekten mit «Affektüberschwemmung» konfrontiert sieht, die gewünschte Distanzierung also gar nicht gelingt, dann wird die Unwirksamkeit dieses Konfliktlösungsversuchs mehr als deutlich. Die Affekte, die durch Flucht unwirksam gemacht werden sollen, werden auf diese Weise keineswegs bewältigt, im Gegenteil, sie überwuchern, überschwemmen alle Grenzen, und zwar so nachhaltig, daß die Träumerin kaum noch Bewegungsspielraum bzw. Orientierung behält. Nicht die Affekte sind es, die eingegrenzt werden, sondern die Träumerin wird in ihrer Handlungs- und Bewegungsfähigkeit eingeschränkt. Sie selbst wird in ihrer wilden Panik zum Opfer der sich durchsetzenden emotionalen «Wassermassen». Die Angst und auch die Hilflosigkeit sind am Ende größer als je zuvor. Die Träumerin fällt von einem Affektsturm in den anderen und ist nicht mehr in der Lage, einen eigenen festen Standpunkt nach außen zu vertreten. Auf diese Weise lassen sich Bedürfnisse und Stimmungen weder angemessen zuordnen noch zielorientiert verwirklichen. Es entsteht eine Lebensstrategie, durch die versucht wird, eine bestimmte Affektqualität (in diesem Fall Ärger) nicht leben zu müssen. Das bedeutet aber eine Einschränkung von Lebendigkeit und Beweglichkeit überhaupt, denn es lassen sich nicht einzelne Affekte isoliert lahmlegen, ohne die Erlebnisfähigkeit insgesamt einzuschränken. Es stehen dann auch die gewünschten Gefühle nur reduziert zur Verfügung. Der Träumerin bleibt nur ein kleiner Spalt als Fluchtmöglichkeit, wodurch die generelle Einengung wohl ausgedrückt werden soll.

In der subjektiven Wahrnehmung ruft derartig eingeschränkte Erlebnisfähigkeit in der Regel Gefühle der Leere, der Sinnlosigkeit und Isolation hervor. Der lebendige Austausch mit der Welt, den Menschen und dem Leben ist dann nicht selten weitgehend reduziert auf die entwickelten Abwehrstrategien, und am Ende findet man dann nichts anderes mehr vor als das, was man zu vermeiden versuchte. Wohin sich der Blick auch richtet, überall erlebt man im Grunde sein eigenes Problem, weil man es überall produziert. Denn wir können nur das in der Außenwelt realisieren, was in uns lebendige Wirklichkeit ist. Der Traum machte das nach meinem Verständnis sehr deutlich. Wohin die Träumerin auch ausweichen wollte, überall begegnete sie ihrer eigenen Abwehr in Gestalt des überall gegenwärtigen Wassers. «In Wasser aufgelöst» werden sollte der Ärger, in Panik aufgelöst war am Ende die Träumerin.

Im Zusammenhang mit diesem Traum möchte ich noch einmal auf das erwähnte Märchen «Die kleine Seejungfrau» zurückkommen. Wenn die Meerhexe dem Mädchen sagt, es könne nur dann eine unsterbliche Seele bekommen, wenn es die Liebe eines Menschen erringen könne, erinnert das an die frühe Mutter-Kind-Situation. Für den Säugling ist es lebensnotwendig, daß die Mutter durch ihr liebevolles Zugewandtsein die noch nicht sprachlichen Bedürfnisäußerungen ihres Kindes versteht. Die Mutter muß ohne das Mittel der Sprache wissen, was ihr Kind jetzt gerade braucht. Mit seinen Bedürfnisäußerungen muß der Säugling «das liebende Interesse der Mutter» erringen und so sein Überleben sichern, bis die Sprache neue Kommunikationsmöglichkeiten eröffnet. Sprache hat die kleine Seejungfrau auch nicht zur Verfügung, als sie ins Menschenreich kommt und sprachlich konnte sich auch meine Analysandin nicht äußern, als sie über Tränen versuchte, mir ihren Konflikt deutlich zu machen. Mein Verstehen war zunächst auch «ohne Sprache». Ich hatte einen Affekt, und durch diesen entstand eine erste Verständigungsebene.

In dieser Therapie ging es über weite Strecken um den Umgang mit aggressiven Impulsen, und je mehr sie toleriert werden konnten, desto besser gelang ihre Handhabung und ihre sprachliche Äußerung. Später griff ein Traum die Thematik noch einmal auf:

Wieder befindet sich die Träumerin am Arbeitsplatz, und wieder wird ihr eine verantwortungsvolle Aufgabe übertragen. Jetzt kann sie diese Aufgabe aber übernehmen, und sie stellt erleichtert fest: «Nirgends war mehr Überschwemmung.»

Es ist wohl nicht abwegig, in der «verantwortungsvollen Aufgabe», die im Traum übernommen werden soll, auch den verantwortungsvollen Umgang mit sich selbst, den eigenen Bedürfnissen und Lebensimpulsen, den Möglichkeiten und Grenzen zu sehen. Für die Träumerin stellte sich die Aufgabe, mit den Aggressionen reflektierend umzugehen und Verständnis für deren Hintergründe zu entwickeln. Erst dieser sensible Umgang mit den Affekten brachte sie mit ihren tieferliegenden Konflikten in Berührung. Wie das Wasser im Traum jeden Fortschritt verhinderte, so mißlangen der Träumerin zwischenmenschliche Beziehungen, weil – wie das allgegenwärtige Wasser im Traum – jede entstehende menschliche Nähe durch äußerst aggressiv ausgetragene Konflikte zerstört wurde. Die Beziehungserfahrung der Kindheit war allzu sehr von Anpassungsforderungen an Normen und Werte gekennzeichnet, die ihrem Wesen nicht entsprachen. Ihr freier Gestaltungsraum war zu eng, und jetzt kämpfte sie verbissen gegen jede Art von Kompromiß. Schließlich verlor sie dabei jedes Augenmaß und kämpfte auch da, wo es weder sinnvoll, notwendig oder angebracht war.

Oft entsteht in solchen Situationen ein Teufelskreis. Aus allzu großem Enttäuschungserleben im zwischenmenschlichen Bereich entwickelt sich nicht selten ein Übermaß an Wut und Verbitterung. Diese Emotionen wiederum verhindern, daß positive Beziehungen entstehen können. Aus dem Gefühl, ungeliebt und allein zu sein, wird dann wiederum die Berechtigung zu Wut und Verbitterung abgeleitet, und so entsteht ein inneres Schwungrad, das sich selbst in Gang hält. Eine Notlösung mag dann sein, die negativen, aggressiven Gefühle irgendwie zu eleminieren. Das aber bedeutet – wie zu zeigen versucht wurde – eine Einschränkung der seelischen Erlebnisfähigkeit überhaupt.

Rettung aus dem Wasser als Schritt zum differenzierten Fühlen

Es ist ein Wesenszug unseres Menschseins, daß wir unsere subjektive Realität aus dem seelischen Erleben heraus definieren. Wir haben eine weit weniger ausgereifte Instinktausstattung als beispielsweise das höhere Säugetier. Selbst da, wo wir durch unsere biologischen Triebe motiviert werden, sind es nicht die Triebe allein, sondern deren seelisches

Erleben, das uns so oder so handeln und erleben läßt. Letztlich schaffen wir uns unseren individuellen Lebensraum durch die Art und Weise, wie wir erleben. In seinem Aufsatz «Instinkt und Unbewußtes» setzt C. G. Jung sich mit dieser Problematik auseinander und führt aus, daß nicht nur das Instinkt- oder Triebgeschehen unsere Aktivitäten veranlaßt, sondern viel stärker das Bild oder die Vorstellung, die wir uns davon machen.

Am deutlichsten aber tritt die Wichtigkeit unseres subjektiv-seelischen Erlebens im Bereich der zwischenmenschlichen Beziehungen zutage. Wir sind nicht durch einen «Herdentrieb» miteinander verbunden, wie beispielsweise in Rudeln oder Horden lebende Tiere. So etwas wie ein Herdentrieb hat uns bislang jedenfalls noch nicht zuverlässig miteinander verbinden können. Unsere einzige Möglichkeit des Verbundenseins ist unsere Fähigkeit der eroshaften Beziehung. Wir haben zum Beispiel keine Beißhemmung wie der im Kampf siegreiche Wolf, dem sich der Verlierer unterwirft. Wir haben aber eine Art «Aggressionshemmung» durch Sympathiegefühle. Anders formuliert: Es ist ausschließlich unsere Liebesfähigkeit, durch die wir uns mit uns selbst, der Welt und dem Leben verbunden fühlen können. In allen Lebensbereichen, in denen wir eroshaft in das innere und äußere Lebensspektrum eingebunden sind, ist es möglich, sich zu begrenzen, zu arrangieren und sinnvolle Kompromisse zu finden. Wir können dann sowohl uns als auch die Wesensart anderer Menschen und die Gesetzmäßigkeiten der uns umgebenden Natur gelten und leben lassen. Wir erleben uns dann als einen Teil der Welt, nicht mehr und nicht weniger. Es verringert sich die Gefahr der Selbstüberschätzung, die leicht dazu führt, «seelisch über die Ufer zu treten».

Das heißt aber anders herum auch: Überall da, wo wir nicht durch Sympathieerleben verbunden sind, sind wir überhaupt nicht verbunden. Aggressionen beispielsweise, die in einer grundsätzlich positiven Beziehung nie ein bestimmtes Maß überschreiten, werden bedrohlich, wenn diese Verbundenheit nicht besteht. Es gibt dann «keinen Grund zur Schonung» oder Begrenzung. Besonders unbewältigte Aggressionen machen die Ursache von Lebenskonflikten oft unkenntlich. In Therapiesituationen fällt mir immer wieder auf, daß ein seelisches Problem so lange unverständlich und dadurch unlösbar bleibt, wie es nicht gelingt, ein positives Gefühl der Bezogenheit dafür zu entwickeln. Diese Erfahrung drückt sich auch in vielen Märchenmotiven aus, wenn der Held oder die Heldin vor der Aufgabe steht, ein Tier oder einen Dämon zu heiraten, sich mit ihm zu verbinden. So lange der im Tier oder Dämon verkörperte seelische Inhalt abgelehnt wird, wächst er zu gefährlicher Größe an und wird immer unerträglicher und bedrohlicher. Oft ist dann das Akzeptieren, das Annehmen an sich schon der wesentlichste Schritt zur Lösung.

In einem sehr depressiven Zustand begann eine meiner Analysandinnen ihre Therapie. Anhand von Schilderungen und auch durch Träume wurde recht bald erkennbar, daß sie selbst sich immer wieder in diesen Zustand hineinmanövrierte, sobald es ihr etwas besser ging. Dieses zunächst nicht verstehbare Geschehen wurde deutlicher durch einen Traum, den sie hatte:

Sie ist auf einer Fahrradtour mit Freunden unterwegs. Die Stimmung ist harmonisch und friedlich, so recht zum Wohlfühlen. Die Träumerin fährt ziemlich am Schluß der kleinen Kolonne. Da gabelt sich vorn der Weg. Geradeaus geht es eine kleine Anhöhe hoch, und alle fahren dort hinauf. Links ist eine etwas abschüssige Abzweigung, die geradewegs in einem See mündet. Die Träumerin «reitet plötzlich der Teufel», sie beschleunigt ihr Tempo und biegt links ab. Alle warnen sie und rufen ihr zu, das nicht zu tun. Aber sie «kann es nicht lassen» und landet im See. Jetzt kann sie sich allein nicht heraushelfen und muß «gerettet» werden.

Die Träumerin selbst sagt zu diesem Geschehen: «Irgendwie war das auch Absicht.» Sie versteht ihr Handeln aber zunächst nicht, weiß nur, daß sie es durchaus gelegentlich so macht und dann immer auf fremde Hilfe angewiesen ist. Erst die nähere Beschäftigung mit dem Traum bringt in Erinnerung, daß sie als Kind tatsächlich einmal in einen See gefallen war und Todesängste ausgestanden hatte. Sie wurde seinerzeit gerettet und hatte sich auch «gerettet gefühlt». Zuverlässige gefühlsmäßige Verbindungen hatte es in ihrem Kinderschicksal und auch im späteren Leben nicht ausreichend gegeben. Aber an dieser Stelle gab es einmal ein elementares Verbundenheitserleben. Vielleicht hat das nur für einen Augenblick bestanden, das reichte aber aus, an dieser Stelle immer wieder zu versuchen, Verbundenheit herzustellen. Als die Träumerin in der Therapie so weit war, daß sie sich gefühlsmäßig anbinden konnte, nahmen diese mutwillig anmutenden Selbstschädigungsmanöver ab.

Ich denke, auch in diesem Zusammenhang ist es nicht unwesentlich, daß die Träumerin bei ihrem Alarmierungsversuch ausgerechnet im Wasser landete. Im «Wasser ihres unbewußten Wissens» war nicht nur das Erlebnis des Gerettetwerdens aufbewahrt, auch die ausgestandenen Todesängste, die noch einmal gefühlsmäßig durchlebt werden mußten, waren bis dahin unerkennbar im Wasser gespeichert geblieben. Das Aushalten dieser Ängste ermöglichte der Träumerin, sich selbst überhaupt wieder wahrzunehmen. So stellte der Traum nicht nur die Verbindung zu mir, sondern auch die der Träumerin zu sich selbst her.

Das Verbundensein mit sich, dem Leben und der Welt ist – wie zu zeigen versucht wurde – der erste Schritt, der in der seelischen Entwicklung überhaupt vollzogen wird. Nur aus dem Gefühl des Integriertseins heraus sind Lebensbewältigung und Persönlichkeitsentfaltung möglich, und es entwikkelt sich das, was unter Individualität verstanden wird. So gehen wir entwicklungsmäßig aus «dem Wasser, der Formlosigkeit unserer Zustände und Emotionen» hervor und gewinnen Konturen, und es entsteht die Fähigkeit zur Abgrenzung. Diejenigen seelischen Inhalte, die verwirklicht werden wollen, aber gegenwärtig nicht realisiert werden können, bleiben in ihrer formlosen, «flüssigen» Beschaffenheit als Potentiale bestehen. Das Wasser als vitaler Lebensgrund bleibt immer eine unerschöpfliche, lebenspendende Quelle. In Träumen und Phantasien gelangen stets neue Inhalte ins Bewußtsein, auch wenn unser Leben längst seine erkennbare Gestalt hat.

In dem Buch H. von Beit: «Symbolik des Märchens», betont die Jung-Schülerin M.-L. von Franz:

> «So ist das Wasser, unter dessen Oberfläche Versunkenes ruht und das ungeahnte Tiefen birgt, ein Symbol des Unbewußten, dem alles Wirkliche entsteigt und das auch wiederum, alles überflutend, die Wirklichkeit verschlingen kann. Indem aber im Unbewußten die schöpferische Kraft der Seele ruht, versinnbildlicht das Wasser oft die Tiefe, die den Schatz beherbergt, den Lebenswert, dem der Held nachjagt» (von Beit, Bd. 1, S. 40).

Wenn es auf dem menschlichen Entwicklungsweg gelingt, ungeformte Lebenspotentiale in die ihnen angemessene Form und Gestalt zu transformieren, dann entsteht im wahrsten Sinne Wirklichkeit, gelebte und geformte Realität. Überall da, wo das gelingt, sieht man bei dem betreffenden Menschen nicht nur die Phasen, die er durchlebt, sondern auch das ihm gemäße «Werk», das er geschaffen und das ihn geformt hat.

Wasser und Erde – zwei Aspekte des Weiblich-Mütterlichen

Den Anfang der individuellen menschlichen Entwicklung habe ich zu skizzieren versucht. Das seelische Band, das in der frühen Kindheit zwischen Mutter und Kind entsteht, schafft die Voraussetzungen für Reifung und Entwicklung überhaupt. Funktionen und Eigenschaften, die für spätere Lebensphasen gelten, werden in der Frühphase über stimulative Vorgänge wachgerufen. So haben auch alle Reifungsprozesse ihre Entwicklungszeit, die nicht willkürlich abgekürzt werden kann, ohne später oft schwerwiegende Konflikte zu verursachen. Die Funktionen und Eigenschaften, die nicht wachgerufen werden, so daß sie kein lebendiges Bereitschaftssystem zur weiteren Entwicklung darstellen, bleiben im Wasser es Unbewußten verborgen oder verfallen wieder dem «Ozean unbewußter Verwirklichungspotentiale». Sie werden oder bleiben – im Bild gesprochen – gestaltloses Wasser. Oft ist ein mehr oder weniger chaotischer Lebensstil der sichtbare Ausdruck für diese psychische Konstellation.

Nun gibt es keinen Entwicklungsweg ohne Einschränkungen. Die menschliche Unzulänglichkeit allein sorgt schon dafür, daß keine idealen, makellosen Lebensläufe entstehen. Wir können also an individuellen Entwicklungswegen gar nicht genau ablesen, wie ein Reifungsprozeß verlaufen würde, der nicht durch Unzulänglichkeiten und Hindernisse eingeschränkt oder in seinem Verwirklichungsdrang verändert wird.

Die Möglichkeit, sich das einmal vor Augen zu führen, bieten unsere Märchen und Mythen, und hier zeigen besonders eindrucksvoll die Schöpfungsmythen der unterschiedlichsten Völker auf, wie langsam aus dem «Gestaltlosen» «Gestalt» wird. Das, was der einzelne auf seinem individuellen Entwicklungsweg durchmacht, hat ja auch die Menschheit als Gesamtheit durchlebt. So zeigen die Vorstellungen vom «Beginn der Welt» beispielsweise auch dem einzelnen etwas von dem Zustand des Unbewußtseins am Anfang des Lebens auf. Erst langsam entsteht Bewußtsein, das Wahrnehmen von Gestalten und Formen und auch das Wahrnehmen des eigenen Seins und Handelns. Die Unterscheidungsfähigkeit bildet sich heraus.

Zu Beginn einer Analyse fragte ich einen Mann nach seinen Träumen. Er berichtete, er träume «eigentlich immer das gleiche». Auffallend sei, daß Dunkelheit und Wasser häufig eine Rolle spielten. Oft seien diese Szenen beängstigend. In die nächste Stunde bringt er folgenden Traum:

Es ist dunkel, obwohl es Tag ist. Der Träumer befindet sich im Wald. Er soll einen Fluß überqueren. Eine Brücke gibt es nicht. Angstvoll irrt er umher, da hört er, wie es rings um ihn herum gluckst und blubbert, das Grundwasser steigt. Er bekommt Angst und stellt sich vor, im Moor zu sein und keinen festen Boden mehr unter den Füßen zu haben. Da es dunkel ist, kann er sich nirgends orientieren. In Panik erwacht er.

Dieses Traumgeschehen zeigt, wie der bis dahin ausreichend feste Boden langsam aufweicht, nicht zuletzt dadurch, daß der Träumer «im Dunkeln steht», das heißt, unbewußt ist über das, was da in ihm geschieht. Eine Analysandin erzählte mir unlängst, sie fühle sich «innen so flüssig» und werde nur durch die feste Hülle ihrer Körperoberfläche zusammengehalten. Wenn die nicht wäre, würde sie zerfließen. In beiden Aussagen wird erkennbar, wie gestaltlos und ungeordnet die seelischen Kräfte erlebt werden, wenn das bewußte Bemühen nicht formend und gestaltend strukturiert.

In den Schöpfungsmythen bildet sich etwas Ähnliches ab. Im biblischen Schöpfungsmythos beispielsweise ist am Anfang die Welt düster und leer. Es ist die Zeit vor der eigentlichen Schöpfung, die Zeit, in der noch nichts einen Namen oder eine Form hat. Es heißt nur: «Gottes Geist brütete über den Wassern.»

In der überwiegenden Mehrzahl der Schöpfungsmythen besteht die Welt am Anfang aus Wasser. Es ist der Urzustand, aus dem der Kosmos erst noch entstehen muß. Nach germanischem Glauben weilen die Seelen vor der Geburt unter Wasser. Nach dem Tode kehren sie dorthin zurück. Der menschliche Lebensweg ist hier besonders anschaulich dargestellt. Aus unserer vitalen Lebenskraft formt sich der Lebensweg, und am Ende löst sich alles Gelebte wieder in dem «Urelement Wasser» auf. Nach einer polynesischen Vorstellung ist Schöpfung ein «Vorgang des Wachsens und Werdens aus einem nichtfaßbaren in einen faßbaren Zustand». Es wird auch eine «allwissende Gottheit» angenommen, die «durch ihr schöpferisches Wirken das Seiende hervorrief, dem Formlosen Gestalt gab». Ein solcher Schöpfergott war Tangaloa. Er «lastete über der unendlichen Weite des Wassers». Sein Bote, der Vogel Tuli, flog über die endlosen Meere und suchte nach einem Ort der Ruhe.

Diese Erzählung macht das zyklische Geschehen besonders anschaulich im Wechsel von Bewegung und Ruhe. Ein Lebenszyklus, der wirklich zu Ende gelebt ist, kommt zur Ruhe, weil sich das ihm zugehörige Energiepotential erschöpft hat. Das umschreibt wohl das Gesetz des zyklischen Geschehens überhaupt. Aus der Ruhe entsteht das Neue, das keimhaft schon da war und in der Ruhe Kraft angesammelt hat, so daß ein neuer Zyklus eingeleitet werden kann.

Welche neue Lebensebene der Wunsch nach Ruhe nach sich ziehen kann, zeigt uns ein Schöpfungsmythos der Papua in Neuguinea. Dort heißt es:

«Am Anfang gab es weder Land noch Berge noch Menschen. Die Erdoberfläche war mit Wasser bedeckt. Es gab nur ein einziges Lebewesen, eine riesige Schildkröte, die langsam umherschwamm, bis sie den Wunsch verspürte, sich auszuruhen. Mit ihren mächtigen Flossen schaufelte sie Land vom Meeresboden nach oben. Nachdem sie lange geschaufelt hatte, erschien das erste Land auf der Wasseroberfläche. Es leuchtete und strahlte, denn es enthielt Leben, das später hervorkommen sollte.» Weiter heißt es dann: «Dieses Land wuchs und wuchs, bis die Schildkröte schließlich hinaufkletterte und sich ausruhte. Als sie ausgeruht hatte, grub sie Löcher in den Boden, die größer waren als ein Haus, und legte Eier hinein. Dann ging sie ein Stück weiter, grub wieder Löcher und legte wieder Eier hinein. Dann ging sie ein Stück weiter, grub wieder Löcher und legte wieder Eier hinein. Nach einiger Zeit schlüpften die ersten Menschen aus den Eiern» (Poignant, S. 24).

Es ist keine Seltenheit in den Schöpfungsmythen, daß die Erde aus dem Wasser, vom Meeresgrund also, heraufgehoben werden muß. Ein nordamerikanischer Indianerstamm erzählte:

«Am Anfang war die Welt mit Wasser bedeckt, so weit man sehen konnte. Es gab kein Land, aber offenbar schon Landtiere, denn diese wußten nicht, wo sie leben konnten, da es ja kein Land gab. Der Krebs schlug vor, Erde vom Meeresgrund heraufzuholen und Land zu schaffen» (Nordamerikanische Indianermärchen, S. 97).

Und so geschah es schließlich.

In der indischen Märchenliteratur gibt es einen vedischen Schöpfungsmythos, der lautet:

«Aus Fluten, aus Wasser bestand dieses All am Anfang. Auf diesem bewegt sich ‹Der Herr der Schöpfung› in Gestalt des Windes. Er sah ein Lotosblatt aus dem Wasser hervorschauen und dachte sich, es müsse etwas geben, auf dem es ruht. So entdeckte er die Erde, wurde zum Eber und hob die Erde aus dem Wasser hervor. Er breitete sie auf dem Lotosblatt aus und befestigte sie durch Steine» (Indische Märchen, S. 7).

Ich will es bei diesen wenigen Beispielen bewenden lassen. Nach meinem Eindruck wird in diesen Erzählungen der Wechsel von Bewegung und Ruhe besonders anschaulich dargestellt. Das Wasser kennzeichnet hier das bewegte und bewegende Element, die vitale Lebensdynamik schlechthin. Aus dem Wunsch nach Ruhe als Ausdruck für die Erschöpfung der bisherigen Verwirklichungsimpulse, entsteht hier letztlich die Erde, und allein das wäre Hinweis genug, daß diese Erzählungen nicht nur beschreiben sollen, wie man sich die Entstehung der Welt und der Lebewesen vorstellt, sondern daß auch seelische Erfahrungen ausgedrückt werden, die auf dem individuellen Lebensweg gemacht werden. Wie sonst wäre die Vorstellung zu verstehen, daß die Erde vom Meeresgrund heraufgeholt werden muß? Den offenkundigen Erfahrungen entspricht das nicht, denn da sind Wasser und Land Elemente, die nebeneinander bestehen. Da wäre es viel logischer, wenn die Erde entdeckt werden müßte, sie muß aber vom Meeresgrund ausgehoben werden. Eine andere Erklärung wäre noch, daß solche Mythen auf Beobachtungen von Seebeben beruhen, bei denen ja durchaus Felsbrocken an die Meersoberfläche gelangen. Dem steht entgegen, daß diese Vorstellungen auch in Gegenden beheimatet sind, in denen keine Seebeben vorkommen.

Einem anderen Erfahrungshintergrund entsprechen diese mythischen Erzählungen viel eher, nämlich dem seelischen. Wenn aus dem Wasser die Erde entsteht, dann heißt das, daß aus dem Form- und Gestaltlosen die Gestalt herauswächst, das Feststehende, dauerhafte und Wiedererkennbare. Wie bereits eingangs erwähnt, werden beide Elemente, Wasser und Erde, mythologisch dem weiblich-mütterlichen Naturgeschehen zugeordnet. Sie verkörpern jedoch unterschiedliche Aspekte. Während das Wasser mehr die bewegende Kraft, die Lebensdynamik darstellt, dem alles Leben entsteigt, denn alles was lebt, ist dieser Kraft teilhaftig, bringt die Erde als der feststehende Mutterschoß die einzelnen Lebewesen hervor. Sie bekommen Form und Gestalt und damit Konstanz und Individualität.

Ich erinnere mich in diesem Zusammenhang an einen 6jährigen Jungen, der wegen verschiedener Anpassungsprobleme bei mir in Behandlung war. Auffallend war zu Beginn seine Initiativlosigkeit und die mangelnde Wahrnehmung eigener Wünsche und Bedürfnisse. Es war viel Ärger in ihm, den er aber nicht äußern konnte. Wie in den Schöpfungsmythen begann sein Bewußtwerdungsprozeß mit Wasser und Erde. Zunächst formte er nur mit Wasser und Sand, schließlich entstanden richtige Gestalten. Eine große Männergestalt, die er formte, ängstigte ihn und in der folgenden Nacht träumte er:

Er befindet sich zu Hause in seiner Sandkiste im Garten und formt wieder die «große Männergestalt». Plötzlich wird diese lebendig, und der kleine Träumer fühlt sich bedroht. Im Traum denkt er daran, daß er ja «machtlos» ist, sich nicht wehren kann. Da packt ihn dann doch die Wut, und er spuckt die sich auf ihn zubewegende Gestalt an. Wie angewurzelt bleibt das unheimliche Wesen stehen und der Träumer denkt: «Ich habe ihn mit Spucke gebannt.»

Der Junge erzählt dazu: «Meine Spucke war wie eine Waffe, wie meine ganze Wut.» Erst jetzt wurde das Kind sich seiner Wut bewußt, die es bis dahin nur unterschwellig wahrnahm.

Psychologisch gesprochen handelt es sich bei diesen Vorgängen um Entwicklung von Bewußtsein, was ja nicht zuletzt auch das emotionale Wissen um sich selbst beinhaltet. Am Anfang des Lebens nehmen wir uns als «Zustände» wahr, über die Veränderungen und Bewegungen zwischen Hunger und Sättigung. Langsam wird es dann möglich, Eindrücke zuordnen zu können, Erinnerung herauszubilden, auf die zurückgegriffen werden kann. Allmählich lassen sich Menschen und Gegenstände in ihrer Verschiedenheit erkennen. Durch die bewußte Wahrnehmung und Zuordnung dieser Wahrnehmung bekommt seelisches Erleben Form und Gestalt im Sinne von Unterscheidungsvermögen und Orientierung. In einem Schöpfungsgesang der Maori wird dieser

Vorgang des langsamen Fortschreitens bis hin zum bewußten, gezielten Wollen sehr einfach beschrieben:

«Von der Empfängnis zum Wachstum
Vom Wachstum zum Schwellen
Vom Schwellen zum Gedanken
Vom Gedanken zur Erinnerung
Von der Erinnerung zum Bewußtsein,
zum Verlangen.»

(Poignant, S. 24)

Spätestens hier kann man folgern, daß es sich bei den Schöpfungsmythen nicht nur um «Naturbeschreibung» handelt, sondern auch um Erfahrungen, die Menschen mit sich selbst machen. Die Vorgänge in der Natur spiegeln in diesem Zusammenhang innerseelische Vorgänge und machen sie anschaulich.

In den geschilderten Mythen wird die Erde erst dann aus dem Meer heraufgeholt, wenn der Wunsch danach auftaucht. Es ist der Wunsch nach Ruhe, nach dem Gegenpol von Bewegung und Bewegtsein. Der Wunsch stellt hier die eigentlich motivierende Kraft dar, die das Neue hervorbringt. Es ist nicht eine Art «Obergottheit», die fordert, «es müsse doch nun endlich einmal etwas getan werden», vielmehr wird ein zyklisches Geschehen beschrieben: der Fortgang von der Bewegung zur Ruhe, und auf Ruhe wird auch wieder Bewegung folgen.

Das entspricht auch den Vorstellungen, wie man sie im chinesischen Polaritätsprinzip von Yin und Yang vorfindet; Yin – das Empfangende, die Erde; Yang – das Schöpferische, der Himmel. Sie ergänzen einander, stellen polar aufeinander bezogene elementare Grundprinzipien dar, die rhythmisch zusammenwirken. Es heißt vom Yinprinzip: «Es ist das vollkommene Gegenstück zu dem Schöpferischen, das Gegenstück, nicht der Gegensatz, eine Ergänzung, keine Bekämpfung.»

Die schöpferische Kraft oder Die Kinder im See

Wenn die verschiedenen Lebenskräfte sich nicht bekämpfen müssen, dann können sie miteinander und ineinander ergänzend wirksam sein. Auf diese Weise kann erfahren werden, daß neue Lebensinhalte ihre eigene Dynamik entwikkeln und zur angemessenen Zeit aus dem «Wasser des noch Gestaltlosen», aus der Formlosigkeit auftauchen, um sich im Leben realisieren zu können. Wenn ein solches Wissen zur Verfügung steht, ist man in der Lage, Gegensatzspannungen besser auszuhalten. Man weiß um ihren Sinn und hat deshalb weniger die Neigung, Entwicklungsprozesse zur Unzeit einleiten zu wollen oder zu forcieren. Das Wissen darum, daß die schöpferische Dynamik sich zum angemessenen Zeitpunkt bemerkbar machen wird, kann Ruhe und Gelassenheit auslösen.

Dann allerdings sind unsere gestalterischen Fähigkeiten herausgefordert. Ich habe manchmal den Eindruck, daß gerade an dieser Stelle häufig Mißverständnisse entstehen. Besonders in den letzten Jahren fällt mir auf, daß viel über Kreativität geredet wird. Als therapeutisches und pädagogisches Instrument ist das «freie Gestalten» wiederentdeckt worden. Bei genauerem Hinsehen frage ich mich aber oft, ob es sich hier wirklich um Kreativität im eigentlichen Sinn handeln kann. Oft sind die Inhalte dessen, was «frei gestaltet» werden soll, schon vorgegeben. Auch das Materialangebot ist oft einseitig, nur Holz, nur Ton, nur Malgerät und ähnliches.

Auf diese Weise entstehen eine Menge Vorgaben, und dabei kann es geschehen, daß der ursprüngliche, kreative Augenblick nicht entstehen kann, denn der ist nicht durch Materialien, Uhrzeiten oder Vorstellungsinhalte zu erzeugen, vielmehr hat er seine eigene Zeit und auch seinen eigenen Inhalt, der aus «dem Meer des Unbewußten» auftaucht. Dem Bewußtsein oder dem Ich fällt eigentlich dann die Aufgabe zu, seine Fertigkeiten und Fähigkeiten dieser kreativen

Dynamik zur Verfügung zu stellen und dem Impuls so Gestalt zu geben. Wenn kreatives Tun zu einer vitalen Erfahrung werden soll, dann muß das Bewußtsein formend dem Impuls folgen und nicht umgekehrt, daß die konstellierte Dynamik sich nach den Bedingungen richten muß, die das Bewußtsein vorgibt. Dieses würde immer nur Wiederholen von Bekanntem bedeuten, der schöpferische Augenblick hingegen bringt aus dem elementaren Bereich unseres Seins einen Impuls zu etwas Neuem hervor, etwas, das bisher nicht vorhanden war, das zu Neuformung und Weiterentwicklung inspiriert und geformte Gestalt entstehen läßt.

Bekanntlich sind Kinder dieser ursprünglichen Kreativität noch näher, wenn ihre Verstandeskräfte nicht allzu früh auf Kosten ihrer Gesamtentwicklung geschult werden. In langen Jahren kindertherapeutischer Arbeit konnte ich oft miterleben, wie plötzlich quasi aus dem Nichts etwas Neues entstand, eine neue Idee, ein neues Interesse, was in der Folge immer die Entwicklung zu etwas Neuem hin, zu einer neuen Bewußtseinsstufe bedeutete. Eine Episode möchte ich hier wiedergeben, weil sie mich seinerzeit durch ihre tiefe Wahrheit sehr beeindruckt hat.

Ein 6jähriges Mädchen kam einmal sehr deprimiert in die Stunde. Sie war tags zuvor sehr sachgerecht über Zeugung und Geburt aufgeklärt worden. An faktischem Wissen hatte sie nun alles, was sie zum Verständnis dieser Vorgänge brauchte. Trotzdem war sie unglücklich. Sie sagte mir, das habe sie alles schon von den Geschwistern gewußt, aber sie sei enttäuscht. Das sei es doch gar nicht, was sie wissen wollte, es sei doch alles ganz anders. Im Laufe unseres Gesprächs kommt sie auf die Idee, mir im Kasperspiel zu verdeutlichen, worum es ihr eigentlich ging. Sie entwickelte folgende Phantasie:

Ein Ehepaar wünscht sich ein Kind und macht sich auf den Weg in den dunklen Wald zu «der alten Frau». Die wohnt dort, und sie verwahrt in einem See hinter dem Haus die Ungeborenen, die Kinder. Wenn nun Eltern Kinder haben wollen, müssen sie zu der Frau gehen und es ihr sagen. Die

Frau hört sich das an und verspricht, ein Kind zu verschaffen. Sie schickt die Eltern aber wieder weg. Nach einer Weile sollen sie wiederkommen, dann hat die Frau das Kind und gibt es den Eltern. Alle Eltern müssen erst wieder weggehen. Sie können nicht sehen, wie die Frau das macht, sie brauchen das auch nicht zu sehen und man kann es auch gar nicht sehen. Wie die alte Frau das macht, das ist ihr Geheimnis.

Die Kleine mag Geschichten vom Kinderteich, Kindersee oder Kinderbrunnen gehört haben. So eindrucksvoll das gewählte Szenarium dieses Spiels auch ist, die wesentliche Aussage gründet wohl tiefer. Ich verstand sehr wohl, daß sie sich hier auf ihre eigene Weise mit der Entstehung des Lebens auseinandersetzte. Wir wissen ja inzwischen eine ganze Menge über Lebens- und Wachstumsprozesse. So können wir zum Beispiel durch das Zeitrafferverfahren im Film den Entfaltungsvorgang einer Blüte oder auch den Reifungsprozeß anderer Lebewesen anschaulich machen. Mir ist aber keine technische Möglichkeit bekannt, mit der wir den lebendigmachenden Augenblick sichtbar machen können. Wir sehen immer nur die «Resultate» dessen, was Leben ist. Wir sehen die Form, die entstanden ist, nicht die Dynamik, die Kraft, die entstehen läßt. Wenn das Mädchen also sagt, man kann nicht sehen, wie die alte Frau das macht, dann spricht sie mit einfachen Worten etwas aus, worüber wir uns gewöhnlich keine Gedanken mehr machen.

Wie das «Neue» eigentlich entsteht, weiß man nicht, diese Aussage ist meines Erachtens auch in den erwähnten Schöpfungsmythen enthalten. Wenn sich beispielsweise die Schildkröte nach Ruhe sehnt, dann kündigt sich da eine neue Lebensform an, die das «Nur-Bewegtsein» ergänzt. Die Entstehung des Wunsches nach der neuen Lebensform, der eigentlich schöpferische Augenblick, bleibt der bewußten Wahrnehmung verborgen.

Wie bereits am Anfang dieses Kapitels angedeutet, habe ich mich absichtlich in meiner Darstellung auf Schöpfungsmythen bezogen, weil ich den «reinen» Prozeß des Werdens und der Weiterentwicklung anschaulich machen wollte.

Auch hier muß ich wieder sagen, daß wir in unserem menschlichen Einzelschicksal eine derartig geradlinige Entwicklung nicht zuwegebringen können. Wir geben allzuoft unseren Ichinteressen den Vorzug, die nicht immer berücksichtigen, welche aktuellen Lebensinhalte es jetzt eigentlich zu leben gilt. Wir haben unsere Anpassungen, um die wir nicht herumkommen, und wir richten uns oft mehr als notwendig nach kollektiven Normen auf Kosten unserer Individualität. Die Folge ist, daß alles, was wesensmäßig zu uns gehört und nicht gelebt werden kann, form- und gestaltlos wie das Wasser bleibt, und oft genug kommt es auf dem weiteren Lebensweg zu erheblichen Störungen, bis das leben darf, was bisher verhindert wurde.

Verzaubertes Wasser – verzauberter Eros

Das Motiv des verzauberten Wassers gibt es im Märchen verhältnismäßig selten, genau genommen gibt es das überhaupt nicht. Zwar kommt das verwünschte Wasser vor, wie in «Brüderchen und Schwesterchen»; es gibt auch die Situation, daß eine Hexe die gesamte Lebenssituation zu überschwemmen droht, bis eine bestimmte Erlösungstat vollbracht ist und ähnliches mehr, aber auch hier ist es so, wie es im «I Ging» heißt, daß das Wasser durch nichts «seine ihm eigene Art» verliert. Verzaubert wird beispielsweise, wer aus einem See trinkt. Das Wasser selbst behält seine ursprüngliche Beschaffenheit. Trotzdem habe ich für dieses Kapitel den Begriff des verzauberten Wassers gewählt. Ich möchte daran etwas Bestimmtes verdeutlichen.

Wenn man sich die Wasserthematik als Traumbild vorstellt, dann kommt einem zunächst wohl alles das in den Sinn, was sich an Eigenschaften des Lebenselementes Wasser in der Natur ablesen läßt wie das Meer, der See, der Regen, Flüsse, Quellen, Brunnen, Tau, das gefrorene Wasser in Form von Eis und Schnee und vielleicht noch die Sturmfluten und die Dürre, die Auswirkungen der überschwemmenden Wassermassen und des fehlenden Wassers, der Austrocknung.

Befreiende Tränen

Im Traumgeschehen kleidet sich die Wasserthematik auch zumeist in eines dieser Bilder; aber nicht nur im Traum allein kann sich das zeigen, was psychologisch im Bild des Wassers erscheint. Wir alle kennen zum Beispiel das Wasser als Ausdruck für einen Gefühlszustand in unseren Tränen. Wir vergießen sie sowohl aus Kummer als auch aus Freude. Mit jemandem, der «nahe am Wasser gebaut hat», bezeichnen wir einen Menschen, dem leicht die Tränen hochsteigen. In den Tränen läßt sich vielleicht am deutlichsten erkennen, daß im Bild des Wassers die Gefühlszustände bildhaft ausgedrückt werden.

Im «Brüdermärchen» aus dem altägyptischen Raum ist eine Episode enthalten, in der sich Anubis, der ältere der Brüder, auf den Weg macht, um das Herz seines toten jüngeren Bruders Bata zu suchen. Als er es findet, legt er es eine Nacht in eine Schale mit Wasser. Am anderen Morgen gibt er dem Bruder die Schale mit frischem Wasser und dem Herzen zu trinken und macht ihn so wieder lebendig.

Eine andere Erzählung datiert aus unserer Zeit. «Der kleine Prinz» sagt in Exupéry's Geschichte einmal: «Wasser kann auch gut sein für das Herz.» Da der Erzähler selbst das Wasser zunächst nur als einen durstlöschenden Trunk erlebt, versteht er die Worte nicht recht. Etwas später jedoch leuchtet etwas von dem eigentlichen Verständnis auf, da heißt es dann:

> «Es war gut fürs Herz, wie ein Geschenk. Genau so machten, als ich ein Knabe war, die Lichter des Christbaums, die Musik der Weihnachtsmette, die Sanftmut des Lächelns den eigentlichen Glanz der Geschenke aus, die ich erhielt» (de Saint-Exupéry, S. 58).

Hier wird besonders deutlich, daß nicht die Dinge und Ereignisse an sich, sondern die Art, wie sie erlebt werden, die eigentliche Prägung verursacht, die sich im Gedächtnis verankert. Letztlich macht das seelische Erleben das Dasein interessant oder langweilig, wertvoll oder unwert und überflüssig. Auch mit Schwierigkeiten und Problemen ist das so. Nicht die Konflikte an sich sind der Grund, daß manchmal Entmutigung entsteht und das Gefühl, es habe doch alles keinen Sinn, sondern die Art und Weise, wie sie erlebt und verstanden werden. Oft beeinträchtigen problematische

Kindheitserfahrungen die Konfliktfähigkeit und lassen Krisensituation als feindselige Bedrohung erscheinen. Das ist auch verständlich, denn manches Problem ist so beschaffen, daß es sich während der Kindheit nicht lösen läßt, und diese Erfahrung wirkt ja weiter, und wenn der Erwachsene dann ernsthaften Schwierigkeiten begegnet, «weiß» er ja, daß sie nicht lösbar sind, und dann kommt er unter Umständen gar nicht erst auf die Idee, Lösungswege entwickeln zu können.

Um so entstehenden Ausweglosigkeiten vorzubeugen, versucht man dann oft, gar nicht «so genau hinzufühlen». Wenn man nichts fühlt, kann auch nichts wehtun und auch nichts unlösbar sein, und so lassen sich Enttäuschungsschmerz und die Angst zu versagen erst einmal beseitigen. In der Regel macht sich viel später bemerkbar, daß diese Notlösung eine ungewollte Konsequenz in sich birgt. Vor langen Jahren erzählte mir einmal ein Mann voll Stolz, er habe eine dicke Mauer um sich gezogen, sei unerreichbar. Niemand könne ihm etwas Böses tun. Einige Zeit später kam er auf dieses Gespräch zurück. Es hatte ihn nicht losgelassen, und seine Mauer erschien ihm jetzt als ein sehr fragwürdiger Schutz. Er stellte fest, das stimme zwar, die «Mauer» schütze ihn vor allem Bösen – aber auch vor allem Guten. Das habe er bisher nicht so gesehen.

Unangenehme Gefühle wie Angst, Trauer, Enttäuschung, Einsamkeit, Verlassenheit hat niemand gern und der Wunsch, diese Gefühle irgendwie unwirksam zu machen ist mehr als verständlich. Auch Aggressionen müssen manchmal eliminiert werden, je nachdem, wie edel und aggressionsfrei das Bild ist, das man sich von sich selbst macht. Wie schon aufgezeigt wurde, bedeutet das aber immer eine Einschränkung der Erlebnisfähigkeit überhaupt. Versuche, einzelne Gefühlsbereiche auszusondern und «im inneren Keller zu verschließen», haben immer eine Verringerung der Spontaneität und Beweglichkeit an sich zur Folge. In letzter Konsequenz ist alles das, was nicht genau gefühlt werden darf, auch nicht «ins Leben integriert». Was nicht leben darf, ist wie auf einem inneren Sperrkonto blockiert.

Zu Beginn einer Analyse fragte ich einmal eine Frau, welche Zielvorstellung sie bezüglich ihrer Therapie denn habe, was sie erreichen wolle. Sehr spontan kam die Antwort: «Ich möchte wieder fühlen können.» Ich erfuhr jetzt, daß sie schon lange nicht mehr weinen konnte. In der Jugend habe sie oft «Heulkrämpfe» gehabt. Niemand habe je Verständnis für sie gezeigt. Schließlich sei es ihr «gelungen», diese Zustände «nicht mehr zu haben». Mehr und mehr versickerte aber die Fähigkeit zu fühlen überhaupt. Zum Glück – muß in diesem Zusammenhang gesagt werden – gab es in ihrem Leben einen Konfliktpunkt, an dem es zu wilden aggressiven Durchbrüchen kam, unter denen sie sehr litt. Da passierte etwas mit ihr, das sie nicht in der Hand hatte und das sie auch ablehnte. Diese Durchbrüche hatten den Charakter von reflexhaften Reaktionen. In ihrer seelischen Beweglichkeit hatte diese Frau keine Variationsmöglichkeiten mehr. Soweit war ihr der Konflikt bei Therapiebeginn bewußt. Ihr Unbewußtes bildete das Problem im Traum wie folgt ab:

Sie befindet sich in einem Gully, also unterhalb der Erdoberfläche. Mit den Händen hält sie sich an dem Eisengitter fest, mit dem der Gully abgedeckt ist. Eine Frau kommt auf sie zu und bleibt am Gullyrand stehen. Die Träumerin bekommt Angst, die Frau könnte sie entdecken. Das möchte sie auf jeden Fall vermeiden. Erleichtert stellt sie dann fest, daß sie sich die Hände schwarz gefärbt hat, so daß sie die Farbe des Gullydekkels haben. Die Tarnung – so hofft sie – schützt sie vor Entdekkung.

Das Traumbild drückt die Einschränkung des Lebensraumes sehr plastisch aus. Die verdrängten Lebensimpulse machen das Leben der Träumerin keineswegs konfliktfreier, im Gegenteil; die Einengung wird so groß, daß sie sich vor der äußeren Realität ins «Abwassersystem» – was immer das psychologisch heißt – begeben muß, sich dort versteckt und krampfhaft bemüht ist, die «Tarnung» aufrecht zu halten. In einer solchen Situation ist man dann gezwungen, sich fast mechanisch an irgendwelchen Prinzipien oder Normen festzuhalten, mit deren Hilfe dann so etwas wie Tarnung gelingt. Spontane Lebensimpulse sind dann jedoch lahmgelegt, und der Alltag gestaltet sich keineswegs konfliktfrei. Die blokkierte Lebensenergie äußert sich dabei als Leere, Sinnlosigkeit und ein Gefühl von Desintegration. Nicht selten wird die Blockade als Erstarrung erlebt. Wenn sich keine motivierenden, spontanen Lebensimpulse mehr durchsetzen, ist Lebensbewältigung unmöglich. Als meine Analysandin den Gully verlassen konnte, wurde es in ihrem Alltag wieder farbig und lebendig. Als sie ihre Wünsche und Bedürfnisse bejahen konnte und es auch wagte, Ärger zu artikulieren, hatte sie auch in ihren Tränen wieder eine Möglichkeit, Gefühle und Zustände zu leben.

Bettnässen – eine Umleitung von Lebensenergie

Es ist sicher ganz einleuchtend, Gefühle und Zustände direkt im Moment ihres Auftretens zu leben, solange es sich um Sympathie- oder Liebesgefühle handelt. Wie aber steht es mit unseren Aggressionen? Sollen wir sie «hemmungslos ausleben»? In der Erziehung wird sehr darauf geachtet, daß Aggressionen eine möglichst untergeordnete Rolle spielen im menschlichen Zusammenleben und das hat gute Gründe, denn wir kennen die Gefährlichkeit ausgelebter aggressiver Affekte. Die Geschichte und schon gar die Gegenwart führen die destruktiven Auswirkungen gelebter Aggressivität deutlich vor Augen. Durch den zerstörerischen Umgang mit Aggression wird diese zur Bedrohung, und in diesem Zusammenhang wird der Versuch verständlich, Aggression durch Verleugnung unschädlich zu machen. Wer will schon zerstören?

Aber was ist Aggression eigentlich? Alles, was wir von der Natur mitbekommen haben, hat seinen Sinn. Es wäre schon merkwürdig, wenn die Fähigkeit zur Aggression davon ausgeschlossen bliebe. Wie aber wirkt es sich aus, wenn aggressive Impulse nicht gelebt werden können oder dürfen?

Vor Jahren lernte ich einen Jungen kennen, dem seines Bettnässerleidens wegen eine Therapie empfohlen wurde. Es handelte sich um einen sehr adrett gekleideten 10jährigen Jungen, der sich ausgesprochen höflich und gewandt zu benehmen wußte. Er wirkte irgendwie «akademisch». Seine hauptsächliche Aufmerksamkeit galt dann auch guten schulischen Leistungen. Er war ein fleißiger Schüler. Wenn er seinen Tagesablauf beschrieb, hatte ich die Phantasie eines programmierten Ablaufs, der keine Abweichungen zuläßt. Von den Eltern wurde der Junge beschrieben als äußerst anpassungsfähig und problemlos. Nur zuweilen, «gehe es mit ihm durch», dann werde er wütend, tobe, als sei er «von Sinnen». Anschließend räume er alles wieder auf, und dann gehe es wieder eine ganze Weile gut. Mir versicherte der Junge, er werde nie wütend, das könne er gar nicht. Außerdem sei es viel zu gefährlich, aggressiv zu sein, man brauche sich ja nur die Rüstungspolitik anzuschauen. Auf meine Frage, was er denn mache, wenn er wütend werde, wird er nervös. Über Aggression wird vorerst nicht mehr geredet. Mir fällt auf, wie phantasielos die Stunden verlaufen. Es entsteht nirgends innere Bewegung. Als der Junge in dieser Zeit einmal in gewalttätige Auseinandersetzungen zwischen Demonstranten und Polizei gerät, berichtet er mir triumphierend, wie recht er habe, keine Aggressionen zu zeigen. Es sei zu gefährlich. «Der Blick in die verbotene Kammer» ist aber passiert, und so thematisiert sich die Aggressionsproblematik immer wieder. Schließlich merkt der Junge, daß er im Grunde nur Angst hat, nie mehr aufhören zu können, wenn er seinem Ärger einmal freien Lauf läßt. Auf meine Frage, ob es da nicht vielleicht doch eine Grenze gebe, die er nur nie ausprobiert habe, warnt er mich, ich solle mir das nur nicht wünschen. Meinen Vorschlag einer Schlacht mit Bällen aus Zeitungspapier greift er schließlich dann doch auf. Mit diesen leichten Bällen bewerfen wir uns kräftig. Schließlich hört der Junge auf und stellt fest, er könne nicht mehr, sei «abgekämpft». Jetzt erst merkt er, daß da eine «ganz natürliche Grenze» ist. In der Folgezeit fiel mir auf, wie kreativ, positiv zugewandt und auch angstfreier der Junge wurde.

Ein Überschwemmtwerden von Emotionen ist mehr oder weniger immer ein chaotisches Geschehen. Es ist in der Regel ein Überwältigtwerden von Zuständen, deren Gefühlsqualität in den seltensten Fällen genau benannt werden kann. Ein gezielter Ärger, eine bestimmte Freude, eine Enttäuschung, die sich auf ein bestimmtes Ereignis bezieht oder ähnliches, führen vielleicht einmal zu einem ausgesprochen starken Affekterleben, das möglicherweise auch zu Handlungen führt, die man später bereut, nie aber wird ein unkontrollierbares affektives Chaos erlebt. Wenn man seine Gefühle jedoch verdrängt, ihr Vorhandensein leugnet, dann ist die Wahrnehmung eingeschränkt und die Gefahr groß, von eben jenen Affekten überrannt zu werden, deren Vorhandensein geleugnet wurde; denn was als «nicht existent» erklärt wird, kann auch nicht gesteuert werden. Mögen es dann Sympathiegefühle oder Aggressionen sein, unter derartigen Voraussetzungen ist beides steuerlos, eruptiv und in den seltensten Fällen für die Umgebung und den Betreffenden selbst verständlich. Eine Analysandin, die langsam Ordnung in ihr inneres Erleben brachte, sagte dazu: «Meine Gefühle bekommen jetzt alle Namen.» In dem Maße wie das geschah, wurden sie auch handhabbar.

Das Spiel des Jungen machte mir sehr deutlich, daß nicht nur der Umgang mit Aggressionen sich verbesserte, als er begann, diese zu handhaben, er fing auch an, sein Chaos von Wünschen, Ansprüchen, Bedürfnissen und Sehnsüchten zu durchleben und dadurch zu ordnen. Jetzt konnte er sich langsam gezielt äußern und verständlich machen. Vorher kam es lediglich zu emotionalen Durchbrüchen, die niemand mehr verstand. Um dieses Durcheinander zu unterscheiden, ist genau das notwendig, was so oft verdrängt wird: die Aggression.

Das mag zunächst etwas verwundern, denn oft genug wird

unter Aggression nur noch die reine Zerstörung, die Destruktion verstanden. Geht man aber einmal auf den Wortstamm dieses Begriffes zurück, kommt man zu einem ganz anderen Ergebnis. Seinem lateinischen Ursprung nach heißt das Wort «aggredere» so viel wie «herangehen», «eine Sache in Angriff nehmen», «sich einer Sache bemächtigen», «etwas bewältigen» und ähnliches, nur ein einziger Bedeutungsgehalt meint «zerstören» im Sinne von Destruktion.

So verstanden, wird leicht erkennbar, daß eine Lebensbewältigung ohne Aggression gar nicht möglich ist. Selbst wenn ich einem Menschen meine Sympathie zeigen und ihm einen Blumenstrauß schenken will, brauche ich zur Verwirklichung dieses Impulses Aggression. Die ordnenden, bündelnden, gestaltenden Kräfte sind auch diejenigen, die gezieltes Handeln ermöglichen. Wenn Aggressionen aus dem bewußten Erleben ausgeklammert werden, geht die Fähigkeit zu zielgerichtetem Fühlen, Denken und Handeln verloren. Dann kann es geschehen, daß ein beträchtlicher Teil der Lebensdynamik ins Meer der Form- und Gestaltlosigkeit zurückgleitet oder von vornherein darin bleibt. Es ist dann nicht mehr oder nur schwer möglich, die vitalen Lebensvorgänge gestaltend und kanalisierend zu verwirklichen. Das subjektive Erleben ist vielmehr das des Opfers der Triebwünsche, Stimmungen, Zustände, der Gegensatzspannungen überhaupt.

Bisher habe ich hauptsächlich aufzuzeigen versucht, wie sich diese Problematik im Traum zeigt. Der Traum ist aber nicht der einzige «Ort», an dem die «ungeordneten» Persönlichkeitsanteile bewußt werden können. Wie schon mehrfach erwähnt, ist das gesamte seelische Funktionieren eingeschränkt, wenn versucht wird, einen bestimmten inneren Inhalt an der Verwirklichung zu hindern. Wie im körperlichen Bereich der gesamte Körper in Mitleidenschaft gezogen wird, wenn ein Organ erkrankt ist, so ist auch unser seelisches Gleichgewicht grundsätzlich gestört, wenn ein Bereich fehlt. Es bilden sich unter Umständen Krankheitsformen heraus, in denen sich der unbeachtete Inhalt auf zumeist recht unsanfte Weise Geltung verschafft. Die Art des Störmanövers gibt manchmal schon einen Hinweis auf den zugrundeliegenden Konflikt. So findet sich beispielsweise im Symptom des Einnässens und auch im Alkoholismus in gewissem Sinn das wieder, was an grundsätzlicher Problematik in den Wasserträumen sichtbar wurde. Es ist vielleicht kein Zufall, daß diese beiden Symptombilder die Flüssigkeit des Wassers zum Inhalt haben.

In der kindertherapeutischen Arbeit ist mir das Problem des Bettnässens sehr häufig begegnet. In Phantasien und Träumen dieser Kinder hat Wasser immer eine große Rolle gespielt. Ich erinnere mich beispielsweise an einen Jungen. Er war damals ungefähr sieben Jahre alt, näßte ein und hatte auch im Alltag erhebliche Schwierigkeiten, sein Kinderleben zu ordnen. Er war kontaktscheu, konnte sich im Spiel nicht durchsetzen, und auch an Konzentrationsfähigkeit im schulischen Bereich mangelte es sehr. Insgesamt wurde er als «huschig» beschrieben. Auf nichts ließ er sich festlegen, Abmachungen hielt er nicht ein, aber ansonsten war er «ein lieber Kerl». Nie zeigte er sich aufsässig oder sonstwie aggressiv. Allerdings war er auch nie besonders zu Leistungen zu motivieren. Viel lieber versank er in Tagträumereien.

Mir erzählte der Junge, er träume sehr viel von Wasser, aber darüber wolle er nicht reden, das mache immer Angst. Da sei auch Zauberei im Spiel. In einer der ersten Therapiestunden spielte er dann eine Phantasie, in der sich wohl seine Traumerfahrung verdichtete. Wie er mir berichtete, hatte er diese Phantasie schon häufig:

Ein Professor lebte allein auf einer einsamen Insel. Er hatte keinen Kontakt zum Festland und auch nicht zu anderen Menschen. Sie mochten ihn nicht, sie fanden ihn vielmehr sonderbar, denn er hatte eine Begabung, um die ihn alle beneideten. Er konnte die Sprache der Tiere verstehen. So konnte er mit den Tieren reden, wußte, was sie dachten und wußte vor allem auch, was die Tiere über die Menschen dachten. Von den Tieren «erfuhr» der Professor, wann die Menschen aufrichtig waren und wann nicht.

Sehr lange in dieser Therapie fragte mich der Junge, wenn ich irgend etwas gesagt hatte: «Meinst du eigentlich, was du sagst?» Mir wurde daran deutlich, daß er im Grunde wohl niemandem traute. Als ich ihn darauf ansprach, lächelte er verschmitzt, und von nun an stellte er mich auf alle mögliche Weise auf die Probe. So wurde beispielsweise kontrolliert, ob meine Uhr auch tatsächlich genau ging, ob ich die richtige Adresse im Telefonbuch angegeben hatte usw. Irgendwann schien er wohl sicher zu sein, daß es stimmte, wenn ich etwas behauptete, und jetzt veränderte sich seine Phantasie von dem einsamen Professor folgendermaßen:

Er wollte nicht mehr einsam auf seiner Insel leben, sondern irgendwie zum Festland hinübergelangen. Aber das Wasser erschien ihm als unüberwindbares Hindernis. Ein Boot hatte er nicht, auch wußte er nicht, wie man eines baut. Telefonverbindungen gab es nicht, da es ja überhaupt keine Verbindungen zum Festland gab, zum Schwimmen war es zu weit und SOS-Signale «hätte sowieso niemand verstanden».

Im Spiel wurden mehrere Lösungen ausphantasiert. In der Realität war zu diesem Zeitpunkt die Auseinandersetzung mit dem Problem des Einnässens besonders heftig. An der «Unüberwindbarkeit des Wassers» scheiterten alle Lösungswege und mehrmals betonte der Junge, da sei «ein Zauber am Werk».

So hindernd die Wasserproblematik auch war; gerade an ihr wurden alle Gefühle durchlebt und durchlitten wie Traurigkeit, Wut, Enttäuschung, Bitterkeit, Isolation und Gefühle von Minderwertigkeit und Unfähigkeit, aber schließlich auch Hoffnung und Ermutigung. Das war ein jahrelanger Prozeß, und als «alle Gefühle Namen hatten» und durchlebt waren, fand sich auch eine Lösung. Das Kind kam auf die Idee, ich sei ja eigentlich «vom Festland». So wollten wir eine Brücke bauen, er von seiner Insel aus und ich vom Festland her. Irgendwo würden wir uns ja treffen. So geschah es auch. In dieser Zeit wurde viel gemalt, und oft konnte der eine nicht sehen, was der andere produzierte. Die Brücke kam schließlich zustande, und als sie fertig war, meinte der

Junge, er könne eigentlich auch ins Wasser springen und schwimmen. Es sei wohl gar nicht so weit und so schwierig, «an Land zu kommen». Das Nässen hörte zu diesem Zeitpunkt auf.

Vielleicht macht diese Episode deutlich, warum ich in diesem Kapitel von «verzaubertem Wasser» rede. Das «Trennende» war im Leben dieses Jungen die nicht gelebte Gefühlswelt. Wenn die seelischen Bedürfnisse aus der Lebensrealität ausgeklammert werden müssen, dann kann ein Gefühl des Verbundenseins mit sich, der Welt und den Menschen nicht entstehen. Das Gefühl, auf einer einsamen Insel zu leben, ist wohl ein treffender Ausdruck dafür.

Zu der Zeit, als der Junge sich bemühte, den Kontakt «zum Festland» herzustellen, hatte er den Eindruck, da sei ein Zauber am Werk. Das Verzauberungsmotiv kommt im Märchen recht häufig vor, und es hat sicher viele Bedeutungsaspekte. Wenn es sich um verzauberte Lebewesen handelt, kann man aber wohl generell sagen, daß sich im Bild der Verzauberung der Verlust der ursprünglichen Identität ausdrückt. Bei meinem kleinen Analysanden konnte diese Identität gar nicht erst entstehen. Sein seelisches Leben blieb unstrukturiert, ohne tragende Form und Gestalt. Durch diese Formlosigkeit bildete das seelische Erleben, das sonst die Verbindungen schafft, den trennenden Graben, der zunächst unüberwindlich schien. Es ist wohl eine Tatsache: Wenn wir gefühlsmäßig im Leben, in uns und der Welt und im menschlichen Zusammenleben nicht verankert sind, sind wir überhaupt nicht verankert, und die Praxis zeigt, daß ein Leben in Ungebundenheit und Unverbindlichkeit keineswegs ein glückliches Leben ist. Es fühlt sich eher an wie ein Leben ohne Fundament.

Ein anderer Junge, der ebenfalls einnäßte, wurde beschrieben als ein Kind, das immer «verhalten aggressiv» sei. Er wolle oft Freundlichkeiten sagen, aber diese enthielten nicht selten einen sehr aggressiven Unterton, den er selbst nicht zu merken schien. Wenn er darauf angesprochen werde, reagiere er stets mit Verwirrung und sei gekränkt. In der Therapie spielte der Junge einmal seine «Lieblingsphantasie»: In einer etwas rauhen Landschaft, die er von Indianer- und Westernfilmen her kannte, standen sich zwei feindliche Gruppen gegenüber. Sie kämpften verbittert gegeneinander. Ihre stärkste Waffe war ihr hochgiftiger Urinstrahl.

Hier sind es aggressive Impulse allein, die sich im noch formlosen, «wässrigen» Zustand befinden und genau das wurde ja auch berichtet. Aggressionen konnte der Junge nicht handhaben. Sie setzten sich unkontrolliert und formlos wie «fließende Begleitmusik» durch, selbst dann, wenn er freundlich sein wollte.

Alkoholismus – der ertrinkende Eros

Wie schon erwähnt, ist auch im Alkoholismus die Wasserthematik in besonderer Weise zu finden. Eine alkoholkranke Frau träumte einmal folgendes:

Sie befand sich mit einem Mann, den sie sehr schätzte, auf einem Spaziergang. Sie kamen zu einem kleinen Teich, in dem sich trockenes Wasser befand. In der Mitte des Teiches blühten zwei Rosen. Die Träumerin bekam eine heftige Sehnsucht nach den Rosen, aber gleichzeitig wußte sie, das trockene Wasser war ein unüberwindliches Hindernis. Traurig erwachte sie.

Zum Zeitpunkt des Traumes trank die Träumerin noch. Ihr war bis dahin nicht sehr klar, was sie sich durch ihr Trinken eigentlich antat. Die Sehnsucht nach den Rosen ließ sie ahnen, daß sie im Begriff war, sich selbst zu verfehlen. So wie die Träumerin die Rosen erlebte, würde ich darin ein Ganzheitssymbol sehen, einen Ausdruck für seelische Vollständigkeit. Ganz allgemein drücken wir mit Blumen – und die Rose nimmt dabei eine Sonderstellung ein – Gefühle aus. Ob wir jemanden beglückwünschen oder trösten wollen oder ob ein Blumenstrauß nur als freundliche Geste gemeint ist, wir drücken auf diesem Wege unsere Sympathie und oft mehr aus. Im Traum ist das Wasser trocken. Die fehlende Gefühlsbewegung macht die Rosen, das Erreichen seelischer Vollständigkeit, das Leben aus der inneren Mitte heraus so lange unmöglich, wie das Wasser «trocken» bleibt.

Mir sagte die Träumerin zu diesem Zeitpunkt einmal: «Ich denke, Sie mögen mich, ich kann das nicht fühlen, aber ich kann mir das ‹ausrechnen›. Sie hören mir immer zu, behalten meine Träume, und Sie verurteilen mich nicht.» Ich denke, diese Äußerung drückt «die Trockenheit des Wassers» deutlich aus. Die ganze seelische Energie war inzwischen im Trinken untergebracht. Lebensgestaltung und Weiterentwicklung waren lahmgelegt. Hier war das Wasser nun wirklich «verzaubert», seiner eigentlichen Dynamik beraubt. Und so ging es auch meiner Analysandin. Sie schien überhaupt keinen Zugang mehr zu sich zu haben. Aber durch die Sehnsucht nach den Rosen öffnete sich diese Tür wieder, und es dauerte recht lange, bis eine gefühlsmäßige Verbindung entstand zwischen der Sehnsucht nach den Rosen und der Sehnsucht, die in ihrem süchtigen Trinken enthalten war. Sie berichtete, sie habe ursprünglich den Alkohol gebraucht, um zu einem Harmoniegefühl zu gelangen. Nüchtern habe sie zu diesem Gefühl nie finden können. Nach ein paar Gläsern Bier oder Wein habe sie sich zunächst «rundherum» wohl gefühlt. Sogar mit ihren Mitmenschen habe sie sich dann verbunden fühlen können.

In der Beschäftigung mit diesem Traum wurde noch deutlicher, daß die zweite Rose auf den Mann bezogen war, in dessen Begleitung sie sich im Traum befand. Es ging ihr seinerzeit in dieser Beziehung so wie anfangs bei mir. Dieser Mann hatte wohl sehr versucht, ihr zu helfen, und daraus konnte die Träumerin «errechnen», daß er sie wohl gern hatte, aber sie konnte diese Zuwendung weder annehmen noch gefühlsmäßig darauf antworten. Zu einem späteren Zeitpunkt träumte sie:

Sie geht in einer unwirtlichen Gegend spazieren, als sie plötzlich am Wegrand ein Baby entdeckt, das kläglich wimmert.

Sie erzählt diesen Traum und bemerkt, sie könne mit diesem Kind nichts anfangen. Als ich sage, vielleicht wolle das Kind geschützt und versorgt, von ihr geliebt werden, stellt die Analysandin plötzlich fest, sie habe «eben richtig gefühlt», was ich wohl gemeint habe. Dieses Erleben war neu und beschäftigte sie lange. Es war der Anfang einer Öffnung, die sich allmählich erweiterte. In dieser Phase des sich Öffnens sagte sie einmal, sie mache augenblicklich Erfahrungen, die sie eigentlich nur noch mit «religiösen Begriffen» benennen könnte, es sei wie ein Gotteserleben.

Es ist mir des öfteren begegnet, daß in Zeiten, in denen die «seelischen Poren» sich zu öffnen begannen, Analysanden ihr Erleben als «religiös» beschrieben. So sagte mir einmal eine Frau, als sie langsam aus einer tiefen Depression auftauchte und ihr Leben wieder Farbe bekam: «Ich weiß jetzt, was Religion ist.»

Mir scheint, im Traumbild der Rose ist die «religiöse» Gefühlsqualität bereits angedeutet, aber im Bild des trockenen Wassers auch deren Unerreichbarkeit. Mit Ganzheits- und Mandalsymbolik hat C. G. Jung sich sein Leben lang befaßt, und ich verweise an dieser Stelle darauf. Unter «seelischer Ganzheit» ist wohl nicht nur ein Zur-Verfügung-Haben aller seelischen Funktionen innerhalb unserer Ichgrenzen zu verstehen. Da, wo ein Erleben als religiös empfunden wird, ist immer ein vorbehaltloses Sich-Öffnen dem Leben an sich gegenüber anzutreffen. Auf diese Weise entsteht Verwurzelung auch mit dem kosmischen Rhythmus, in den wir ja ohnehin eingebunden sind. Auch in diesem Zusammenhang gilt, daß unsere natürliche Reifungsdynamik, wenn sie nicht gebremst und verformt wird, uns zu Erfahrungen hinführt, die von der Intensität und Wirkung her am treffendsten als religiöse oder – in moderner Sprache ausgedrückt – transformierende Erfahrungen bezeichnet werden können. Die Kraft des Wassers, das durch seine Fließfähigkeit alles berührt, was es antrifft, wird dann zum verbindenden, Gegensätze vereinigenden Element und damit zur bewußtseinserweiternden Erfahrung. Dieser dynamische Aspekt des Wassers ist wohl in den Märchen gemeint, in denen ein Tautropfen, eine heilkräftige Quelle oder ähnliches Erlösung bringt, Erlösung aus einem langen und quälenden Zustand zerreißender Gegensatzspannung.

Ich denke, mit der Suche nach derartigen Bewußtseinserweiterungen hat ein häufig in Märchen zu findendes Motiv zu tun. Wenn der alte oder kranke König abgelöst werden soll, muß oft eine bestimmte Kostbarkeit gefunden werden. Nicht selten ist es «das Wasser des Lebens und des Todes». Ein Bedeutungsaspekt ist wohl auch hier ein Sich-Öffnen-Können über die engen Ichgrenzen hinaus, wodurch ein Verbundensein mit «dem grenzenlosen Ozean des Lebens» entsteht. Das Element, aus dem wir kommen, in das münden wir auch wieder ein, und durch unser Offensein für dieses kosmische Geschehen können wir zu einem Harmonieerleben gelangen, das zu einer unversiegbaren Kraftquelle wird, so oft wir uns ihr nähern. Die belebenden und tragenden Eigenschaften des Wassers können ein bildhafter Ausdruck für derartige Erfahrungen sein.

Nun ist es aber oft sehr schwer und mühsam, die Fähigkeit zu dieser Öffnung zu entwickeln. Besonders schwer wird dieser Weg, wenn die Erosentwicklung auf der Strecke blieb. Wie bereits erwähnt, ist es unser Liebesgefühl, durch das wir mit dem Leben und den Menschen verbunden sind und das uns Öffnung ermöglicht. Deshalb ist es so wichtig, daß am Anfang unseres Lebens liebende Antworten auf unsere Bedürfnisse kommen. Sonst bleiben die «seelischen Poren» verschlossen, und dann werden aus Bedürfnissen Ansprüche und aus Liebe wird Macht.

Nach meiner bisherigen Erfahrung ist die Wassersymbolik im Traum am häufigsten Ausdruck für seelische Ursprünglichkeit. Wenn Lebensinhalte Gestalt im Hier und Jetzt gewinnen, verschwinden die Wasserträume oft ganz. Sie tauchen dann an Nahtstellen des Individuationsweges wieder auf, wenn es darum geht, neue Lebensimpulse zu realisieren, aus dem formlosen Inhalt die integrierbare Form zu entwickeln.

Eine ebenfalls alkoholkranke Frau um die Lebensmitte träumte:

Sie befindet sich im Wald. Es ist nirgends ein Weg zu sehen, aber zu ihrer Linken fließt ein breiter Fluß, der ziemlich viel Wasser führt und eine starke Strömung hat. Sie fühlt diesen Fluß im Traum als den «Strom des Lebens». Die Träumerin bekommt Angst, als sie merkt: Das Wasser steigt bedrohlich schnell an und droht, über die Ufer zu treten. Die starke Strömung könnte sie fortreißen und sie würde nirgends Halt finden.

So «neben sich» fühlte sich die Träumerin auch in ihrem Leben insgesamt. «Das Leben rauscht an mir vorbei» war einer der häufigsten Sätze, die ich in jener Zeit von ihr hörte. Das Anschwellen des Flusses im Traum versteht sie als eine Warnung, ihre Alkoholproblematik nicht zu unterschätzen. Sie hat das Gefühl, wenn es ihr nicht bald gelingt, aus dem Suchtkreis auszusteigen, wird die Strömung sie fortreißen, und sie kann – wie im Traum – keinen Halt mehr finden.

In der weitereren Beschäftigung mit dem Traum hat die Tatsache, daß sie sich «neben ihrem Lebensstrom» befand, eine große Rolle gespielt. Die Träumerin lebte ihre vitalen Bedürfnisse und Begabungen nicht mehr ausreichend und war deshalb in Gefahr, von diesen brachliegenden Kräften überrannt zu werden. Es war ein mühsamer Weg, bis sie endlich in ihr seelisches Flußbett gelangte. Heute lebt sie mit sich und aus sich heraus und nicht mehr «neben sich», neben ihrem eigenen Lebensstrom.

Im Grunde aber zeigt gerade dieser Traum etwas auf, was genaugenommen doch gar nicht möglich ist. Es kann doch letztlich niemand «neben seiner Vitalität» leben. Leben ist nur aus den vitalen Kräften heraus möglich. Dennoch drückt der Traum das so aus. Die unmittelbare Wirkung, die auf diese Weise erzielt wird, ist die, das Bewußtsein «in Bewegung» zu bringen, es «wässriger», «flüssiger», flexibler und damit durchlässiger zu machen. Der warnende Hinweis durch den Traum löst im Bewußtsein einen Prozeß aus, der letztlich die Bewältigung des Problems bewirkt.

In diesem Zusammenhang muß man sich wohl immer wieder vergegenwärtigen, daß nur die auch gefühlten Lebensinhalte Verbundenheitserleben gewährleisten. Unsere biologischen Triebe vermögen es nicht, Integrationserleben auf Dauer zu sichern. Selbst die Triebe erhalten ihre Wichtigkeit erst durch die Art und Weise, wie das Gefühl sie bewertet. Daraus ergibt sich die Form der Verwirklichung. Wenn die Gefühlsverbindung unterbrochen, gestört ist, ist im Grunde alles «verzaubert». Nichts kann mehr in seinem ursprünglichen Wert erkannt und angemessen zugeordnet werden, und nichts wird mehr in seiner vitalen Bedeutung richtig eingeschätzt. Es fehlt das wesentlichste Orientierungsorgan, das uns Menschen gegeben ist, und es fehlt auch das ursprüngliche Identischsein mit dem «Wesen, das man ist». Wie ein solches «Getrenntwerden» vom ursprünglichen Erleben manchmal zustandekommt, mag erneut ein Traumbeispiel aufzeigen. Wieder berichte ich von einer alkoholkranken Frau, die aber zum Zeitpunkt des folgenden Traumes schon ein gutes Stück «Weg zu sich selbst» gegangen war. Sie hatte sich so weit vorgetastet, daß sie inzwischen das Beziehungsband, das wir miteinander hatten, auch fühlen konnte. Nur die Ferien waren noch problematische Zeiten, in denen sie oft in alte Denk- und Fühlmuster zurückfiel. So war es auch einmal am Ende von Weihnachtsferien. Sie stellte sich innerlich auf die wieder beginnenden Stunden ein und merkte, daß viele Dinge, die sie sich für die Ferien vorgenommen hatte, nicht erledigt waren. Das nahm sie sich sehr übel und entsprechend verurteilte sie sich. Sie stellte sich vor, in die Stunde zu kommen und mir alles «beichten» zu müssen. In diese Gedankengänge verstrickte sie sich, und es ging ihr immer schlechter. Schließlich hatte sie eine regelrechte «Anklageschrift» im Kopf und fühlte sich dabei miserabel. In der Nacht vor der ersten Stunde träumte sie:

Sie muß durch die Wüste wandern. Es ist sehr beschwerlich, heiß und furchtbar trocken. Nirgends pulsiert ein Lebensnerv. Die Träumerin fühlt sich so unwohl wie tags zuvor. Da fängt es auf einmal an zu regnen. Es ist ein warmer, wohltuender, belebender Regen. Die Träumerin empfindet den Regen wie eine Erlösung von einem langen Spannungszustand. Eine große Erleichterung breitet sich in ihr aus.

Am anderen Tag auf dem Weg zur Therapiestunde schleichen sich wieder verurteilende Gedanken ein. Da fällt ihr der Traum wieder ein, und jetzt fragt sie, warum sie sich eigentlich immer so verurteilen muß. Wieso kann sie nicht einfach zur Stunde kommen und da sein? Wer verlangt von ihr Leistungen? Bei diesen Gedanken stellt sich das Entspannungsgefühl vom Traum wieder ein. In der Stunde kann sie dann einfach weinen, was ihr sehr wohltut. Der entspannende Regen wurde für sie jetzt auch im Wachzustand zu einer direkten Erfahrung.

Da, wo die eroshaften Verbindungen unterbrochen werden, entsteht zumeist Aggression. So ist es auch der Träumerin passiert. Emotional waren die Ferien für sie noch zu lang. Sie konnte die gefühlsmäßige Verbindung so lange noch nicht durchhalten, und schon begann sie, sich mit aggressiven Gedanken selbst zu attackieren. Der Traum bildet die so entstehende «seelische Landschaft» ab. Sie steht in der Wüste, ist vom lebensspendenden Wasser getrennt. Der erlösende Regen, das Wasser, das dieses Mal von oben kommt, sorgt für psychische Wiederbelebung, und sie findet auch ihr positives Gefühl wieder.

Wie hier im Traum, so geschieht es häufig, daß eine ursprünglich eroshafte Bezogenheit in Aggression umschlägt, wenn es nicht gelingt, Enttäuschungserleben zu handhaben. Auf diesem Wege entstehen wohl die «Verzauberungen» des ursprünglichen Gefühls, und damit geht ein Stück «vitale Identität» verloren.

Der Sprung ins Wasser – ein Sprung ins Leben

Die Episode, von der ich jetzt berichten möchte, liegt nun schon eine Reihe von Jahren zurück. Der Junge, um den es sich handelt, ist inzwischen ein erwachsener Mann, der seinen Weg ins Leben gefunden hat. An einer Auseinandersetzung, die er in seinem Kinderleben hatte, ließ er mich seinerzeit lebhaft teilhaben. Mich hat die Bildsprache, in die er seinen Konflikt zu kleiden verstand, damals so beeindruckt, daß ich sie nie vergessen habe.

Wie finde ich den Anschluß an die Wasserquelle?

Der Sohn von Freunden, um den es sich hier handelt, war damals zwischen fünf und sechs Jahre alt. Er beschäftigte sich mehr und mehr mit dem näherrückenden Schuleintritt. Von seinen um Jahre älteren Geschwistern wußte er, daß seine spielerische Zeit mit dem Schulbeginn zu Ende sein würde. Er war der letzte in der Geschwisterreihe und hatte Mutter ganz für sich, was beide genossen. Unter diesen Voraussetzungen erschien ihm der Schuleintritt keineswegs verlockend, und entsprechend zwiespältig sah er diesem auch entgegen. Einerseits bemühte er sich zwar, schreiben zu lernen, und er konnte es auch schon etwas, andererseits schreckte es ihn, seinen Alltag nicht mehr nach den gerade aufkommenden Impulsen gestalten zu können, sondern Aufgaben zu haben, die Vorrang hatten. Es war dem Jungen deutlich anzumerken, in welchem Zwiespalt er sich befand.

In dieser Zeit fing er an zu zündeln, mit Feuer zu spielen.

Er tat das sehr ausgiebig, und bald reichten Kerzen und Streichhölzer nicht mehr aus. Ihm wurde im Garten ein Platz eingeräumt, an dem er auch größeres Feuer entzünden konnte. Manchmal schlugen die Flammen recht hoch, und er machte die Erfahrung, daß er das Feuer nicht einfach lodern lassen konnte, sondern Begrenzungen brauchte. Wenn ich ihn in seinem Garten aufsuchte, erzählte er mir oft sehr ausführlich, daß man «das Feuer hüten» muß, und wie er das bewerkstelligt.

Plötzlich wie sie gekommen war, erlosch die Lust am Zündeln. Jetzt fragte er alle Erwachsenen, an welche Wasserquelle eigentlich die Wasserleitungen im Haus angeschlossen seien. Genauestens ließ er sich erklären, wie man von einem großen See Wasser für den eigenen Bedarf ableitet. Er entwickelte die Idee, eine Leitung zu bauen, denn er müsse seinen eigenen Anschluß an das große Wasserversorgungsnetz herstellen. Jetzt war er sehr engagiert, und man spürte, daß für ihn das Gelingen dieses Vorhabens unbedingt notwendig war. Zeichnungen entstanden, in denen die einzelnen Arbeitsgänge festgehalten wurden. Im Garten konstruierte er ein richtiges Kanalsystem. Bei allem stand im Hintergrund immer die Frage: Wie schaffe ich es, mit meiner eigenen Wasserleitung die richtige Anschlußstelle zu finden, die mich mit dem Wassernetz der Allgemeinheit verbindet? Es war ein langes, intensives und phantasiereiches Spiel. Als das Interesse daran nachließ, hatte der Junge seine Aversion gegen den Schuleintritt überwunden. Jetzt war es ihm möglich, sich mit den Normen und Forderungen der Allgemeinheit in Form der schulischen Leistungen zu konfrontieren. Offenbar hatte er seine Anschlußstelle gefunden.

Die sachlichen Informationen über das, was mit dem Schuleintritt auf ihn zukam, haben dem Jungen nicht ausgereicht, sich mit dieser neuen Lebenssituation einverstanden erklären zu können. Er suchte sich eine Antwort, die er auch vom Gefühl her bejahen konnte. Im Spiel mit dem Feuer entdeckte er, daß man dieses Element nicht einfach lodern lassen kann. Es braucht Begrenzung und Handhabung. Bisher konnte er ja den Tag den gerade aufkommenden Impulsen folgend leben. Er tat, wozu er Lust hatte, und unterließ, was ihm nicht gefiel. Irgendwie muß ihm das «lodernde Feuer» gezeigt haben, daß Begrenzung auch sinnvoll sein kann. So fing er an, sich einen Weg zu suchen, auf dem er sein vertrautes Lebensgefühl in die neue Lebenssituation überleiten konnte.

Ich hatte seinerzeit den Eindruck, daß diese spielerische Auseinandersetzung durchaus zu einer Bewußtseinserweiterung führte. Das Wissen um den Schuleintritt und um die Anforderungen, die es zu erfüllen galt, verhalfen ihm nicht dazu, die neue Situation akzeptieren zu können. Erst als der emotional vollzogene «Anschluß» an den bevorstehenden Schuleintritt durchlebt war, stellte sich auch die Bereitschaft zu Zielorientierung und Begrenzung ein.

Damals hat mich sein Spiel beeindruckt, besonders die Intensität, mit der er sich in diese Thematik hineinbegab. Heute, nachdem ich mehr darüber erfahren habe, welchen seelischen Bereich die Wassersymbolik oft repräsentiert, ist mir viel verständlicher, was das Kind damals tat. Offenbar war es ihm über die Beschäftigung mit dem Wasser möglich, seine vitale Identität an den neuen Lebensbereich «anzuschließen», um nicht nur vom Kopf, sondern auch von seinem Wesen her die neue Situation zu erfassen. So brachte er nicht nur ein intellektuelles, sondern auch ein emotionales Bewußtsein mit in den neuen Lebensabschnitt.

Damit hat das Kind einen entscheidenden Schritt vollzogen, der nicht zu unterschätzen ist. Oft wird unter «Bewußtsein» nur unsere Denktätigkeit verstanden. Dabei kann man leicht übersehen, daß unsere rationalen Fähigkeiten nur eine Seite unseres Bewußtseins ausmachen. In jeden neu zu erreichenden Lebensabschnitt muß auch das einfließen können, was ich vitale oder ursprüngliche Identität nennen würde. «Das Wesen, das ich bin», muß auch im neuen Bereich Möglichkeiten zur Verwirklichung haben können. Das war es wohl, was dem Jungen in seinem Spiel gelang: möglichst den gesamten Persönlichkeitsumfang zu bündeln und mit dieser Stabilität sich auch im neu zu betretenden Lebensraum identisch zu fühlen. Die Erfahrung, daß auch ein Wille in ihm ist, seine Lebensenergien auf diesen Schritt zu konzentrieren, hat es ihm sicher leichter gemacht, jetzt gezielt auf das Neue zuzugehen.

In einem Schöpfungsmythos der Navaho-Indianer gibt es eine Episode, die das Gesagte sehr schön verdeutlicht. Gekennzeichnet ist der Augenblick der «Dämmerung der Welt», der Beginn des Bewußtseins also, der Anfang des Unterscheidungsvermögens. «Erster Mann» und «Erste Frau» waren bereits unterscheidbar und standen als Wolken am Himmel. Es heißt dort:

> «Erster Mann trug einen Bergkristall in der Hand, Zeichen des Begreifens, des klaren Denkens, Symbol des Verstandes und des Feuers. Als er diesen flammen ließ, erwachte sein Geist aus der untätigen Dämmerung der ersten Schöpfung und begriff sein Dasein» (Nordamerikanische Indianermärchen, S. 6).

«Symbol des Verstandes und des Feuers» – in diesem Bild wird meines Erachtens deutlich, daß nur in der Realisierung der Verstandeskräfte und der vitalen Lebensimpulse das Dasein in seiner Komplexität begriffen werden kann. Verstand und Feuer stehen in diesem Mythos auch mit dem Bild des Wassers in Verbindung, denn der Bergkristall besteht aus kristallisiertem Wasser.

Wie bereits erwähnt, führen Märchen und Mythen Entwicklungsverläufe an sich vor Augen. Wir sehen da etwas in Reinkultur, was sich in menschlichen Einzelschicksalen so nicht realisieren läßt. Nur allzu oft schafft sich das Bewußtsein enge Grenzen, die nur das Erfahrungsspektrum zulassen, das innerhalb dieser Grenzen toleriert werden kann. Überdies ist das rationale Bewußtsein allzu einseitig und kann nur einzelne Bereiche erfassen. Was gestern noch bewußt war, ist heute vielleicht schon wieder untergegangen, statt dessen tauchen neue Inhalte auf, die unsere Aufmerksamkeit auf sich ziehen. Ein «totales Bewußtsein», ein «totales Begreifen unseres Daseins» ist uns nicht ohne weiteres möglich. Menschen, die sich einmal in Todesnähe befanden, beschreiben häufig einen Zustand, in dem das ganze Leben auf einmal «gewußt wird». Auch in tiefer Meditation gibt es wohl Augenblicke der Öffnung, die «das Dasein an sich» begreifen lassen.

Für uns mit unserem «gewöhnlichen» Bewußtseinsumfang ist schon viel gewonnen, wenn es uns gelingt, so weit offen zu sein, daß wir beide Seiten, die natürlichen und die geistigen Kräfte miteinander gelten lassen und leben können, um, so weit es möglich ist, seelische Vollständigkeit zu erlangen. Aus dem dynamischen Wechselspiel zwischen Außen- und Inneneindrücken haben wir am ehesten die Möglichkeit, das zu werden, was wir von unseren Anlagen her sind, die individuelle Persönlichkeit, die «Gestalt» werden will in der Form gelebten Lebens.

Panische Angst vor dem Wasser oder den Gefühlen

Oft genug verlaufen Schicksalswege jedoch so, daß zunächst nicht alles gelebt werden kann, was Wirklichkeit werden will. Es entsteht dann die Notwendigkeit, sich zunächst einmal in einer gewissen «Schmalspurigkeit» «über Wasser» zu halten, um dann später, beispielsweise in einem therapeutischen Prozeß, das nachzuentwickeln, was auf der Strecke bleiben mußte. Von einem solchen Prozeß möchte ich im folgenden berichten. Es geht bei diesem Entwicklungsweg um die Öffnung dem natürlichen Urgrund gegenüber, der bisher seelisch nicht erlebt, gefühlt werden konnte. In diesem therapeutischen Prozeß haben Wasserträume eine entscheidende Rolle gespielt.

Frau P., so will ich meine Analysandin nennen, kam zu mir, weil Angst- und Schwindelgefühle sie sehr beeinträchtigten in ihrer Lebensgestaltung. Sie hatte schon alle möglichen ärztlichen Behandlungen hinter sich, die ihr nicht weitergeholfen haben. Sehr bald berichtete sie mir, sie habe den Eindruck, ihre Zustände hätten etwas mit ihren Träumen zu tun. Sie träume viel, vor allem von Wasser, und dann gehe es ihr am anderen Tag immer schlecht. Einer ihrer ersten Träume während ihrer Analyse lautete:

Sie ist mit einer Frau unterwegs. Beide kommen an ein Haus, das von einem Baugerüst umgeben ist. Da ist auch eine Tür zum Keller. Die Träumerin öffnet die Tür und entdeckt Wasser. Der ganze Keller steht voll Wasser. Jetzt entsteht Panik. Sie schlägt die Tür zu und beschließt, nie im Leben diese Tür wieder aufzumachen. Immer noch in Panikstimmung versucht sie, über das Gerüst zu fliehen. Das ist jedoch eine sehr wacklige, instabile Angelegenheit, und so vergrößert sich die Angst noch mehr.

Nach diesem Traum ging es Frau P. wieder sehr schlecht. In der nächsten Zeit erfahre ich, daß sie seit langem mit ihrem problematisch gewordenen Alkoholkonsum kämpft. In der Angst vor dem Wasser im Traum erkennt sie die Angst wieder, alkoholabhängig zu sein.

Als ich Frau P. nach der Erlaubnis fragte, ihre Wasserträume veröffentlichen zu dürfen, sagte sie spontan zu. Die lange und intensive Auseinandersetzung mit dieser Problematik hatte ihr gezeigt, daß sie zwar einerseits ihr ganz persönliches Problem zu bearbeiten hatte, daß diese Konflikte andererseits aber auch den Zeitgeist, die Zeitströmung widerspiegelten, in der sie aufgewachsen war und lebte. Sie hatte verstanden, daß ihr ureigenstes Problem auch das Problem der heutigen Zivilisation überhaupt ist und so hatte sie die Idee, daß vielleicht durch ihre Träume, durch die sie selbst «wach» geworden war, auch andere aufmerksam werden könnten, die nach einem Heilungsweg für sich selbst suchen.

Ich hatte den Eindruck, Frau P. sagte das nicht, weil sie ihre persönlichen Träume für so bedeutend hielt, daß sie für die Allgemeinheit Gültigkeit hätten. Sie wußte vielmehr um das Leiden, das dahinter stand. Sie hatte es durchgemacht und für sich einen Ausweg gefunden. Das wollte sie wohl weiter sagen: es gibt Lösungswege.

In der Tat haben Sucht und Süchtigkeit ein Ausmaß erreicht, daß für unsere Zeit charakteristisch zu sein scheint. Wenn sich im Traum der Frau P. die Alkoholproblematik im Symbol des Wassers abbildet, dann ist das wohl ein Hinweis darauf, daß etwas in ihr Gestalt, Wirklichkeit werden will, das sie aber noch nicht handhaben kann. Sie muß noch angstvoll fliehen.

Der Versuch, den Lebensinhalten, die sich in den Träumen zeigen, zu entfliehen, ist gar nicht so einmalig. Wenn in einem Gespräch ganz allgemein einmal über Träume geredet wird, ist die überwiegende Meinung in der Regel, daß Träume ja doch Unsinn seien und daß in dieser Welt eigentlich nur die «harten Fakten» zählen. Unter diesen «harten Fakten» werden zumeist diejenigen Werte verstanden, die von der Allgemeinheit hoch eingeschätzt sind. Dazu gehören materielle Güter ebenso wie gesellschaftliches Prestige und berufliches Fortkommen und vieles andere. Die Lebensinhalte, die sich in den Träumen melden und nach Verwirklichung drängen, passen oft nicht in die bewußten Zielsetzungen und sind deshalb unerwünscht. So bleiben sie «unter Wasser» – oder besser gesagt – sie bleiben formlos, gestaltlos wie das Wasser.

Oft genug ist es aber auch so, daß die Startbedingungen ins Leben ungünstig waren und nur ein schmaler Entwicklungsweg zur Verfügung stand. So erging es Frau P. Sie ist in den letzten Kriegstagen geboren, und die Mutter mußte mit dem wenige Tage alten Säugling, der sie damals war, und mit den drei älteren Kindern aus Ostpreußen fliehen. Hier im Westen mußte sie sich und die Kinder allein versorgen. Der Ehemann blieb im Krieg.

Es ist wohl mühelos vorstellbar, daß unter derartigen Belastungen ein Kind nicht die Versorgung erhalten kann, die es zu seiner gesunden Entwicklung eigentlich braucht. Die «liebenden Antworten» auf die Bedürfnisäußerungen des Kindes, von denen ich bereits sprach, waren unter diesen erschwerten Bedingungen sicher unzureichend. Erschwert war damit auch die sichere gefühlsmäßige Verankerung im Bereich der zwischenmenschlichen Beziehungen.

Es ist letztlich unerheblich, aus welchen Gründen diese frühe Anbindung an die versorgende Umgebung nicht gelingt. Die Erfahrung zeigt, daß überall da, wo kein Urvertrauen entstehen kann, gefühlsmäßiges Verbundensein nicht oder nur schwach erlebt werden kann. Zunächst braucht ein Kind die Erfahrung, fraglos akzeptiert zu sein, um später auch fraglos akzeptieren zu können.

Wenn diese frühe Sicherheit nicht entstehen kann, ist «jeder sich selbst der Nächste». Wenn ein Kind die Erfahrung macht, daß es mit seinen Bedürfnissen nicht willkommen ist, dann wird es später versuchen, Bedürfnisse, Wünsche und Sehnsüchte «zu verstecken». In diesem Bereich bleibt dann die Mitteilungsfähigkeit genau so unterentwickelt wie die Fähigkeit, Beziehungen zu gestalten und Bedürfnisse zu akzeptieren.

Es entsteht dann leicht ein Lebensgerüst, wie es hier im Traum auftaucht. Der gesamte seelische Bereich bleibt ungestaltet und ist beängstigend. «Mit Gefühlen kann ich nicht umgehen», sagte beispielsweise Frau P. zu Anfang ihrer Therapie sehr oft. Mir fiel auf, wie seelisch «bewegungslos» sie zu Beginn war. Sie klammerte sich an das, was sie beruflich und in ihrer Ehe erreicht hatte. Dieses «Statusdenken» stellte sich aber mehr und mehr als «wackliges Gerüst» heraus, und in der zunehmenden Alkoholproblematik brachen die versteckten vitalen Bedürfnisse durch. Die «Kellertür» öffnete sich trotz aller Bemühungen, sie verschlossen zu halten.

Wie es allgemein üblich ist, hatte Frau P. zunächst rationale Erklärungen für ihre Konflikte gesucht. So glaubte sie, ihre «schlechte Ehesituation» sei schuld an ihrem Trinken. Nun stellte sie sich vor, mit ihrem heranwachsenden Sohn aus der Ehesituation auszusteigen und unternahm die ersten Schritte dazu. Ihre Angstzustände und auch die Reaktionen ihrer Familie ließen sie aber schnell wieder zurückkehren. Während der Therapie bildete sich dieses Geschehen noch einmal im Traum ab:

Frau P. sucht in der Stadt nach dem Ehemann und dem Sohn. Der Sohn taucht auf und beide kommen im Weitergehen an einen Brunnen, aus dem sie trinken. Weiter geht es durch die belebte Stadt, bis sie einen See erreichen. Über einen sehr wackligen Steg wollen sie zu einem Boot gelangen, das sie ans andere Ufer bringen soll. Doch die Träumerin fällt ins Wasser. Sie schwimmt zwar weiter, aber nur bis zur Absperrung für Nichtschwimmer. Dann wird die Angst zu groß und sie kehrt um.

Bisher hatte Frau P. ihren Fluchtversuch nur rational verarbeitet. Nach diesem Traum hatte sie den Eindruck, «ein Stück in sich selbst hineingefallen zu sein», als sie ins Wasser fiel. Dieser Traum war ein erster Ansatz, sich selbst näher zu kommen, sich zu fühlen. Wenn auch noch große Ängste zu überwinden waren, eine «kleine Öffnung» ließ das Traumerlebnis erkennen.

Noch etwas wurde mit diesem Traum für Frau P. faßbarer. Sie und der Sohn trinken aus dem gleichen Brunnen. Für uns heute hat der Brunnen weitgehend seine Bedeutung verloren. In früheren Zeiten war er oft die lebensnotwendige Wasserquelle für ein ganzes Dorf. Die Ortschaften entstanden um diese Wasserquelle herum. Der Durst nach dem lebenspendenden Wasser im Traum ist sicher als Durst nach lebendigem seelischem Leben zu verstehen, der hier Mutter und Sohn gleichermaßen betraf. In der Beziehung zum Sohn konnte sich Frau P. noch am ehesten emotional erleben. Da war für sie ein spürbares Band und wenn es der gemeinsame Durst war. Die Beziehung zum Sohn wurde jetzt auch Gegenstand der Auseinandersetzung mit sich selbst. Sie ließ die Gefühle aufleben, die sie ihm gegenüber empfand und stellte erschreckt fest, daß es nicht nur liebende Gefühle waren.

Auch hier wird ein Konflikt erkennbar, der nicht nur für

Frau P. charakteristisch ist. Ganz allgemein ist der Umgang mit zwiespältigen Gefühlen problematisch, wenn man feststellen muß, daß sich Liebes- und Haßgefühle auf ein und dieselbe Person richten. Dem Mutterideal entspricht es zum Beispiel keineswegs, wenn eine Mutter feststellt, daß sie auch heftige Aggressionen gegenüber ihrem Kind haben kann. Aber auch für Kinder ist es nicht leicht zu merken, daß manchmal eine ungezügelte Wut den Eltern gegenüber besteht. Und gar in der Partnerbeziehung macht sich der Wechsel vom einen zum anderen gefühlsmäßigen Extrem oft störend bemerkbar.

Unser rationales Denken kann in der Regel immer nur eine Sache gelten lassen, und wenn man mit dem Denken identifiziert ist, entstehen Konflikte, die unlösbar erscheinen, sobald emotionale Zwiespältigkeit wahrgenommen wird. Es sind dann Verdrängungsversuche kein Wunder. Aber je mehr verdrängt wird, desto mehr Unbeweglichkeit entsteht, und dann kann es passieren, daß in zunehmendem Maße nur noch ein «wackliges Lebensgerüst» zur Gestaltung und Bewältigung des Lebens übrig bleibt, bestehend aus einer Ansammlung von Pflichten und Erfüllung von Normen, die blutleer bleiben, weil kein Lebensgenuß mehr aufkommt. Eine gewisse Zufriedenheit mag dann vielleicht noch «das Glas Wein am Abend» bringen, das die innere Zerrissenheit überbrücken soll.

Der Sprung ins Wasser der vitalen Lebenskräfte

Frau P. wird sich allmählich ihres Konfliktes bewußt, der bereits ihr ganzes Leben lang bestand und den sie nie hatte lösen können. Zum Zeitpunkt dieser Auseinandersetzung war das süchtige Trinken schon eine Weile überwunden. Sie hatte jetzt ein großes Verlangen danach zu wissen, warum sie überhaupt an den Alkohol geraten war. Damit ist ein wesentlicher Schritt vollzogen, denn es gelingt jetzt, aufkommende Impulse nicht gleich in Handlung umsetzen oder verdrängen zu müssen, sondern sich erst einmal anzuschauen, was da überhaupt geschieht. Wenn ein Wunsch sofort erfüllt, ein Hunger sofort gestillt wird, besteht kaum noch eine Möglichkeit, gefühlsmäßig wahrzunehmen, was dieser Wunsch oder Hunger noch alles in Bewegung bringt. Es können kaum Phantasien zum Geschehen aufkommen, und damit geht auch Lebendigkeit verloren. Bei dem Versuch, gefühlsmäßig differenzierter wahrzunehmen, hilft Frau P. ein Traum weiter:

Sie trifft auf eine tote Schlange. Nach Überwindung der anfänglichen Angst versucht sie mit einem Stock, die Schlange zu berühren. Es tut sich aber nichts. Die Träumerin bemüht sich weiter, das Tier in Bewegung zu bringen. Schließlich verwandelt sich die Schlange in einen Fisch, auch der scheint tot zu sein. Er rührt sich nicht. Wieder versucht die Träumerin, den Fisch zu bewegen, aber er bleibt bewegungslos. Frau P. erwacht mit einem traurigen Gefühl.

Indirekt ist die Wasserthematik auch in diesem Traum enthalten, denn der Fisch ist ein Wassertier, wie auch einige Schlangenarten im Wasser leben. Hier aber ist der Fisch nicht in seinem Element. Gefühlsmäßig begreift die Träumerin den inneren Zusammenhang. Sie ist lange in einer traurigen Stimmung, die anhält, bis sie in einem weiteren Traum den Fisch ins Wasser bringt.

Über die symbolische Bedeutung von Schlange und Fisch ließe sich an dieser Stelle eine Menge sagen. Im Zusammenhang mit der Wasserthematik und im Zusammenhang mit der Problematik der Frau P. ist ein Aspekt des Fisches hier besonders wirksam. Der Fisch gehört zu den Tieren, deren Lebenselement das Wasser ist, die im Wasser leben und sich orientieren können. Verglichen mit der anfänglichen panischen Angst vor Wasser konnte hier ein entscheidender Schritt vollzogen werden, denn im Fisch ist die Träumerin auch selbst enthalten. Sie fällt jetzt nicht mehr wie durch ein Mißgeschick ins Wasser, sondern führt zusammen, was wesensmäßig zusammengehört. Sie kann sich jetzt mit ihrem seelischen Hintergrund konfrontieren.

Der Fisch ist überdies ein Kaltblüter. Daran mußte ich in der Folgezeit dieser Therapie des öfteren denken. Es nötigte mir schon Respekt ab, mit welcher Unerschrockenheit Frau P. sich jetzt mit den Gefühlen auseinandersetzte, vor denen sie immer geflohen war. Sie war nicht «kaltblütig» im Sinne von «kaltherzig», aber kühl und verhältnismäßig distanziert verglichen mit ihrer Panikbereitschaft zu Beginn der Analyse.

Jetzt begegnete sie ihren Schattenseiten, und das war keineswegs angenehm. Das ist nie angenehm. Bisher erlebte sich Frau P. immer als das Opfer der Willkür, die ihr entgegengebracht wurde. Jetzt hingegen merkte sie, daß sie selbst «ganz schön anspruchsvoll» ist, sehr böse wird, wenn sie nicht sofort bekommt, was sie haben will, und ähnliches mehr. An ihren «Wutausbrüchen», die es gelegentlich gab, waren bisher immer die anderen schuld. Schließlich haben die sie geärgert. Jetzt fängt sie an, das in anderem Licht zu sehen. Sie stellt fest, daß sie bei der geringsten Enttäuschung mit unverhältnismäßig heftigem Zorn reagiert.

Auch das ist etwas, das nicht nur für Frau P. charakteristisch ist. Oft sollen heftige Wutausbrüche ein Schmerzgefühl beseitigen, das aus einem Gekränkt- und Enttäuschtsein stammt. Dem anderen die Schuld zu geben, ist immer noch leichter zu ertragen als ein Enttäuschungserleben hinzunehmen und in sich zu verarbeiten. Viele Streitereien, in denen ein «Schuldpaket» immer hin- und hergeschoben wird, mögen auf dieser Tatsache beruhen.

Ich konnte gut verstehen, daß Frau P. Enttäuschungserleben nur schwer aushalten konnte. In ihrer frühen Kindheit hatte sie viel davon hinnehmen müssen. Ihr Gefühl erinnerte sich wohl, wieviel Einsamkeit und Verlorenheit in diesem Erleben mit enthalten war. Jetzt, wo der Fisch im Wasser war, kam das alles zum Vorschein und wollte durchlebt werden. Frau P. wehrte sich zunächst heftig. In den Träumen wurde das Wasser wieder bedrohlich.

Schließlich träumte sie, sie will zu mir in die Therapiestunde kommen. Das ist aber nur möglich, wenn sie durch Wasser geht. Nach anfänglichem Sträuben kann sie sich einverstanden erklären, das Wasser zu durchschreiten. Es macht sich in der Folgezeit viel Enttäuschungserleben an mir fest, und damit entsteht zunächt einmal auch eine Menge Wut. Das alles kann Frau P. jetzt ausdrücken, sie findet Worte dafür und kann diese Gefühle auch leben. Diese Phase dauert eine ganze Weile, bis sie schließlich merkt, ich bin nicht nur enttäuschend, auch gewährend. Jetzt erst fragt sie sich nach ihrer Beziehung zur Mutter. Bisher war Mutter «nur» enttäuschend. Nun fragt sie sich, was sie eigentlich für ein Schicksal hatte, was sie «für ein Mensch war». Bisher konnte sie die Mutter nur von ihren Wünschen nach Zuwendung her sehen, und da hat es viel Enttäuschung gegeben. Jetzt sieht sie, daß ihre Mutter eigentlich ihr Leben lang auch überfordert war durch die Situation, in der sie sich befand. Für alle diese Geschehnisse bekommt Frau P. eine andere Sichtweise. Sie erkennt auch, daß ihr alter Gefühlskonflikt von Liebe und Haß in der Beziehung zur Mutter entstanden war.

Allmählich erlebt sich Frau P. wie von einem großen Druck befreit. Sie wird seelisch deutlich beweglicher, hat mehr gefühlsmäßigen Freiraum gewonnen, den sie sich selbst gestatten und auch anderen zubilligen kann. Jetzt kann sie sich freuen und stellt fest, daß sie in der Beziehung zu mir sich neuen Lebensraum hat schaffen können. In dieser Phase träumte sie:

Sie ist mit einer Frau unterwegs am Meer. Beide stehen auf einem Klippenrand und schauen in eine herrliche, erfrischende Brandung. Da springt die Frau einfach hinein. Die Träumerin ist neidisch, weil «die das schon kann». Sie möchte es nachmachen. Da trifft sie auf einen Mann, der ihr sagt, das gehe noch nicht, sie müsse noch etwas aus ihrer Kindheit erledigen.

Einerseits – so hat Frau P. den Eindruck – erkenne sie mich in der Frau, die in die Fluten springt, andererseits habe sie aber auch das Gefühl, daß «eine Seite in ihr selbst» das schon kann. Sie sei sehr neidisch gewesen, weil dieser Sprung in die Fluten so ein Gefühl von Freiheit und gleichzeitig «Verbundensein mit dem Leben» auslöste. Aber da war noch etwas, das sie erledigen mußte.

Das Vertrautwerden mit dem Wasser als dem seelischen Urgrund

Auch an dieser Stelle macht Frau P. eine Erfahrung mit sich selbst, wie sie wohl viele Menschen mit sich machen. Ich komme in diesem Zusammenhang noch einmal auf die frühe Beziehung zur Mutter ganz allgemein zurück. Für den Säugling ist es wichtig, daß sich die ihn versorgende Umgebung nach seinen Bedürfnissen und Bedingungen richtet. Wäre das nicht so, wäre sein Leben bedroht, denn er kann für sein Überleben noch nichts tun. Wenn jetzt in dieser frühen Phase Frustrationen allzu häufig und anhaltend sind, entstehen nicht nur Wut und Enttäuschung, sondern auch ein Gefühl von Bedrohtsein. Zwar wird das alles noch nicht in diesen differenzierten Gefühlstönungen wahrgenommen, aber es entsteht ein wilder Affektsturm, der existenzbedrohend erlebt wird.

Im Leben vieler Menschen gibt es solche Stellen, schmerzhafte Punkte, an denen unverarbeitetes Enttäuschungserleben wirksam wird. Versuche, diese Schmerzstellen möglichst «einzumauern», auszuschalten, sind mehr als verständlich. Der sicherste Weg ist, keine Wünsche und Bedürfnisse mehr zu haben. Wenn ich vom anderen nichts erwarte, kann er mich auch nicht enttäuschen.

Zum Glück gelingt das meistens nicht, aber dafür entsteht eine andere Schwierigkeit. Die «eingemauerten Gefühlsbereiche» kann man ja nicht reflektieren und hinterfragen. Sie wirken direkt – ohne Filter – auf die Beziehungen ein, und da entsteht dann oft die gleiche Situation, die schon einmal diesen Konflikt unlösbar machte. Aus dem Bedürfnis wird ein Anspruch im Sinne des ursprünglichen Beziehungsmusters. Es wird erwartet, daß die Umgebung sich bedingungslos auf die eigenen Wünsche einstellt, wie es seinerzeit in der frühen Mutter-Kind-Beziehung notwendig gewesen wäre. Über diesen «Kanal» geht das Enttäuschungserleben immer weiter, denn niemand wird in der Lage sein können, das in einem späteren Lebensabschnitt nachzuliefern, was in einer früheren Phase hätte erfolgen sollen. Die Befürchtung, nicht geliebt zu werden, scheint sich dann «wieder einmal» zu bestätigen.

In diesem Konflikt saß ein Analysand einmal sehr fest. Er suchte immer noch «die Mutter», die ihm einmal das nachliefern würde, was er leider nie ausreichend bekommen hatte. Sein Traum stellte die Situation wie folgt dar:

Mit einem kleinen Boot befindet sich der Träumer in einem engen Kanal. Es sitzt fest, ist eingeklemmt. Vor ihm tut sich das weite Meer auf. Der Träumer empfindet große Sehnsucht danach, auf dieses Meer hinauszukommen. Da – so empfindet er – ist das Leben, das bunte Treiben, da kann man das Leben genießen und Befriedigung erleben. Aber er kommt nicht von der Stelle, sitzt fest eingeklemmt im «engen Kanal seiner Anspruchshaltung» und «schaut dem Leben zu».

Auch hier stellt sich wie bei Frau P. die Problematik über das Bild des Wassers dar. Der Aspekt des Weiblich-Mütterlichen, der sich im Wasser abbildet, wird hier besonders deutlich. Das vitale Leben, das sich zum großen Teil in den zwischenmenschlichen Beziehungen verwirklichen will, fängt in der ursprünglichen Beziehung zur Mutter an, erste Verständigungsmuster herauszubilden, die wiedererkennbar und dadurch wiederverwendbar sind. So entstehen die ersten Äußerungs- und Handhabungsformen, mit denen sich Wünsche und Bedürfnisse für die Umwelt erkennbar artikulieren lassen. Aus Triebwünschen werden auf diesem Wege mitteilbare Bedürfnisse. Gestaltlose Lebensdynamik findet so eine Form, auf die gezielt reagiert werden kann.

In dem Maße, in welchem Frau P. ihren «Durst nach Lebendigkeit» bewußt wahrnehmen und äußern konnte, stellte sie plötzlich andere Fragen an sich und das Leben, weil ihr auch die Bedürfnisse der Umgebung erlebbar wurden. Fragte sie früher nach Sättigungsquellen für sich selbst, ist es ihr jetzt wichtig, ob sie auch etwas zu geben vermag, eine Sättigungsquelle sein kann. Unter dieser Fragestellung reflektiert sie ihre Partnerbeziehung und stellt fest, daß sie selbst viel toleranter geworden ist und sich auch angstfreier in die Beziehung hineinbegeben kann. In diesem Zusammenhang springt sie im Traum im Beisein ihres Mannes trotz hoher Brandung ins Meer. Sie fühlt sich sehr wohl und befreit. Nach diesem Traum ist die sexuelle Erlebnisfähigkeit sehr viel intensiver. Eigentlich hatte sie sich gefühlsmäßig bisher nicht einlassen können. Jetzt konnte sie sich ihrem Körper und seinen Reaktionen, dem Partner und dem eigenen Erleben überlassen. Darüber war sie sehr froh und auch stolz, «das geschafft zu haben».

Noch einmal springt Frau P. im Traum ins Wasser, als die Therapie ihrem Ende zugeht. Sie hat das Gefühl, ins Leben hineinzuspringen, in dem sie sich nun wohlfühlen kann «wie ein Fisch im Wasser».

Etwas Entscheidendes hatte sich im Erleben von Frau P. geändert. Als sie kam, konnte sie mit ihrem gefühlsmäßigen Gegensatz von Liebe und Haß nicht umgehen. Übrig blieben immer Haß und Enttäuschung. Damit aber konnte sie keine Beziehungen gestalten. Also hatte sie sich überhaupt aus den Beziehungen «ausgeklinkt». Daß damit auch der Weg nach innen lahmgelegt wurde und sie kaum noch seelische Beweglichkeit übrig behielt, war zunächst nicht erkennbar. Jetzt, nachdem sie sich über sich selbst und ihr Tun und Erleben bewußt geworden war, endete der Konflikt von Liebe und Haß anders. Das Liebesgefühl blieb übrig, und damit ist jede Lebenssituation veränderbar und gestaltbar.

In Mozarts «Zauberflöte» sind die beiden schwersten Prüfungen, die Tamino und Pamina zu bestehen haben, der Gang durch Feuer und Wasser. Das ist ein symbolisch sehr gehaltvolles Bild. Es werden damit Reifungsschritte markiert, die das Bewußtsein in einen neuen, erweiterten Seinszusammenhang einbinden. Feuer und Wasser sind elementare Wandlungskräfte, die in der Natur ebenso wirksam sind wie in der menschlichen Seele.

Die Wandlungsenergien des Elementes Wasser habe ich zu beschreiben versucht. Es sind jene belebenden und bewegenden Kräfte, die zur Verwirklichung im Hier und Jetzt veranlassen. Es ist diese Verwirklichungsdynamik selbst, das vitalisierende Agens, das – wie in Mythen beschrieben – «alles Leben auf Erden veranlaßt». Die wandelnde Kraft wird dabei nicht nur in den sich wandelnden Lebenszyklen erfahren, sondern auch in der Wandlung phasenspezifischer Bewußtseinshorizonte, wodurch eine ganzheitliche Weiterentwicklung gewährleistet werden kann. Die Wasserträume machen sichtbar, daß diese Wandlungsprozesse nur gelingen können, wenn die Verwurzelung im vitalen Identischsein mit sich selbst den Grad an Stabilität erreicht hat, der es ermöglicht, an Nahtstellen in der Entwicklung aus der eigenen Ursprünglichkeit heraus neue Lebensperspektiven zu entwickeln, «in neue Flußbetten zu fließen». Wenn diese «Fließfähigkeit» nicht durch rationale Einschränkungen blockiert wird, kann die Dynamik des Elementes Wasser wohl auch zu Erfahrungen führen, die ein Verbundenheitserleben mit allen Lebewesen, ja ein Identischsein mit dem Leben selbst, beinhalten. In Berichten über Meditationserfahrungen findet man derartige Zustände beschrieben. Aber auch dem erblindeten Schneider in dem Grimmschen Märchen «Die beiden Wanderer» steht nach der Berührung der Augen mit den beiden Tautropfen eine neue Sichtweise zur Verfügung, und er findet auf seinem weiteren Weg den Zugang zu einer lebendig sprudelnden Quelle.

Literatur

Andersens Märchen. Stuttgart: Boje 1949.

von Beit, Hedwig: Symbolik des Märchens, Bd. I. Bern: Francke 1952.

Bettelheim, Bruno: Die Geburt des Selbst. München: Kindler 1977.

von Franz, Marie-Louise: C. G. Jung. Frauenfeld: Huber 1972, S. 163, Anm. 39.

Jung, C. G.: Symbole der Wandlung. Gesammelte Werke [= GW] 5. Olten: Walter 1973.

–: Die Archetypen des kollektiven Unbewußten. In: GW 7. Olten: Walter 1989.

–: Instinkt und Unbewußtes: In: GW 8. Olten: Walter 1976.

–: Vom Wesen der Träume. In: GW 8. Olten: Walter 1976.

–: Die psychologischen Aspekte des Mutterarchetypus. In: GW 9 I. Olten: Walter 1976.

–: Die praktische Verwendbarkeit der Traumanalyse. In: GW 16. Olten: Walter 1979.

Kast, Verena: Traumbild Wüste. Von Grenzerfahrungen unseres Lebens. Olten: Walter 1985.

Märchen der Weltliteratur. Düsseldorf-Köln: Diederichs, daraus folgende Bände:

Altägyptische Märchen.

Indische Märchen.

Nordamerikanische Indianermärchen.

Poignant, Roslyn: Ozeanische Mythologie. Wiesbaden: Vollmer.

de Saint-Exupéry, Antoine: Der kleine Prinz. Düsseldorf: Rauch.

Wilhelm, Richard: I Ging. Das Buch der Wandlungen. Düsseldorf-Köln: Diederichs 1960. Mit Vorwort von C. G. Jung (dieses auch in Jung, GW 11. Olten: Walter 1963).

Sauer, Gert: Traumbild Schlange. Von der Vereinigung der Gegensätze. Olten: Walter 1985.

Feuerträume

Von Gisela Rieß

Das Feuer und seine Symbolik

Wo immer wir dem Feuer begegnen, können wir uns seiner Wirkkraft nicht entziehen. Seine Glut wärmt, ist wohltuend und heilsam, seine Flamme leuchtet und reinigt, und seine um sich greifende, zerstörerische Gewalt kann in Angst und Schrecken versetzen und zugleich eine ungeheure Faszination ausüben, wie ich es als Kind beim Lauf durch die brennende Stadt nach einem Bombenangriff erlebte.

Die größte Energie strahlt die Sonne aus, der kosmische Feuerball, der unsere Erde erhellt, erwärmt, Leben ermöglicht, gedeihen läßt und verwandelt, aber auch blendet, versengt und verbrennt, wenn wir der feurigen Intensität zu unmittelbar und ungeschützt ausgesetzt sind. Zu Ehren der Sonne wurden von alters her Feuerfeste gefeiert, wie zum Beispiel zur Mittsommerwende, an denen Holzstöße entzündet und brennende Fackeln durch die Felder getragen wurden, um ihre Fruchtbarkeit zu bewirken und Schaden abzuwehren. Ein Sprung über das glimmende Feuer hatte den Sinn eines Reinigungsritus. Die von Höhen herabrollenden Feuerräder zur Wintersonnenwende am germanischen Julfest waren Abbilder der Sonne in ihrem Lauf und sollten deren wachsende Kraft magisch beeinflussen, feindliche Dämonen vertreiben und den Übergang vom winterlichen Dunkel in neues aufsteigendes Licht und damit in neues Leben symbolisieren.

Diesen Gedanken finden wir später in der christlichen Symbolik wieder, im brennenden Licht am Weihnachtsbaum, als Sinnbild für das in der Welt erschienene Licht in Christus, im neu entzündeten Feuer in der Osternacht, als Ausdruck für den aus dem Tode wieder erstandenen Herrn und in den Osterfeuern, in denen die Überwindung des Winters, die Freude über den Sieg des Lebens über den Tod gefeiert wird.

Wie die Sonne ist auch der Blitz geballte Energie, ein Licht-Feuer, das, aus der Höhe kommend, Himmel und Erde miteinander verbindet, die aufgeladene Atmosphäre entspannt, das auf der Erde Lebende entflammen, befruchten oder vernichten kann wie der Blitze schleudernde Zeus der Antike, der als befruchtende, erleuchtende oder als strafende Gottheit erscheinen konnte.

Eine weitere Energiequelle ist das verborgene Feuer im Innern der Erde, das wir nicht unmittelbar spüren, das aber als gewaltiger Feuerstrom hervorbrechen und vernichten kann, wenn die Erde in der Tiefe erschüttert wird.

Feuer im psychologischen Sinn ist flammende Lebensenergie, Gleichnis für glühende Hitze von Gefühlen und Affekten, wie Liebe und Haß und deren belebende, verwandelnde oder zerstörerische Kraft, aber auch ein Gleichnis für erhelltes Bewußtsein und Ergriffenheit des Geistes.

Unsere Alltagssprache ist voll von Bildern, die um das Feuer kreisen: Wenn wir «Feuer gefangen» haben und «in Liebe entbrennen», sind wir «Feuer und Flamme». Wir «sprühen» vor Lebensfreude, haben «Feuer im Blut», gehen mit «Feuereifer» an eine Sache heran oder fühlen uns wie «ausgebrannt». Wir können jemanden «anfeuern», ihn aber auch «feuern», für ihn «die Kastanien aus dem Feuer holen», für ihn «die Hand ins Feuer legen», für ihn «durchs Feuer gehen» oder «feurige Kohlen auf sein Haupt laden». Es ist faszinierend, «mit dem Feuer zu spielen». Wir «fiebern», wenn wir erregt oder in «glühender» Erwartung sind, «brennen auf etwas», das wir unbedingt tun oder haben müssen. «Es brennt uns auf den Nägeln» oder wir «sitzen auf glühenden Kohlen», wenn wir ungeduldig sind. Ganz plötzlich kann uns «etwas siedend heiß einfallen» oder «wie der Blitz treffen». Wir «kochen vor Wut», «verzehren uns» vor Sehnsucht, Sorge, Angst oder Begierde, leiden unter «brennenden seelischen Schmerzen» oder in der Krankheit unter «Fieber» oder einer «Entzündung» im Körper. Kritisch wird es, wenn wir «zwischen zwei Feuer geraten» und peinlich, wenn wir uns «die Zunge oder die Finger verbrannt haben». Wir können «Öl ins Feuer gießen», uns «anheizen» oder «auf Sparflamme kochen». Immer haben wir es mit psychischen Energien zu tun, die in uns wie Feuer wirken oder die wir benutzen.

Auch die Lichtsymbolik des Feuers findet in unserer Sprache ihren Ausdruck, wenn «uns ein Licht aufgeht», wir «einen Geistesblitz» oder einen «lichten Augenblick» haben. Wir können unser «Licht unter den Scheffel stellen», jemanden «hinters Licht führen» oder «in ein falsches Licht setzen». Beglückend erleben wir in uns ein «Freudenfeuer», ein «Feuer der Begeisterung», einen «brennenden Drang» nach Erkenntnis, eine plötzliche «Erleuchtung» oder die «Flamme der Hoffnung».[1] In der Mystik wird «die brennende Liebe zu Gott», ja das Göttliche selbst, mit dem Feuer verglichen, das ewig brennt und sich nicht verzehrt. Im Neuen Testament läßt sich zu Pfingsten der Heilige Geist in Gestalt von feurigen Zungen auf die Jünger nieder.

Zum Lichtaspekt[2] des Feuers gehört auch seine Signal-, Hinweis- und wegweisende Funktion. Die brennende Kerze oder Fackel erhellt den Pfad durch das Dunkel. Das Licht des Leuchtturms weist den Seeleuten den Weg zum sicheren Hafen. Das Warnfeuer schützt vor Gefahr, und das Notfeuer kann dem in Seenot geratenen Schiffer oder dem sich in der Wildnis verirrten Wanderer rechtzeitig Hilfe bringen. Immer hat dieses Feuer einen Aufforderungscharakter. Es will etwas bewirken und dazu bewegen, ihm nachzugehen. Wenn wir aufsteigenden Rauch oder Brandgeruch bemerken und diesem Signal folgen, kommen wir zu einem verborgenen Feuerherd, zu einer einladenden Wärmequelle oder dorthin, wo ein verzehrendes Feuer am Werke ist. Das kann Unheil, den Feuertod bedeuten. Im Mittelalter wurden Brandstifter, Hexen und Ketzer auf dem Scheiterhaufen verbrannt zur Strafe für ihren begangenen Frevel und um das «Unreine» und «Sündhafte» in ihnen auszubrennen und zu vernichten. Das verzehrende Feuer kann Reinigung, Entsühnung und Verwandlung bewirken wie in der christlichen Vorstellung vom Fegefeuer, in dem die Seelen nach ihrem Tode geläutert werden, während im Höllenfeuer die Verdammten auf ewig schmachten müssen.

Das Feuer als Licht- und Wärmequelle stiftet auch Gemeinschaft. Es gibt ein Gefühl der Geborgenheit und Verbundenheit, der Ruhe und des Friedens, wenn Menschen sich in einer Runde um die auflodernden Flammen zusammenfinden. In diesem Sinne wurde im alten Griechenland Hestia als Göttin des häuslichen Herdes, der gleichzeitig Opferaltar war, verehrt. Ihr Feuer war heilig und durfte nie verlöschen. In ihr verehrte man das heilige Feuer als Stätte des Kultes, der familiären Gemeinschaft und als Ort für Fremde und Schutzsuchende. Das Feuer hat schützende Wirkung. Es bewahrt vor Angriffen wilder Tiere in nächtlicher Steppe, vertreibt nach altem Glauben die «bösen Geister», bannt die Mächte der Finsternis, die uns aus dem Dunkeln zu überfallen drohen, die Angst vor Ausgeliefertsein, vor Unvorhersehbarem, vor Attacken aus dem Hinterhalt.

Dieses schützende, die «bösen Geister» bannende Feuer könnten wir psychologisch mit einem tiefverwurzelten Urvertrauen vergleichen: inmitten von Ängsten und Bedrohungen von außen und innen wissen wir uns in einem größeren Bergenden und Schützenden, im mütterlichen Urgrund alles Lebendigen aufgehoben und geborgen wie in einem Feuerkreis einer allumfassenden Liebe. Dieser Feuerkreis kann aber auch zur Falle werden, wenn das Urvertrauen, das uns immer wieder ermutigt, durch das Feuer hindurchzugehen, umschlägt in Urängste, die uns daran hindern, den Weg durch das wandelnde Feuer, durch das Feuer der Liebe auf ein Du hin zu wagen. In der Nibelungensage wird für Brunhilde der Schutz der Waberlohe, die sie umgibt, zum Gefängnis. Nur der, der die Liebeskraft, den Mut und das Vertrauen besitzt, das Feuer zu durchschreiten, kann sie aus ihren Ängsten und aus ihrer Einsamkeit erlösen. Siegfried geht für sie durchs Feuer ihrer Abwehr und gewinnt sie zur Gemahlin.

Das Feuer in Träumen

Die Feuergleichnisse, die in unserer Sprache in so vielfältiger Zahl zum Ausdruck kommen, und die unterschiedlichen Bedeutungen, die das Feuer im Leben für uns haben kann, werden im Traum oft «wörtlich» ins Bild umgesetzt. Dann können sie uns spontan «einleuchten», und wir brauchen nicht lange nach ihrem Sinn zu suchen. Allerdings müssen wir immer neben der allgemeinen, mehr archetypischen Symbolik des Feuers die persönlichen Einfälle und die individuelle Situation des Träumers mit berücksichtigen und bedenken, was das Feuer im Traum jeweils für ihn aussagen könnte. So kann zum Beispiel ein brennendes Haus für den einen auf eine drohende Katastrophe in seinem Lebensbereich hinweisen, auf einen verborgenen Krankheits-«Herd» oder auf einen gefährlich werdenden Konflikt im «häuslichen» Bereich. Für den anderen könnte das gleiche Traumgeschehen bedeuten, daß es «brennend» an der Zeit ist, das alte Lebensgebäude niederbrennen zu lassen, den alten Standort zu verlassen und sich ein neues Haus mit neuen Lebensmöglichkeiten zu errichten.

Diesen Sinn hat der folgende Traum einer 35jährigen Frau in einer Lebensphase, als für sie ein Orts- und Berufswechsel längst überfällig war. Aber sie hatte große Mühe, den Absprung aus der «abgelebten» Situation zu finden, die im Traum durch eine «Altbau»-Wohnung ausgedrückt wird. In einer ähnlichen hatte sie auch bisher gelebt.

Ich habe in einer großen Altbau-Etagenwohnung, von der ich weiß, daß es meine Wohnung ist (obwohl ich in Wirklichkeit ganz anders wohne), überall festliche Kerzen angezündet. Es ist mir zumute, als stünde etwas Wichtiges bevor, als wäre etwas zu feiern. Auf einmal fängt der Vorhang im Wohnzimmer Feuer. Statt ihn zu löschen, schaue ich sehr ruhig zu, wie das Feuer sich ausbreitet.

Schließlich verlasse ich die Wohnung, gehe die Treppe hinunter, hinaus auf die Straße, und gehe bis aufs freie Feld vor der Stadt.

Erst hier, am Rande eines frisch aufgepflügten Ackers, bleibe ich stehen und schaue zurück auf die Stadt. Der Feuerschein über meinem bisherigen Haus erfüllt mich mit einer schmerzlichen Abschiedsstimmung, aber zugleich mit einem erhobenen Gefühl, als hätte ich etwas geschafft oder bestanden.

Die Träumerin ist sich hier in der Tiefe bewußt, daß der «Alt-Bau», das Gebäude ihres bisherigen Lebens, nicht mehr die angemessene Lebensform darstellt. Sie leitet einen rituellen Abschied ein, indem sie überall festliche Kerzen anzündet aus einem Gefühl heraus, daß eine Phase in ihrem Leben zu Ende geht in einem ihr «einleuchtenden» Sinne, und daß sie es geschehen lassen muß. An dem herunterbrennenden Licht der Kerze entzündet sich ein Vorhang im Wohnzimmer, ein Teil ihres «Interieurs», ihres geschützten Innenraumes. Von dort breitet sich das Feuer aus.

Ohne sichtliche Panik verläßt die Träumerin ihre bisherige Wohnstatt, geht hinaus aufs freie Feld und erlebt dort aus der Entfernung am Rande eines frisch gepflügten Ackers, in den der Samen für neu wachsende Möglichkeiten, der Grundstein für ein neues Gebäude gelegt werden kann, mit, wie ihr altes Haus von den Flammen zerstört wird. In der Zerstörung liegt der Keim des Neuen. Schmerzliche Abschiedsstimmung verbindet sich mit einem erhobenen Gefühl, etwas geschafft oder bestanden zu haben.

Feuer kann im Traum für alles stehen, was «uns auf der Seele brennt», zu «einem brennenden Problem» geworden ist: «warme» Gefühle, Sehnsucht, eine «glühende» Liebe bis hin zur «hitzigen» Leidenschaft, «schwelender» oder «aufflammender» Haß, eine «kochende» Wut und Rachegefühle, Neid und Eifersucht, Ungeduld und Gier, aber auch Erbitterung, Kränkung, seelische Schmerzen, Trauer und Einsamkeit, Ängste und Sorgen, Schuldgefühle und Reue, die das Gewissen «brennen» lassen. Das Feuer im Traum kann uns wärmen, schützen und das Gefühl von Geborgenheit und Aufgehobensein in einer Gemeinschaft vermitteln. Es kann die Situation und den Weg erleuchten oder ein Ausdruck der Begeisterung, der Ergriffenheit und der Freude sein. Es kann uns wachrütteln und warnen.

Geht im Traum die Sonne auf, so kann das bedeuten, daß ein Leben nach einer Dunkelphase wieder lichter wird und Bewußtseinskräfte sich entfalten oder daß neue Energien freigesetzt werden und Lebensprozesse wieder in Gang kommen. Geht die Sonne im Traum unter, dann wird es Nacht, eine Zeit zum Ausruhen und zur Regeneration des Körpers und der Seele. Es kann aber auch ein Ausdruck dafür sein, daß das Bewußtsein sich verdunkelt, das Licht der Orientierung verlorengeht oder daß Energien aus unserem tätigen Leben abgezogen werden und die Stimmung sich verdüstert. Dann können wir vermuten, daß das Licht-Feuer bei den «Göttern im Jenseits», im Unbewußten, ist, von wo es zu gegebener Zeit wieder neu erscheinen kann. Oft aber müssen wir uns, wie Prometheus, selbst auf die Suchwanderung in die Jenseitswelt begeben und das Feuer unter großer Anstrengung und nicht ohne Gefahr auf die Erde zurückholen, damit es unserem Icherleben wieder verfügbar wird.

Ein Vulkanausbruch im Traum kann eine drohende Explosion von gestauten Affekten andeuten. Vor allem lange unterdrückte Aggressionskräfte oder ein abgespaltener Komplexbereich, zu dem das Ich die Verbindung verloren hat, können eine solche Sprengkraft entwickeln, daß es urplötzlich zur Entladung kommt. Ein Funke genügt dann, um alle Kontroll- und Abwehrsicherungen zu durchbrechen und das Ich und oft auch die Umwelt mit einem Feuerstrom ungebändigter Triebenergien zu überfluten, die das Ich und seine Beziehungen zerstören können. In Träumen Jugendlicher weist ein Vulkanausbruch häufig auf den Durchbruch bisher fremder übermächtiger sexueller Energien hin oder in Träumen von Menschen, die von Ichauflösung bedroht sind, auf den Ausbruch einer psychischen Erkrankung. Eine ganz andere Bedeutung hatte im Traum eines jungen Mannes ein starker Feuerstrom, der aus einem gewaltigen Urgestein hervorbrach, auf ihn zufloß und direkt vor seinen Füßen haltmachte. Ein innerer Panzer war in ihm aufgebrochen, und neue Lebenskräfte strömten ihm zu.

Brennt im Traum ein Auto, ein Haus oder ein Baum, dann könnten seelische Energien zerstörerisch geworden sein, und der Traum will uns darauf aufmerksam machen. Wichtig ist es, der Brandursache nachzugehen und zu schauen, wo es brennt, was brennt, wodurch sich das Feuer entzündet hat, und sich zu fragen: Was wird durch das Feuer bewirkt, welchen Sinn könnte der Brand haben, und was kann ich tun?

Sind zum Beispiel im Traum zwei Autos aufeinandergerast und in Brand geraten, so könnte das psychologisch unter anderem bedeuten, daß unsere Bedürfnisse, Affekte oder Einstellungen mit der Außenwelt kollidieren und daraus ein Konflikt entbrannt ist, oder auch, daß wir uns Hals über Kopf verliebt haben und nun brennen. Auf der innerpsychischen Ebene verstanden, könnten starke gegensätzliche Tendenzen in uns selbst aufeinandergestoßen sein, die nicht miteinander zu vereinbaren sind und so einen Konflikt verursacht haben.

Brennt im Traum unser eigenes Auto, so müssen wir fragen, was das Auto für uns bedeutet. Ein Auto im Traum[3] kann sinnbildlich für den Bereich unserer Persönlichkeit stehen, in dem das Ich die Steuerung übernehmen kann, für unsere Trieb- und Antriebskräfte, für unser Streben nach «Autonomie», nach Selbstbestimmung und Unabhängigkeit oder auch für autonome Kräfte, die eine Eigendynamik entwikkeln, die das Ich nicht mehr beherrschen kann. Der geschlossene Innenraum kann ein Höhlengefühl von Geborgenheit und Sicherheit innerhalb des strömenden Verkehrs vermitteln und in diesem Sinne auch einen schützenden Uterus symbolisieren, in den wir uns zurückziehen können und gut aufgehoben sind. Mit dem Auto können wir große Distanzen und Grenzen überwinden und aufbrechen zu neuen Zielen. Es kann uns aber auch einengen, abschließen, den Zugang zur Natur versperren und uns verführen, den Augenblick zu fliehen statt ihn zu leben.

Um den individuellen Sinn des brennenden Autos im Traum zu verstehen, müssen immer auch die Einfälle des Träumers zum Ort, zu den Begleitumständen, zu den Personen, die darin verwickelt sind, und zu der Stelle im Auto, wo es brennt, miteinbezogen werden. Das kann im Motorraum sein, dem Trieb- und Antriebsbereich, im Innenraum, in dem das Ich am Steuer sitzt, oder im abgeschlossenen Kofferraum, der psychologisch für den Bereich unseres persönlichen Unbewußten stehen kann, in dem Abgewehrtes, Verdrängtes oder noch Unbenutztes, Unbekanntes verstaut ist, an dem sich möglicherweise ein Konflikt entzündet hat.

Ähnlich ist es beim Haus, das brennt oder in dem an einer Stelle Feuer ausgebrochen ist. Es kann das Eltern-, das eigene Familienhaus oder ein fremdes Gebäude sein, ein Schloß, eine Kirche, ein Gutshof und hat dann mit einem entsprechenden schwelenden oder offenen Konflikt zu tun. Die Räume eines Hauses können verschiedene Bereiche unserer Persönlichkeit oder auch vergleichbare Körperregionen symbolisieren. Ist Feuer im Dach ausgebrochen, kann die Klarheit des Bewußtseins durch auflodernde Emotionen, verwirrende Phantasien oder überspitzte Ideen bedroht sein, oder im Speicher unserer Erinnerungen beginnen alte Wunden, vergessene unverarbeitete Schuld oder Versäumnisse wieder schmerzhaft zu brennen. Feuer im Wohnraum kann einen Konflikt im Gefühlsbereich, im Zusammenspiel der Ichkräfte oder in zwischenmenschlichen Beziehungen bedeuten, im Schlafraum ein eigenes sexuelles oder auf einen Partner bezogenes Problem, in der Küche einen Konflikt im oralen Bereich, Störungen in der seelischen «Verdauungsarbeit» von Problemen oder im weiblichen mütterlichen Instinktbereich. Feuer im Keller kann auf einen ausgebrochenen unbewußten Triebkonflikt hinweisen oder wie im Speicher auf Zündstoff im persönlichen Unbewußten.

Das Haus ist von Menschenhand erbaut und entspricht im allgemeinen unserer individuellen Geschichte, wie sie geworden ist durch Beeinflussung und Erziehung unserer Eltern und Umwelt und durch eigene Arbeit an der Entfaltung und Entwicklung unserer Persönlichkeit. Mit dem Baum hingegen verbinden wir mehr das ursprüngliche Wachsen und Reifen, den natürlichen individuellen Werdeprozeß nach einem inneren Gesetz, der wie die Natur in den Rhythmus der Jahreszeiten eingebunden ist und einer ständigen Wandlung unterliegt.

Wie der Baum erblüht, Früchte trägt, sie wieder freigibt, sich entblättert, in einen todähnlichen Winterzustand versinkt, im Frühjahr neu knospt, wächst und Jahresringe ansetzt, so wachsen wir durch eine Phase hindurch zur nächsten und setzen «Reiferinge» an. Brennt ein Haus nieder, dann ist es möglich, auf den Ruinen ein neues zu erbauen. Wird aber ein Baum vom Feuer ergriffen, so trifft das seinen tiefsten Lebensnerv. Das Verbrannte wächst nicht wieder nach. Er mag überleben und neue Zweige treiben, aber er bleibt gezeichnet und krüppelhaft in seiner Gestalt.

Darum kann ein brennender Baum im Traum eine ernste Bedrohung für unseren natürlichen seelischen Wachstumsprozeß bedeuten. Brennt es in der Krone, so ist der Kopf-Geist-Bereich akut in Gefahr, der Ort, in dem unsere Phantasien, unsere schöpferischen Inspirationen wie Vögel nisten und ausgebrütet werden. Die Schutz und Schatten gewährende Funktion des Baumes geht verloren. Der kräftige Stamm verbindet die Krone, die in den Himmel ragt, mit den Wurzeln, die tief in die Erde dringen. Er hat in seinem Aufstreben männliche, phallische, als umschließendes bergendes Gefäß mütterliche Bedeutung. Die Geburt aus dem Baum ist ein altes mythologisches Motiv. Greift das Feuer auf den Stamm über, so kann das darauf hinweisen, daß unser Ichgefäß auszubrennen droht, die schützenden Grenzen verletzt werden, der Drang nach größerer Entfaltung und Selbstwerdung aufgezehrt und der Lebensstrom unterbrochen wird. Der Lebensbaum wird zum Todesbaum, der Stamm zum Sarg, und die Wurzeln in der Tiefe sterben ab.

Ein brennender Baum im Traum muß aber nicht immer Unheil bedeuten. So wie es in Australien Bäume gibt, deren Samen nur dann keimen können, wenn der Baum gebrannt hat, so kann ein inneres Feuer auch einen geheimen Wandlungsprozeß bewirken, wenn die Persönlichkeit stark genug ist, diesen auszuhalten.

So sah eine Frau im Traum, wie sich aus einem Ende eines in sich brennenden, auf der Erde liegenden Baumstammes langsam ein Männerkopf herausgestaltete, während sein Körper noch eins war mit dem Stamm.

Sie erlebte diesen Vorgang wie «eine Geburt ihres inneren Männlichen aus dem feurigen Uterus eines mütterlichen Baumstammes».

Ein anderes Feuer-Licht-Erlebnis mit dem Baum hatte ein Mann im Traum, in dem er inmitten einer Waldlichtung einen Baum erblickte, aus dessen Stamm und Zweigen helle Flammen loderten, ohne daß er verbrannte. Tief ergriffen von dem Geschehen spürte er plötzlich diesen Feuerbaum in sich selbst, fühlte sich durchglüht und erleuchtet von dem brennenden Licht bis in die Finger- und Zehenspitzen.

Das war für ihn ein «Weihnachtserlebnis», eine leibhafte innere Erfahrung des Lichterbaumes, ein Symbol für das Wiedergeborenwerden des neuen Lichts aus der Finsternis. Der brennende, aber unzerstörbare Baum[4] erinnerte den Träumer auch an den «brennenden Dornbusch» aus der Bibel, in dem Gott sich Moses offenbarte und ihn beauftragte, sein Volk aus der Fremde zurückzuführen.

Im folgenden Teil sollen einige Feuerträume im biographischen Zusammenhang des jeweiligen Träumers und unter

Einbeziehung des allgemeinen Verständnisses der auftretenden Symbole ausführlicher besprochen werden, wobei ich neben den persönlichen Einfällen des Träumers zum Trauminhalt nur die lebensgeschichtlichen Ereignisse berücksichtigen werde, die mir für das Verstehen des Traumes notwendig erscheinen. Nur ein Traum, der «Schmelzofen», stammt aus einer gemeinsamen Therapie. Die übrigen wurden mir erzählt oder aufgeschrieben, als ich immer wieder einmal meine Absicht äußerte, über die Symbolik des Feuers in Träumen zu arbeiten. Jeder Traum wurde dann mit dem jeweiligen Träumer in einem oder mehreren Kontakten durchgesprochen, um ihn auf dem individuellen Hintergrund zu verstehen.

In Feuerträumen, die während einer Therapie vorkommen, kann das Feuer nicht nur ein «brennendes» Problem im Alltag des Träumers ausdrücken, sondern ebenso die Intensivierung des Unbewußten durch die Einlassung auf seinen inneren Prozeß wie auch eine «Erhitzung» durch die analytische Beziehung zum Therapeuten. Die «Erhitzung» kann als Liebe zu diesem oder als Haß ihm gegenüber empfunden werden, gilt aber oft eigentlich einer wichtigen Bezugsperson des Träumers, die im Analytiker wiedererlebt wird. Das Bewußtmachen und die Bearbeitung dieser Übertragungsbeziehung zu gegebener Zeit gibt dann die Möglichkeit, sich mit den realen Bezugspersonen neu auseinanderzusetzen.

Ich möchte an dieser Stelle allen sehr herzlich danken, die mir ihre Feuerträume zur Verfügung gestellt und mir so Gelegenheit gegeben haben, an ihnen beispielhaft die individuelle und kollektive Bedeutung des Feuers im Traum zu durchleuchten.

Das Urfeuer – Feuer als Lebensenergie

Die beiden folgenden Träume erzählte mir eine befreundete 42jährige Theologin, als sie von meinem Vorhaben hörte, über Feuerträume zu schreiben.

Unter vielen Mühen gelange ich mit einigen Kollegen erst mit dem Auto, dann zu Fuß auf den Gipfel eines hohen Berges, auf dem eine Kirche steht. Als ich erfahre, daß darin ein Kindergottesdienst stattfinden soll, bin ich sehr enttäuscht und verspüre einen starken Widerwillen, daran teilzunehmen. Ich setze mich ab und versuche, auf der Rückseite des Berges wieder hinunterzusteigen. Diese aber ist so steil und glatt, daß ich in meinen Schuhen rutsche und zu fallen drohe. Ich ziehe sie aus, um mit nackten Füßen den Boden besser greifen zu können und Halt zu haben.

Nach dem steilen Abstieg komme ich auf einen großen, gepflasterten Platz und versuche, mich an diesem fremden Ort zu orientieren. Da kommen ein Neger und eine wunderschöne schlanke Negerin auf mich zu und machen mich auf meine nackten Füße aufmerksam. Ich hatte meine Schuhe ganz vergessen und gar nicht bemerkt, daß ich barfuß war. Nun muß ich sie unbedingt wiederfinden. Auf der Suche nach den Schuhen entdecke ich einen Höhleneingang in das Innere des vorher bestiegenen Berges. Durch labyrinthartige, sehr enge und niedrige Gänge arbeite ich mich immer tiefer vorwärts, bis diese weiter werden und ich in einen großen Höhlenraum in der Mitte des Berges gelange, wo ich einige geschäftige Neger bemerke. Während ich mich überall nach meinen Schuhen umschaue, kommt aus dem Hintergrund der Höhle ein prächtig gekleideter großer Neger, «der Fürst dieser Unterwelt», in Begleitung des Negers, dem ich außerhalb des Berges schon be-

gegnet war, auf mich zu und fragt mich, was ich hier unten suche. Ich antworte: «Meine Schuhe, die ich verloren habe.» Freundlich gestattet er mir, mich überall nach ihnen umzusehen.

Auf meiner Suche entdecke ich plötzlich hinter einer halbhohen Erdwand ein riesiges, aus der Erde herausflammendes rotes Feuer. Ringsherum sind wieder Neger damit beschäftigt, das Feuer zu kontrollieren, es am Brennen zu halten und zu hüten, damit es mit seiner Kraft die Unter- und die Oberwelt erwärme. Ohne dieses Feuer würde das Leben auf der Erde ersterben. Tief bewegt umschreite ich einmal das Feuer und mache mich dann wieder auf den Weg zurück durch die jetzt weiter gewordenen Höhlengänge in die Oberwelt und stelle, dort angekommen, mit Erstaunen fest, daß ich meine Schuhe wieder anhabe.

Die Träumerin hatte viele Jahre hindurch ihre seelsorgerliche Arbeit sehr gewissenhaft und mit Freude gemacht, war voll darin aufgegangen, ohne ihre eigene Berufsidentität, ihre Beziehung zur Institution Kirche und ihre Rolle darin als Frau durch irgendwelche Zweifel hinterfragen zu müssen. Sie meinte: «Ich war ganz ungebrochen in meinem kindlichen Glauben an den Vater-Gott, in meinem Verhältnis zur ‹Mutter Kirche›, eins mit dem, was ich gelernt, bisher gelebt hatte und weitergab. Aber seit einiger Zeit spürte ich eine unerklärliche Unruhe und Gespanntheit. Beim Predigen fiel mir nicht mehr viel Neues ein. Ich verstärkte meine Anstrengungen außen, aber die innere Quelle wurde immer dürftiger. Ich wurde unsicher, begann an mir zu zweifeln und merkte, wie ich unaufhaltsam in eine Krise rutschte.» In dieser Zeit hatte sie diesen Traum vom Urfeuer.

Auf unserer gemeinsamen Suche nach dem Traumsinn fühlten wir uns intensiv in das Traumgeschehen ein und ließen uns von den inneren Bewegungen des Traumes führen. Was bedeutete für die Träumerin der mühevolle Bergaufstieg bis zur Kirche, in der zu ihrer Enttäuschung «nur» ein Gottesdienst für Kinder stattfinden sollte? Ihr fiel dazu ihr «kindlicher» Glaube zum «Vater im Himmel» ein, dem sie nur noch sehr mühevoll und zunehmend mit Widerstand und Unlust folgen konnte. Aufgewachsen in einem Pfarrhaus, innig verbunden mit dem geliebten Vater, vertraut und völlig übereinstimmend mit der religiösen Einstellung des Elternhauses war es ihr ganz selbstverständlich gewesen, in die Fußstapfen des Vaters zu treten und selbst Pfarrerin zu werden. Sie meinte: «Die Kirche wurde für mich zu einer größeren Mutter, zu einem erweiterten Elternhaus. Meine Liebe zu Gott war so natürlich und ungetrübt wie zu meinem Vater bis zu dieser schleichenden Krise, in die ich immer tiefer geriet, ohne sie mir erklären zu können.»

Erst durch den Traum wurde der Träumerin bewußt, daß ihre «Kirche nicht mehr im Dorf stand», im Zentrum ihres Lebens, sondern unmerklich in die Ferne und in die Höhe gerückt war. Sie ahnte, daß ihre Depression mit einem beginnenden Zerfall ihres alten Gottesbildes, einem Unlebendigwerden der übernommenen religiösen Werte, Symbole und Dogmen und einem Gefühl der zunehmenden Ungeborgenheit in der Kirche zu tun haben könnte. Zugleich spürte sie, daß mit der Entfremdung vom Vatergott und von der Mutterkirche ein Ablösungsprozeß von Vater und Mutter in Gang gekommen war, beziehungsweise daß durch die beginnende Loslösung von den persönlichen Eltern auch die vertraute Kirche ihrer Kindheit immer mehr in die Ferne rückte. Sie war aus den Kinderschuhen herausgewachsen. Das merkt sie im Traum aber erst durch ihren Unmut und Widerstand gegen den «Kindergottesdienst». Diese plötzlich aufsteigende Aggression hilft ihr aber, den Absprung aus ihren kindlichen Bindungen zu finden und sich auf einen eigenen Weg ins Ungewisse zu machen.

Dieser Abkehr folgt nun im Traum der gefährliche Abstieg auf der Rückseite des Berges. Dabei beginnt sie in ihren sonst bewährten, gut eingelaufenen Wanderschuhen den Halt zu verlieren und zu rutschen. Wenn sie eine Chance haben will, heil hinunterzukommen, muß sie ihre Schuhe ausziehen und unmittelbar Kontakt mit dem Boden aufnehmen.

Passende, gut eingelaufene Schuhe geben uns sicheren Halt und Schutz und lassen uns schwierige Wege ohne Verletzungen überwinden. Symbolisch können Schuhe für unsere gewohnten, an die Umwelt angepaßten Schutz- und Bewältigungsmechanismen im Alltag stehen, für unsere Standfestigkeit, Haltung, unsere Art, uns in der Realität zu bewegen und sie zu begreifen.

Das Ausziehen der hemmenden Schuhe im Traum, um den steilen Abstieg heil zu überstehen, bedeutet für die Träumerin ein notwendiges Opfer ihrer gewohnten Anpassungs- und Bewältigungsstrategien, ihres sicheren Standpunktes und ihrer bisherigen Identität. Es verlangt von ihr eine neue Art zu glauben, «ohne Netz», ohne den Schutz der alten Glaubenssicherheit. Hier wird ihr Vertrauen hart auf die Probe gestellt. In solch einer Zeit können wir das Gefühl haben, «auf dem Zahnfleisch zu gehen». Die Träumerin kann sich nur unmittelbar auf ihr «Fußgefühl», ihren natürlichen Instinkt verlassen. Sie muß sich nackt und verletzbar wie ein Tier der «steinigen» Realität aussetzen, um besser den Untergrund greifen zu können und im Gleichgewicht zu bleiben. Unsere Schuhe müssen der jeweiligen Gegebenheit angepaßt sein, sonst werden sie uns zum Hindernis oder zum Schaden.

Der gefährliche Abstieg im Traum erinnert an alte Initiationsprüfungen in frühen Kulturen beim Übergang von einer gewohnten Seinsweise in eine neue, von einer Lebensphase in die nächst folgende, wie etwa in die Pubertät oder in anderen Schwellensituationen, wo ein individueller Schritt aus dem Kollektiv notwendig wird. Er erinnert an alte Einweihungsriten in die geheimnisvollen Mysterien eines Volkes, in nicht alltägliche «heilige» Bereiche, in denen das Ausziehen der Schuhe auch ein Ausdruck der Ehrfurcht vor dem Göttlichen und der Hingabe an sein Wirken ist. Die Eindrücklichkeit des Traumes und das Gefühl des Nicht-Alltäglichen lassen vermuten, daß die Träumerin sich auf einem ähnlichen Initiationsweg befindet. Sie verläßt, einem inneren Impuls folgend, die vertraute Bewußtseinsebene und überläßt sich einem Geschehen, das sie in das Dunkelreich ihrer unbewußten Psyche führt.

Auf diesem Weg begegnet sie nach dem schwierigen und gefährlichen Abstieg in einer ihr fremden Gegend einem Negerpaar. Es macht ihr bewußt, daß sie barfuß geht und ihre Schuhe jetzt dringend wieder braucht. Zum Neger fiel der Träumerin spontan «Heide» ein, einer, der nicht an den christlichen Vatergott glaubt und «im Dunkeln» lebt, noch ganz im Magischen verhaftet, im Kollektiv seines Stammes verwurzelt ist. Für sie war der Heide der «unerlöste Schattenbruder» des Christen, dem zwar unsere Liebe gelten sollte, den sie selbst aber gefühlsmäßig wegen seiner «Primitivität und unberechenbaren Triebhaftigkeit» verachtete und fürchtete: «Ich möchte ihm nicht im Dunkeln begegnen.»

Um so mehr wunderte sich die Träumerin, daß ihr das Negerpaar im nächtlichen Geschehen so ganz anders erschien. Sie war fasziniert von der großen, schlanken, wunderschönen dunklen Frau in ihrer erotischen Ausstrahlungskraft. Sie selbst kam sich ihr gegenüber ärmlich und blaß vor. Sie vermutete, daß diese Negerin ein dunkler «Schwesternaspekt» in ihr selbst sein könnte, der im Leben zu wenig beachtet, eher abgelehnt worden war, den der Traum ihr nun liebevoll nahebrachte, – und der Neger eine dunkle männliche Seite, die sie gefürchtet hatte. In der Traumwirklichkeit sind diese beiden hier personifizierten Aspekte in harmonischer Weise aufeinander bezogen, aufmerksam und offen für einen Dritten, alles andere als primitiv. Sie nehmen von sich aus den Kontakt zum Traumich auf, weisen auf einen Mangel hin, auf die fehlenden Schuhe, und lösen dadurch bei der Träumerin einen Impuls aus, der sie auf eine abenteuerliche Suchwanderung bringt. So notwendig es war, für den steilen Abstieg vom Berg auf die gewohnten Schutz- und Bewältigungsmechanismen, auf die bewußte Haltung und den sicheren Standpunkt zu verzichten, so wichtig ist es jetzt, diese wiederzugewinnen, um den Weg mit dieser Tiefenerfahrung in der Alltagswelt fortsetzen zu können.

Psychologisch ausgedrückt könnte das Negerpaar im Traum für ein noch dunkles, ursprüngliches instinktives Wissen in der Träumerin stehen, für das, was not tut und wachsen will, für eine neue Vitalität, die ihre Quellen tief im Unbewußten hat, und für eine Zielgerichtetheit, die nicht dem bewußten Wollen entstammt, sondern einem elementaren Drang nach Selbtwerdung in einem größeren ganzheitlichen Sinnzusammenhang.

Einem zwingenden Suchimpuls folgend, gelangt die Träumerin unter großer Anstrengung durch enge labyrinthartige Erdgänge in das Innere des Berges, in einen großen tempelartigen Höhlenraum. Sie erlebte diesen Durchgang wie «ein Zurückgehen durch verschlungene Geburtswege in den Schoß der Großen Mutter Erde», wie ein Hinabsteigen in «das Schattenreich des Todes».

Dieser Weg in die Tiefe erinnert an den griechischen Mythos von Persephone[5], die während der Wintermonate als Gattin des Todesgottes Hades in der Unterwelt weilt. Mit ihrem Verschwinden erstirbt das Leben in der Oberwelt. Aber wenn sie im Frühjahr wiederkehrt, dann keimt und erblüht das Leben von neuem. In diesem Mythos spiegelt sich der natürliche Rhythmus der Jahreszeiten wider, der Wechsel von Wachsen, Vergehen und Wiederneuwerden, im weiteren Sinn das Erleben der immer wieder aufgehenden und untergehenden Sonne, des abnehmenden und wieder zunehmenden Mondes. Diesen Rhythmus erleben wir täglich, wenn wir im Schlaf ins Dunkel jenseits des Bewußtseins eintauchen und am Morgen wieder erwachen. Auch in unserem seelischen Auf und Ab haben wir Phasen, in denen wir aus der Fülle schöpfen, und solche, in denen unsere Energien versiegen und wir uns vom Leben abgeschnitten und im Dunkeln fühlen. Diese Phasen können wir wie «kleine Tode» erleben auf dem Weg zu unserem wirklichen Tod.

Der Traum zeigt uns aber, daß in der Tiefe der Erde, im «Schattenreich des Todes», etwas lebendig ist, das für die Träumerin «über der Erde», das heißt im Bewußtsein, nicht spürbar und erkennbar war. Hier im Innern des Berges begegnet sie einer prächtig gekleideten, hoheitsvollen Negergestalt, dem «Fürsten dieser Unterwelt», der sie nach dem Zweck ihrer Suche fragt und ihr gestattet, sich nach ihren Schuhen umzusehen. Vertraut mit der griechischen Mythologie, fiel ihr zu dieser Gestalt Hades ein, der Gott der Unterwelt und Bruder des himmlischen Göttervaters Zeus. Symbolisch verstanden könnte dieser «Fürst der Unterwelt» einen in diesem Schatten liegenden, abgespaltenen Aspekt des christlichen Vatergottes darstellen, eine dunkle Seite des Christus, der hinabgestiegen ist in das «Reich des Todes» und so auch der Herrscher im Reich jenseits unserer Bewußtseinswelt ist. Zu diesem Gdanken fiel der Träumerin ein Wort aus dem 138. Psalm ein:

> «Wo soll ich hingehen vor deinem Geist, und wo soll ich hinfliehen vor deinem Angesicht? Führe ich gen Himmel, so bist du da. Bettete ich mich in die Hölle, siehe, so bist du auch da.»

Diese Erkenntnis wurde für die Träumerin auf einmal existentiell erfahrbar, und sie konnte dank dieses Einfalls eine Brücke schlagen zwischen ihrem früheren Verständnis von Theologie, ihrer alten Gottesvorstellung und dem noch fremdartigen Tiefenerleben, in das sie der Traum hineingeführt hatte.[6]

Dieser Brückenschlag zwischen oben und unten, zwischen Diesseits und Jenseits wird als «transzendente Funktion» symbolisch in dem Neger dargestellt, der sie außerhalb des Berges auf die fehlenden Schuhe hinwies, ihr den Mangel bewußt machte, sie auf die Spur setzte und ihr nun im Innern des Berges in Begleitung des Negerfürsten wieder erscheint. Diese dunkle Gestalt, die wir psychologisch als Sinnbild für einen unbewußten männlichen Seelenanteil, als eine innere «Animusfigur» in der Träumerin verstehen können, ist ein Grenzgänger und Vermittler zwischen der oberen geistigen Vaterwelt und dem mütterlichen Erdreich, ein Seelenbegleiter auf dem Weg ins Unbewußte. Ähnlich dem griechischen Gott Hermes bewirkt er als geheimer «Drahtzieher» und

Initiator hier die Begegnung zwischen dem Traumich und dem «Fürsten der Unterwelt», der die Träumerin ermutigt, ihre Suchwanderung im Tiefenbereich ungehindert fortzusetzen. Auf dieser Suche gelangt sie schließlich zum eigentlichen Ziel ihres Initiationsweges, zum mütterlichen Urfeuer im Zentrum der Erde.

Dieses überwältigende Feuererlebnis im Traum wurde für die Träumerin zu einer «unauslöschlichen» religiösen Erfahrung. Sie war zum Ursprung aller schöpferischen Energien gelangt, in die unmittelbare Nähe der feurigen Urquelle, aus der alles Leben wieder neu geboren und genährt, durchwärmt, erhellt und erhalten wird. Sie erlebte dieses untere Feuer als Erosfeuer und mütterliches Geistfeuer im Gegenüber zum oberen männlichen Sonnenfeuer. Beide Feuerquellen können in Träumen zu religiösen Erfahrungen werden und müssen nicht immer, wie in diesem Traum, dem großen Weiblichen oder dem großen Männlichen zugeordnet sein.

Die Neger, die das Urfeuer im Erdinnern hüten, wirken in ihrer dunkelbraunen Hautfarbe wie Söhne der Großen Mutter Erde und in ihrer Funktion wie Diener und Priester des ewig brennenden mütterlichen Feuers in der Tiefe, zu dem auch der «Fürst der Unterwelt», vielleicht als eine Art Oberpriester, in Beziehung steht.

Bei der Vorstellung von «Priestern des Feuers» ging der Träumerin plötzlich ein Licht auf. Sie hatte sich bisher eher als «Pastor«, als Hirte für ihre Mitmenschen verstanden und sich stark auf der sozialen Ebene engagiert. Ihr kam dazu das Bild des Kreuzes in den Sinn, bei dem, wie sie meinte, die horizontale Linie diesem Arbeitsfeld entsprechen könnte, die nach oben führende Linie ihrer Beziehung zum «Vater im Himmel» und ihrer Tätigkeit als «Verkündigerin des Wortes». Diese Tiefendimension, die sich ihr jetzt im Traum aufgetan hatte, war ihr bislang noch verschlossen geblieben. Sie begann zu verstehen, daß es nicht genüge, im Namen Gottes den Menschen zu dienen und ihnen den Weg zu weisen, sondern daß sie selbst in die Tiefe des Unbewußten hinabsteigen müsse, um dort dem lebendigen Urfeuer zu begegnen, diesem als Priesterin zu dienen und ihre Lebensfackel an ihm immer neu zu entzünden, um dann das Licht und die Wärme auch unter die Mitmenschen zu tragen.

Voller Ehrfurcht umschreitet die Träumerin wie in einem Ritus einmal das Feuer, ein Ausdruck der Hingabe, Ergriffenheit und Verinnerlichung des Geschehens, dann begibt sie sich wieder auf den Rückweg in die alltägliche Wirklichkeit.

Dieses Zurückkehren aus der Unterwelt in die Tageswelt ist immer wichtig, um nicht gebannt und verzaubert im Schattenreich hängenzubleiben. Das könnte zu einer ernsten Gefahr der Umnachtung des Geistes oder einer möglichen Ichauflösung führen. Die Erfahrungen, die wir im und mit dem Unbewußten machen können, müssen, soweit das möglich ist, in unsere bewußte Welt integriert und dort auch gelebt werden. Das könnten die Schuhe bedeuten, die die Träumerin zu ihrem Erstaunen beim Verlassen der Berghöhle wieder an den Füßen trägt. Es sind ihre gewohnten Alltagsschuhe, aber sie selbst fühlte sich nach diesem Durchgang verändert, als sei sie noch einmal geboren worden und könne nun frei ausschreiten und eine neue Chance wahrnehmen.

Das Schmiedefeuer – Feuer als Wandlungssymbol

Sechs Monate später hatte dieselbe Träumerin den folgenden Traum.

Ich wandere durch eine weite, einsame, tief verschneite Winterlandschaft in Richtung Osten und komme schließlich zu einem uralten Friedhof mit hohen, verwitterten Grabsteinen. Ich gehe langsam über den Friedhof bis zu einem Berghügel mit einer ovalen Öffnung. Ich gehe in den Berg hinein und folge einem hinunterführenden Erdgang bis zu einem riesigen Höhlenraum. Ich schaue mich um und entdecke in der hinteren linken Ecke einen großen Steinaltar, auf dem ein hohes gelbrotes Feuer lodert. Auf dem Altarrand liegen Werkzeuge, woraus ich schließe, daß die Höhle eine uralte Schmiedewerkstatt ist. Ich nähere mich dem Schmiedefeueraltar, bleibe tief bewegt stehen und schaue mich um, ob ich nicht irgendein lebendiges Wesen entdecken kann. Aber ich kann nichts erkennen und kehre wieder durch den Höhlengang zurück auf den Friedhof. Dort bewegt sich jetzt zwischen den Grabsteinen eine große, stattliche blonde Frau in einem langen schwarzen Gewand, einen Arm vor die Stirn gelegt, nachdenklich sich umschauend, als sei sie gerade aus einem langen Todesschlaf erwacht und müsse sich erst wieder zurechtfinden.

Schweigend gehe ich an ihr vorüber, um sie nicht zu stören, und erlebe mich dann im Dunkeln auf einer sternförmig auslaufenden Wegkreuzung, eine Tonvase mit weißen, in ganz zartes Rosa übergehenden Rosen in den Händen haltend. Ich schlage einen Weg nach links ein und begegne meiner Tochter. Ich erzähle ihr meinen Traum vom Schmiedefeuer in der Höhle. Zu unserer Verwunderung hatte sie den gleichen Traum gehabt, nur zusätzlich neben dem Altar einen großen, aufgerichteten braunen Bären gesehen. Dann befinde ich mich noch einmal in der Höhle und erkenne nun auch den großen Bären rechts neben dem Altar. Wir schauen uns lange an, und ich spüre seine starke Ausstrahlung. Ich denke: «Du bist also die geheimnisvoll wirkende Kraft hinter dem Schmiedefeuerprozeß.»

Hier befindet sich die Träumerin auf der Wanderung durch «eine weite, einsame, tief verschneite Winterlandschaft in Richtung Osten». Nach dem Hochgefühl, in das sie das Urfeuererlebnis im vorausgehenden Traum versetzt hatte, war sie in eine Depression gefallen, in eine tiefe Glaubens- und Identitätskrise geraten und hatte völlig die Orientierung verloren. Sie äußerte sich dazu: «Der vertraute Gott antwortete mir nicht mehr, ich fühlte mich im Dunkeln von ihm verlassen und sehr allein unter den Menschen.» Alles Lebendige in ihr war wie unter einer Schneedecke, wie unter einem weißen «Leichentuch» begraben. Ihre Energien waren versackt, ihre Gefühle erstarrt.

Winter bedeutet Sterbezeit und zugleich Inkubationszeit, in der Leben ausgebrütet wird und sich regeneriert, um im Frühling neu keimen und sprießen zu können.

Die Wanderung durch eine einsame Winterlandschaft entspricht mythologisch der «Nachtmeerfahrt des Helden», im Rhythmus der Natur der Dunkelphase des Mondes oder der Nachtzeit des Sonnenlaufes, in der uns ihr Licht verborgen ist und ihre Wärme uns nicht erreicht. Wenn im Osten die Sonne aufgeht, wird ein neuer Tag aus der Nacht geboren. So weist im Traum die Wegrichtung nach Osten auf einen österlichen Stirb- und Werdeprozeß hin, auf das neue Licht, das die Träumerin, vom Dunkel umfangen, noch nicht erkennen kann. Der Tiefpunkt ist noch nicht durchschritten.

Die Träumerin gelangt mitten in der Schneewüste zu einem uralten Friedhof mit hohen, verwitterten Grabsteinen. Der Friedhof ist der Ort der Toten, all dessen, was einst lebendig gewesen und nun in den Schoß der Mutter Erde zurückgekehrt ist, psychologisch ausgedrückt, was wieder tief ins Unbewußte abgesunken ist. Das können Lebensmöglichkeiten sein, die «befriedet», zur Ruhe gekommen und erledigt sind oder solche, die zwar noch wirksam, aber verdrängt und vom bewußten Leben abgespalten worden sind, dem Ich nicht mehr zur Verfügung stehen, ihm fehlen und im Unbewußten ein störendes Eigenleben führen wie im Volksglauben umherirrende Totengeister oder unerlöste Wiedergänger. Ein anderer Aspekt ist der, daß das, was in unserem Bewußtsein «gestorben» zu sein scheint, ins Unbewußte abgesunken ist, um dort eine Wandlung zu erfahren.

Grab, Sarg und Urne sind geschlossene Gefäße, Symbole für den bergenden Leib der «Todesmutter», in den alles Lebendige in der Natur zurückkehrt, in dem es zerfällt, um zu gegebener Zeit in einer neuen Gestalt wiedergeboren zu werden. Insofern sind diese Todesgefäße Wandlungsgefäße, in denen sich ein Wiedergeburtsprozeß vollziehen kann.

Die verwitterten Grabsteine weisen auf etwas hin, das schon lange gestorben und begraben ist und das über den individuellen Wert für die Träumerin hinaus auch dem allgemeinen Bewußtsein abhanden gekommen sein muß, aber noch im Verborgenen lebendig ist; denn Steine stehen wegen ihrer Härte und Unveränderlichkeit sinnbildlich für etwas Unverwesliches, die Zeit Überdauerndes. In Grabsteinen sollen die Identität des Toten und das Gedächtnis an ihn bewahrt werden. Sie sind Grenzsteine zwischen dem Reich der Lebenden und dem der Toten, eine sichtbare Verbindung. Sie weisen auf den Einstieg in die Unterwelt, symbolisch gesprochen auf die Ruhestätte all dessen, was einmal für uns lebendig gewesen ist und zu dem wir, wenn es für uns wichtig ist, auch hier wieder Kontakt aufnehmen können.

Um zu erfahren, was gestorben ist, muß die Träumerin zunächst selbst in die Unterwelt, in das Innere des Grabhügels, hinabsteigen. Hier begegnet sie nicht wie im vorhergehenden Traum dem aus der Tiefe der Erde hervorlodernden Urfeuer, sondern dem Schmiedefeuer, das auf einem Steinaltar brennt, auf dessen Rand lauter Schmiedewerkzeuge liegen. Hier dient der Stein als Altar, auf dem in fast allen

Religionen Opfer und andere sakrale Handlungen vollzogen werden. Was in dem Schmiedefeuer hier umgeschmiedet wird und wer die Schmiedearbeit durchführt, bleibt der Träumerin verborgen.

So können wir zum Schmiedefeuer nur spontane Einfälle aufsteigen lassen und vermuten, daß die Dynamik und verwandelnde Kraft des Feuers selber der geheimnisvolle «Seelen-Schmied» ist, der im Unbewußten wirksam wird.

Im Schmiedefeuer wird Materie erhitzt, geschmolzen, in eine neue Form gebracht und gehärtet. Durch Feuer werden Elemente voneinander getrennt, in einzelne Bestandteile zerlegt und können auch wieder miteinander verschmolzen werden. Das Feuer hat reinigende Wirkung, verzehrt alles Überflüssige und reduziert auf das Wesentliche, Beständige. Das gebändigte Feuer ist die schöpferische, Energie umwandelnde Kraft, die den Übergang von einer Seinsform in eine andere ermöglicht, und wo das geschieht, kann Altes um- und neugestaltet werden, können die Lebensgeister aus dem Todesschlaf wieder erwachen.

Der Schmiedeprozeß selber ist immer ein sehr schmerzhafter Vorgang. Die Träumerin erlebte diesen zunächst in einer Erkaltung, Erstarrung und Verödung ihrer Gefühls- und Empfindungsfähigkeit, fühlte sich wie «mitten im Winter». Gleichzeitig litt sie qualvoll unter diesem Zustand, zog sich ganz in sich zurück, spürte ihre Gottverlassenheit, ihre Einsamkeit und Trauer über das Verlorene wie ein glühendes Feuer in sich brennen, das sie in die Tiefe hinunterzog zum «Brennpunkt» ihrer Energien im Unbewußten. Ohne den Traum hätte sie nicht gewußt, was eigentlich in ihr geschah. Er zeigte ihr, daß sie dem Energiegefälle folgend unterwegs war auf dem Weg in das unbekannte Reich ihrer Seele, wo sich ein vom Bewußtsein bisher nicht erkannter, nur schmerzhaft spürbarer Opferungs-, Umschmiedungs- und Erneuerungsprozeß vollzog.

Beim Phantasieren um das, was da auf dem Feueraltar geopfert beziehungsweise umgeschmiedet werden könnte, dachte die Träumerin in Erinnerung an den vorigen Traum an ihre kindliche Gottesvorstellung, die unfruchtbar geworden war, an ihren Wunsch nach Glaubenssicherheit, nach Übereinstimmung mit der allgemeinen Lehrmeinung und nach Aufgehobensein in der vertrauten Gemeinschaft mit Gleichgesinnten. Sie spürte dumpf, sich schon auf die folgende Friedhofszene beziehend, daß der Feuerprozeß auch etwas mit ihrer Einstellung zur eigenen Weiblichkeit zu tun haben könnte, die vielleicht zu einseitig von verinnerlichten männlichen Norm- und Wertvorstellungen bestimmt und abhängig war und ein wenig beachtetes, wenn nicht gar verachtetes Schattendasein führte.

Die Begegnung mit dem Schmiedefeuer in der Grabeshöhle wurde für die Träumerin zu einem zündenden Erlebnis: «Das Feuer sprang auf mich über, ergriff meine Seele, verzehrte den Schmerz, erhellte die Dunkelheit in mir und durchwärmte mich wie ein glühender Strom. Daß ich innerlich nicht wirklich tot war, wie ich schon geglaubt hatte, sondern daß ein Umschmiedungsprozeß im Gange war, erfüllte mich mit einem unbeschreiblichen Glücksgefühl, einer vertrauensvollen Gewißheit, daß gut ist, was geschieht, und einem leidenschaftlichen Drang nach neuer Erfahrung und tieferem Wissen um das, was in mir geschieht.»

Mit diesem Gefühl, durch einen Feuerprozeß hindurchgegangen und neu belebt zu sein, geht die Träumerin durch den Höhlengang auf den Friedhof zurück und sieht dort die noch etwas desorientierte schwarz gekleidete Frau, von der sie den Eindruck hat, als sei diese gerade aus der Grabestiefe emporgestiegen und zu neuem Leben erwacht. Nun erkennt sie, was in ihrem Bewußtsein gestorben, ins Schattenreich des Unbewußten abgesunken war und nun wieder ins Bewußtsein auftaucht. Es ist ein Teil ihres weiblichen Wesens, zu dem sie den Zugang verloren oder nie gehabt hatte, ohne daß sie dessen gewahr geworden wäre. Erst das Feuer des Leidens an einem unbekannten Mangel führte diesem unbewußten Wesensanteil wieder so viel Energien zu, daß er bewußtseinsfähig werden konnte und nun in einem weiteren Prozeß in ihr Leben integriert werden kann.

Die Träumerin brachte im Gespräch noch einen weiteren Gedanken, der über die persönliche Bedeutung dieses Erlebnisses hinausgeht. In der protestantischen Theologie hat das Weibliche neben der männlichen Trinität, Vater, Sohn und Heiligem Geist, keinen gebührenden Platz gefunden wie Maria in der katholischen Kirche. Diesen fehlenden Bezug zu einem größeren Weiblichen erlebte sie erst jetzt als eine ungeheure «Verarmung» in ihrem religiösen Leben und als evangelische Theologin ihren Glauben an eine rein männliche Trinität direkt als «Verrat» am Weiblichen und Urmütterlichen.

So könnte der Traumweg der Träumerin, den sie im realen Leben erst noch nachzuvollziehen hat, ein Weg werden, den sie vorausgehend für viele Männer und Frauen beschreitet, die von ihrem Inneren und von einem größeren Weiblichen abgeschnitten sind; ein Weg, der die Neubelebung und Integration dieser Lebensmöglichkeiten und schließlich die Bezogenheit von gleichwertigem Männlichen und gleichwertigem Weiblichen auf verschiedenen Ebenen zum Ziele hat.

Darauf scheint auch das folgende Traumbild hinzuweisen. Die Träumerin steht auf einer sternförmig auslaufenden Wegkreuzung und hält eine Tonvase mit weißen, in ganz zartes Rosa übergehenden Rosen in ihren Händen. Als sie die Wegkreuzung aufmalte, entstand ein radiär angeordnetes Mandala, nach C. G. Jung ein Symbol der Bewußtes und Unbewußtes umfassenden Ganzheit, das vor allem dann in Träumen auftaucht, wenn in Konfliktsituationen das gestörte Gleichgewicht wieder hergestellt werden soll und etwas Neues Gestalt gewinnen will. Beide Aspekte kommen in diesem Weg-Mandala zum Ausdruck: die ordnende, zentrierende Mitte, in der die Träumerin steht, und sechs neue Wegmöglichkeiten, die sich ihr eröffnen. Welche Position sie auch jeweils einnehmen mag, immer führen drei Wege nach vorn und drei nach hinten und alle sechs wieder in die Mitte zurück.

In der Zahlensymbolik kann die Drei unter anderem auf eine dynamische, schöpferische Entwicklung hinweisen und steht somit in unmittelbarer Beziehung zum Weg. Die Sechs schließt hier zweimal drei Wegmöglichkeiten ein und könnte symbolisch für die Vereinigung von gegensätzlichen Aspekten und Richtungen stehen, für ein Vorwärtsgehen ins Helle, in ein höheres Bewußtsein, und für ein Rückwärtsgehen ins dunkle, unerforschte Unbewußte, für den Zugang zum inneren männlichen und zum weiblichen Bereich, für ein Zusammenkommen von Yin und Yang, alte chinesische Symbole für das weibliche und männliche Prinzip in ihrer Bezogenheit aufeinander.

Nehmen wir den Einfall der Träumerin zum dreieinigen Gott in der christlichen Theologie und zu dem, was sie als Mangel an dieser Vorstellung erlebte, noch einmal auf, so könnten die drei Wege, die nach vorne ins Bewußtsein führen, dieser männlichen Trinität entsprechen und die drei Wege der Kreuzung, die nach hinten führen, ins Unbewußte, einer weiblichen Trinität, wie wir sie aus alten Mythen kennen. In Mythen schlagen sich urmenschliche Erfahrungen nieder, die in bestimmten Zeitaltern lebendiger, bewußtseinsnäher und bedeutsamer sind, in anderen aber von neuen Erfahrungen überlagert werden und wieder ins kollektive Unbewußte absinken, ohne daß sie jedoch ihre Wirkkraft verlieren. Eine solche Vorstellung von der dreigestaltigen Göttin[7] kennen wir zum Beispiel aus der griechischen Mythologie, in der Persephone die jungfräuliche Frühlingsgöttin, Demeter die reife Liebesgöttin und Mutter, Hekate die dunkle Todesmutter[8] darstellt. Alle drei Personifikationen sind drei Aspekte einer weiblichen großen Gottheit und Erlebnisweisen, in denen sie erfahren werden kann. In der sechsfachen Wegkreuzung könnten sich, symbolisch gesehen, diese beiden Trinitätsvorstellungen, die christliche und die alte mythologische, ergänzen und sich aufeinander beziehen. Beide gehen hier von einem gemeinsamen Mittelpunkt aus und führen wieder in ihn zurück.

Daß es sich bei der Träumerin tatsächlich um verschiedene Aspekte des Weiblichen handelt, denen sie im Traum begegnet, werden wir noch sehen. Hier steht sie auf dem

Schnittpunkt der Wegmöglichkeiten und hält eine Tonvase mit weißen Rosen in den Händen. Die Tonvase erinnert an eine Urne, in der die Asche eines verbrannten Toten aufbewahrt und in der Erde bestattet wird. So wie die Träumerin zuvor aus dem Grabhügel wieder herausgetreten und die tote Frau auf dem Friedhof, wieder zum Leben erwachend, aus dem Grab emporgestiegen ist, hat sich jetzt die Urne, das Todesgefäß, geöffnet, und es wachsen gleichsam aus der Asche wunderschöne weiße Rosen heraus, ein archetypisches Bild der Auferstehung, vergleichbar der mythischen Vorstellung vom Vogel Phönix, der aus der Asche neu ersteht.

Dreimal wird im Traum ein Wiedergeburtsgeschehen betont, ein Wiederbeleben, das sich auch in der ganz zarten rosa Färbung der weißen Totenblumen andeutet, als würde die Todesblässe langsam wieder von Lebensblut, von neuen Erosgefühlen, durchströmt. Bei den alten Griechen war die Rose der Liebesgöttin Aphrodite zugeordnet, bei den alten Ägyptern galt sie als Bild des Auferstehungsleibes, im Mittelalter war die Rose ein Symbol der Gottesmutter und der himmlischen Liebe. Im Traum könnte der Strauß Rosen für das Erblühen und Wirken einer sinnlichen, erotischen Liebe stehen, die auch den geistig-seelischen Bereich durchstörmt, für eine neue Empfängnisbereitschaft in der Träumerin für das, was in ihr werden will. Die Rose entspricht in ihrer Mandalastruktur der sternförmig auslaufenden Wegkreuzung. Während diese eher einen Entwurf für eine mögliche Ganzheit darstellt, weist die Rose auf eine lebendig gewachsene mögliche Ganzheit hin. Allerdings kann der Weg dorthin sehr «dornenvoll» und schmerzhaft sein und durch immer neue psychische Tode führen.

Der letzte Teil des Traumes nimmt noch zweimal das Motiv des «In-die-Grabhöhle-Gehens» auf. Das scheint also besonders wichtig für die Träumerin zu sein, vor allem das, was sie beim erstenmal in der Höhle nicht gesehen hatte: der große aufrecht stehende Bär am Schmiedefeueraltar. Auf diesen wird sie erst durch ihre Tochter aufmerksam, der er auf einem gleichen Traumweg am Feuer begegnet war. Neugierig geworden, geht die Träumerin noch einmal in den Grabhügel hinein und sieht dieses Mal auch den großen Bären neben dem Feueraltar stehen. Sie nimmt mit den Augen Kontakt zu ihm auf. Und während sie sich lange anschauen, spürt sie die starke Ausstrahlung, die von dem Bären ausgeht, und denkt: «Du bist also die geheimnisvolle wirkende Kraft hinter dem Schmiedefeuerprozeß.»

Neu sind in dieser Szene die Tochter der Träumerin und der Bär, den sie als weiblich, als eine große Bärin erlebt. Nehmen wir noch die aus dem Tode erwachte schwarzgekleidete Frau auf dem Friedhof hinzu, so haben wir das Weibliche in dreifacher Erscheinungsform, die wir hier als innere Aspekte der Träumerin sehen können: die Tochter als etwas junges Weibliches, das in ihr herangewachsen ist, die wieder lebendig gewordene erwachsene Frau und die große Bärin in der Höhle. Zur Bärin fiel der Träumerin zunächst das braune, erdfarbene, warme «kuschelige» Fell ein, mit dem sie ein Gefühl von «uriger», mütterlicher Wärme, von Geborgenheit und Schutz verband. Sie fürchtete und bewunderte zugleich die dunkle, instinkthafte, wilde Triebnatur dieses Tieres. Ein weiterer Einfall war der Winterschlaf, in den sich der vorwiegend in Höhlen lebende Bär alljährlich zurückzieht. Sie sah darin eine Parallele zu ihrem eigenen «Wintergefühl» in der Schneelandschaft zu Anfang ihres Traumes und zu ihrem Abstieg in die Höhle, in der sie beim zweitenmal der Bärin begegnet war. In der mythologischen Vorstellung der Griechen trat die Jagd- und Todesgöttin Artemis in frühester Zeit in Bärengestalt auf, später als Herrin der Tiere in Begleitung eines Bären.

Fassen wir diese Gedanken zusammen, so könnte die Bärin, psychologisch gesehen, für die dunkle Seite des Weiblichen in ihrer unheimlichen, emotionalen, instinkthaften und triebhaften Natur stehen, die, wenn sie ungebändigt oder «hungrig» ist, das heißt, nicht angemessen genährt und gelebt wird, zum wilden Raubtier werden, das Ich zerreißen und verschlingen kann. Das ist ihr Chaos- und Todesaspekt. Genügend geachtet und beachtet aber, kann diese dunkle weibliche «Tiernatur» zur großen warmen, schützenden und bergenden Mutter werden und ein Urvertrauen ins Leben geben, das auch gefährliche Wege durch die Tiefe des Unbewußten wagen läßt.

Von den alten Schamanen wissen wir, daß sie sich bei ihren Einweihungsriten an einen einsamen Ort in der Wildnis zurückzogen, um auf ihrer Visionssuche ihrem Schutz- und Krafttier zu begegnen. Trat dieses zum Beispiel in Bärengestalt auf, dann wurde der Bär zu ihrem Schutzgeist, mit dessen Kraft sie sich verbanden. Er wurde ihr «Initiationsmeister», der für sie in der Gestalt des Tieres ein göttliches Wesen verkörperte. Dieses begleitete dann den Schamanen durch seine Initiationsprüfungen in der Unterwelt und vermittelte ihm eine religiöse Erfahrung, durch die sein natürliches Wesen transzendiert und ihm der Zugang zu einer verborgenen Wirklichkeit, zu neuen geistigen Kräften ermöglicht wurde. Indem er diese selbst zu meistern lernte, wurde er zum Heiler, zu jemandem, der sich durch seine Erfahrung in der Jenseitswelt des Unbewußten auskennt und fähig geworden ist, mit Hilfe seines Schutz- und Krafttieres Hilfesuchende auf ihrem Weg durch die Unterwelt auf der Suche nach ihrer «verlorengegangenen Seele» zu begleiten.[9]

Auch die Träumerin hatte das Gefühl, als sei ihr mit dem Verlust ihres alten Kinderglaubens die Beziehung zu Gott und ihrem eigenen Wesen abhanden gekommen und als sei sie nun im Traumgeschehen auf der Suche nach ihrer «verlorenen Seele» und nach einem neuen tieferen Glauben und Vertrauen zu Gott. Daß sie auf diesem Weg in so vielfältiger Gestalt dem Weiblichen begegnete, vor allem der großen Bärin, der «Initiationsmeisterin» und Herrin des Schmiedefeuers in der Tiefe, verwunderte sie sehr. Sollte ein umfassenderer Glaube an Gott auch diesen weiblichen Aspekt mit einschließen? Dieser Gedanke war für die Träumerin ganz neu und befremdend.[10]

Im Traum ist es die Tochter, die die Beziehung zur großen Bärin herstellt. Wir verstanden die Tocher in diesem Zusammenhang als ihr eigenes junges heranwachsendes Weibliches, das noch näher am unbewußten Geschehen ist und daher eine vermittelnde Funktion übernehmen und die lebendige Wiederverbindung mit dem Urgrund des Weiblich-Mütterlichen ermöglichen kann.[11]

Durch dieses Traumerlebnis, das in ihr weiterwirkte, machte die Träumerin die Erfahrung, daß ihr Glaube in dem Maße an Tiefe und Lebendigkeit gewann, als sie sich selbst auf die eigene Tiefe einlassen konnte, die auch das erfahrbare Unbewußte einschließt, das in Träumen bildhaft zugänglich werden kann. Sie blieb auf diesem begonnenen Weg ins Ungewisse, sich mehr und mehr einer inneren Führung anvertrauend, die sie nicht im Widerspruch erlebte zu ihrer religiösen Einstellung, und gewann im Laufe der Zeit ein neues Selbstverständnis als Frau und als Pfarrerin, ja als ganze Person.

Im Schmelzofen – Feuer als verbindende Kraft

Der folgende Traum wurde von einem 37jährigen Mann in einer tiefen Krise während der Analyse geträumt. Ging es in den beiden ersten geschilderten Träumen um die Begegnung des Traumichs mit dem Feuer, um eine Annäherung und ein starkes Ergriffenwerden von seiner ausstrahlenden Kraft, so gerät hier ein junger Mann mitten ins Feuer hinein, um einen Umschmelzungsprozeß darin zu erfahren.

In der Eingangshalle eines großen Gebäudes erkenne ich eine Tür mit einem Schild «Nicht öffentlich!». Trotz dieses Verbotes öffne ich die Tür und trete in einen dunklen Raum ein, in dem viele Männer mit einem Professor um einen großen Ofen in der Mitte stehen. An den Wänden stehen lange Tische, auf denen einzelne Menschenteile liegen, zerstückelte Beine, Arme, Rumpfteile und gesondert die Eingeweide. Alle diese Teile sind seltsamerweise unblutig und wirken noch frisch und warm. Es herrscht eine andachtsvolle Stille. Etwas sehr Geheimnisvolles scheint hier vor sich zu gehen unter der Leitung des Professors.

Als dieser nach einer Weile den Raum verläßt, trete ich an den Ofen und öffne die Klappe. In der Hitze des Feuers sehe ich, wie auf dem hinteren Teil eines hineingeschobenen Bleches ein in weiße Kleider gehüllter junger Mann langsam seinen Kopf hebt, als käme er gerade wieder zu sich. Auf dem vorderen Teil des Bleches liegen noch einige sorgfältig zurechtgelegte Körperteile. Mir kommt plötzlich die Erkenntnis, daß hier ein Verwandlungsprozeß im Gange ist. Die zuvor zerstückelten Körperteile sollen durch die Hitze des Feuers im Ofen wieder miteinander verschmolzen werden zu einem neuen Menschen. Ich weiß, daß dieser Prozeß nicht gestört werden darf, und schließe darum schnell wieder die Ofenklappe.

Ein solcher Traum ist ein Lichtblick im Dunkel einer Krise, ein «Aha-Erlebnis» mitten im Chaos der Gefühle, das plötzlich den inneren Prozeß erhellt sowohl für den Träumer als auch für den Therapeuten. Beim Aufwachen wußte der Träumer: «Das ist mein Schattenbruder.» Im Gespräch sagte er: «Ich weiß jetzt endlich, warum ich innerlich so zerrissen, von so heftigen Emotionen ergriffen bin und daß ich sie aushalten muß.»

Tatsächlich war die große emotionale Erhitzung bei ihm durch die intensive Arbeit an seinem «Schattenproblem» entstanden. Als Schatten bezeichnen wir in der Tiefenpsychologie das, was im «Schatten» unseres Bewußtseins liegt, von diesem ausgeschlossen, verdrängt wurde, weil wir es nicht mit unserem Selbstbild und unseren Wertvorstellungen in Einklang bringen können. Schatten ist das, was wir als fremd und nicht dem Ich zugehörig erleben, aber sehr wohl an anderen wahrnehmen können, dort abwerten, verurteilen oder bewundern und lieben. Auch das noch nicht Bewußtseinsfähige, das, was als Möglichkeiten im Unbewußten vorhanden ist, aber noch nicht verwirklicht und in die bewußte Persönlichkeit integriert werden konnte, liegt im Schatten.

Beim Träumer waren es finstere, verachtete und abgewertete Schattenanteile seines eigenen Wesens, die zu dieser Zeit in seinen Träumen auftauchten als primitive Neger, hinterhältige Räuber, gemeine Schlägertypen, heruntergekommene Bettler und Vagabunden und ihm so ins Bewußtsein kamen, ihn irritierten und darauf drängten, daß er sich mit ihnen auseinandersetzen sollte. Diese Konfrontation führte bei ihm zu einer akuten Krise, in der ihm sein ungebrochenes, naives Ganzheitsgefühl verlorenging. Sein Selbstbild zerfiel in einzelne Stücke, die er nicht mehr unter einen Hut bringen konnte. Sein bisheriges Weltgefüge brach auseinander. Er fühlte sich zerrissen, «zerstückelt», wie «amputiert» und vorübergehend völlig orientierungslos. Gleichzeitig hatte er das Gefühl, als «wüte in seinen Eingeweiden ein unerträgliches Feuer», von dem er fürchtete, es könnte ihn verbrennen.

Zu dieser Zeit hatte er den Traum vom Schmelzofen, der ihm Einblick und Zugang zu seinem inneren Prozeß gewährte und ihn ermutigte, dem emotionalen Feuer standzuhalten. Sein Ich war durch die vorausgehende psychologische Arbeit schon so weit erstarkt und in den Boden der Realität eingewurzelt, daß die berechtigte Hoffnung bestand, er könne mit Unterstützung der Therapeutin den Feuersturm, der durch das Einbrechen unangenehmer unbewußter Inhalte ins Bewußtsein und durch den analytischen Trennungs- und Unterscheidungsprozeß entfacht worden war, heil überstehen.

Diese Hoffnung wurde bestärkt durch den im Traum mitwirkenden Professor; denn die Ichkräfte des Betroffenen und die begleitende Hilfe eines Therapeuten allein reichen nicht aus, um einen so tiefgreifenden Umschmelzungsprozeß in der Persönlichkeit zu einem guten Ende zu führen. Dazu bedarf es des Schutzes und der Führung eines inneren «Initiationsmeisters», der selbst im Feuer gestanden, die Feuerprobe bestanden und dadurch gelernt hat, mit den Feuerkräften umzugehen, ähnlich dem Schmied in der Mythologie.[12] Wie im Schmiedefeuertraum eine große Bärin, so übernimmt hier der Professor mit seinen Gehilfen die Funktion des Initiationsmeisters. Dort war der Träumerin der eigentliche Verwandlungsprozeß verborgen, hier wird der Träumer aktiv, indem er neugierig und mutig eine Tabuschranke überschreitet, die Tür zum «nicht öffentlichen« Raum öffnet, eintritt und erkennt, was bisher geschehen ist, nämlich die Zergliederung seines Schattenbruders. Der Unterscheidungsprozeß zwischen Traum-Ich und Nicht-Ich, seinem Schattenbruder, und die Differenzierungsarbeit innerhalb des Schattenkomplexes in einzelne Aspekte, symbolisiert in den zerstückelten Gliedmaßen, sind schon unter dem leitenden Schutz des Professors im «nicht öffentlichen» Raum des Unbewußten, im Intimraum der Analyse, vollzogen worden, die akute Gefahr, dabei von den unbewußten Inhalten überschwemmt zu werden oder sich mit ihnen zu identifizieren, ist gebannt.

Ein Professor ist in seinem Fach ein Erfahrener, Wissender und Lehrender, einer, der mit der Materie vertraut ist, sein Handwerk versteht und seine Schüler auf deren Lern- und Reifungswege begleiten und unterstützen kann. In der analytischen Beziehung kann diese Funktion vorübergehend auf den Therapeuten übertragen werden, bis das Ich einen Zugang finden und in Beziehung treten kann zu einem eigenen größeren Wissen und Können und zu einer Kraft in seinem Unbewußten, die im Traum durch die Gestalt des Professors symbolisiert wird. Dieser tritt hier in der Funktion eines Chirurgen auf, der, so können wir vermuten, die Operation, die Zergliederung des psychischen Leibes des Schattenbruders, vollzogen hat, und zwar «unblutig», das heißt sehr gekonnt, so daß kein kostbares Lebensblut, keine Seelensubstanz verlorenging. Fein säuberlich voneinander getrennt liegen die einzelnen Teile auf den Tischen.

Der analytische Prozeß der Bewußtmachung und Differenzierung der Schattenanteile wird vom Betroffenen oft so schmerzhaft erlebt wie ein chirurgischer Eingriff ohne Betäubung. Er gehört in der Behandlung zu den schwierigsten Übergängen, in denen das Ich in den Zustand einer vorübergehenden Dissoziation geraten kann. Sein bisheriges, als sicher geglaubtes Wertbewußtsein löst sich auf, sein Selbstbild wird brüchig und zerfällt. Der Betroffene fühlt sich zerrissen, wie «zerstückelt». Die tragende Mitte und das umfassende Ganzheitsgefühl gehen verloren. Dieser Zustand des Verlusts, der völligen Orientierungslosigkeit, Zerrissenheit und des Ausgeliefertseins an übermächtige Kräfte im Unbewußten kann für das alte Ich zu einem psychischen Todeserlebnis werden.

In alten Mythen schlägt sich diese Erfahrung im Motiv der Zerstückelung nieder. Der ägyptische Gott Osiris wurde von seinem Bruder Seth getötet und sein Leichnam in Stücke gerissen. Seine Schwester-Gattin Isis sammelte die über das ganze Land verstreuten Teile bis auf den unauffindbaren Phallus wieder ein und fügte sie zusammen. Danach wurde Osiris zum Gott des Totenreichs.[13] Orpheus, der große Dichter und Sänger in der griechischen Mythologie, wurde von den wilden Mänaden zerrissen, seine zerstückelten Glieder warfen sie in einen Fluß. Die Musen bargen sie wieder und begruben sie in der Erde. Der Geist seiner Musik aber lebte weiter, der Ort der Bestattung wurde zur Quelle musischer Inspiration.[14] Von den alten Schamanen wird überliefert, daß sie während ihrer Initiationsprüfungen in Trance miterlebten, wie ihr Körper in einzelne Teile zerstückelt und dann wieder zu einem neuen Leib zusammengefügt wurde. Der Geheilte wurde zum Heiler.

Sterben und Wiedergeborenwerden auf einer neuen Ebene ist eine Urerfahrung des Menschen. Die Auflösung und Zerstörung des alten Ichzustandes ist eine Vorbedingung für die Möglichkeit, eine nächsthöhere Reifestufe und eine neue Seinsform zu erlangen, vergleichbar dem Samenkorn, das in die Erde getan wird, dort stirbt, um dann wieder zu keimen und zu einer neuen Gestalt heranzureifen. Im therapeutischen Prozeß entspricht das Zerstückeln der Glieder der analytischen Arbeit, der Bewußtmachung und Differenzierung unbewußter Inhalte, das Wiederzusammenfügen einem Vorgang der Integration der einzelnen Teile in ein größeres Ganzes, das Bewußtes und Unbewußtes umfaßt.

Die Kraft, die hier die für diesen Prozeß notwendige Dynamik erzeugt, ist nicht der Intellekt oder das bewußte Wollen, sondern das Feuer der Emotionen, das einerseits aus der Spannung gegensätzlicher Tendenzen in der Psyche entsteht und den Zerfall eines ursprünglichen Ganzen in einzelne Teile bewirkt und das andererseits durch das Leiden an der daraus entstandenen Zerrissenheit eine solche Hitzeintensität entwickeln kann, daß darin das Gegensätzliche und das Getrennte wieder zu einer neuen Einheit zusammenschmelzen können.

Allerdings bedarf es dazu eines feuerfesten Gefäßes, das die Intensität des Feuers auszuhalten vermag. Bei wenig gefestigter Ichstruktur und zu schwachen Ichgrenzen besteht die Gefahr, daß das Gefäß gesprengt wird, das Feuer wie der Lavastrom eines ausbrechenden Vulkans die Persönlichkeit überflutet und ausglüht zu einem erloschenen Vulkan. Es kann dazu kommen, daß ein abgespaltener Komplex so aktiviert und beherrschend wird, daß das Ich sich mit ihm total identifiziert und im Extremfall glaubt, zum Beispiel der Messias oder der Teufel zu sein.

Dieses feuerfeste, geschlossene Gefäß wird im Traum durch den Schmelzofen dargestellt. Der Schmelzofen diente in der Alchemie als Behälter, in dem sich unter Einwirkung des Feuers Substanzen verwandelten. Uns näher ist der Backofen, in dem unter Hitze Stoffe gegart und genießbar gemacht werden. Der Ofen gilt allgemein als Symbol der Großen Mutter, des weiblichen Schoßes, in dessen Wärme neues Leben entsteht, sich wandelt und ausgebrütet wird, das aber auch darin verbrannt und zerstört werden kann, wenn die Intensität zu groß wird. In-den-Ofen-geschoben-Werden könnte daher symbolisch eine Rückkehr in den mütterlichen Uterus bedeuten, ein Zurückfallen in einen unbewußten Zustand, in den hier der Träumer unter dem Einfluß eines energiegeladenen feurigen Komplexes, des Schattenkomplexes, gerät. Der Schmerz der inneren Zerrissenheit erzeugt selbst wieder das notwendige Feuer für den Wiederverschmelzungsprozeß der zerstückelten Glieder im Schmelzofen.

Der Feuerprozeß scheint mit einem geheimnisvollen Wiedergeburtsgeschehen zu tun zu haben. Darauf weisen die weißen Gewänder des Schattenbruders im Ofen hin und die langsame Belebung zunächst seines Kopfes, den er vorsichtig hebt, um zu schauen, was da mit ihm geschieht. In alten Mysterien der Wiedergeburt, in Toten- und Taufritualen wurde der Initiant in weiße Kleider gehüllt, um damit symbolisch das Erleiden eines psychischen Sterbens, eine Wandlung im Tode, eine Lebenserneuerung und innere Erleuchtung auszudrücken.[15]

Das zögernde Wieder-zu-Bewußtsein-Kommen des jungen Mannes im Feuer geschieht in dem Augenblick, als der Träumer die Ofenklappe öffnet und ihm bewußt wird, was da im Verborgenen vor sich geht. Aber instinktiv weiß er, daß er den Ofen schnell wieder schließen muß, um den Wandlungsprozeß nicht durch Neugier und zu frühes Verstehenwollen zu stören. Die eigentliche «Feuertaufe» geschieht im verborgenen Bereich des Unbewußten unter dem wachenden Auge eines erfahrenen und wissenden Professors ohne Beteiligung des bewußten Ich. Was dieses dazu beitragen kann, sind Vertrauen in das Wirken des Unbewußten, Geduld und die Bereitschaft, den emotionalen Feuerprozeß aktiv zu erleiden und auszuhalten, ohne den Konflikt, der diesen entzündet hat, aus dem Bewußtsein zu verdrängen. Die wirkende Kraft, die Gegensätze zwischen Bewußtem und Unbewußtem und zwischen unbewußten Inhalten zu einigen vermag, ist das Feuer, das bei dem Träumer aus einem Konflikt mit seinen Schattenanteilen entstanden war und das zusätzlich verstärkt wurde durch eine intensive Übertragungsbeziehung zur Therapeutin, die ihn wie der Professor im Traum auf seinem Weg durch das «Feuer« begleitete.

Der Scheiterhaufen – Feuer als Symbol der Zerstörung und der Erneuerung

Im Feuer brennen kann aber auch zum Tod in den Flammen führen, wobei nicht vorauszusehen ist, ob ein solcher Feuertod das Ende oder ein Durchgang zu einer Neuwerdung sein wird, wenn man ihn erlebt wie eine 32jährige Frau im folgenden Traum:

Ich stehe mitten im Feuer und verbrenne. – Ich komme wieder zu mir und habe das Gefühl, als steige ich aus der Asche eines Scheiterhaufens empor. Meine alte Haut ist verbrannt, aber ich selbst fühle mich heil, wie neu geboren. Auf der Erde um mich herum liegen weiße Federn, über die ich mich wundere.

Die Träumerin war Wochen vorher von ihrem langjährigen Partner wegen einer anderen Frau verlassen worden. Sie stand vor den Ruinen ihrer Beziehung und trug sich mit Selbstmordgedanken. In dieser Zeit hatte sie den Traum vom Scheiterhaufen mit der hoffnungsvollen Lösung, der sie veranlaßte, in eine Psychotherapie zu gehen, um das «Scheitern» ihrer Beziehung zu bearbeiten, die ausgesprochen symbiotisch gewesen war.

In einer symbiotischen Beziehung sind die Partner psychisch ununterschieden. Es herrschen eine unbewußte Einheit und Identität. Wichtige eigene Wesensanteile werden an den Partner delegiert oder auf ihn projiziert. Jeder lebt durch den anderen und erwartet von ihm die Erfüllung des großen Glücks. Das Beziehungsideal ist die vollkommene Verschmelzung, das Einander-völlig-Genügen, das Wir. Eine Unterscheidung oder gar Trennung von Ich und Du wird als bedrohlich erlebt, als Untreue und Verrat, die Zerstörung der Symbiose als Sturz aus dem Paradies.[16]

So erlebte es die Träumerin auch, als der Partner sie verlassen hatte. Sie fühlte sich «nackt, klein, hilflos, mutterseelenallein» und ungeschützt in einer von allen Seiten bedrohten, unwirtlichen Welt, unfähig, allein weiterzuleben. Ihre Sehnsucht nach Symbiose, die trotz der Enttäuschung ungestillt weiterlebte, suchte ihre Erfüllung in einer «immerwährenden» Symbiose, im Tod.

Diesen Tod erlebt sie nun tatsächlich hier im Traum, aber so ganz anders, als sie ihn sich in ihren Selbstmordphantasien vorgestellt hatte, in denen sie sanft hinüberglitt in eine «ewige Ruhe und Geborgenheit», wie in den wärmenden schützenden Schoß der großen Todesmutter. Diese Sehnsucht hatte alle Emotionen in den Hintergrund treten lassen, die nun im Traum in einem heftigen Feuer aufbrechen, von dem sie verzehrt wird.

Dieses Feuer entsprach einem Chaos von auflodernden Gefühlen und Affekten, und nur sehr langsam wurde ihr durch Erleben bewußt, was alles in ihr brannte. Es waren schmerzende Kränkungen und Enttäuschungen, eine hitzige Wut auf den Partner, der sie verlassen hatte, eine glühende Scham und eine brennende Eifersucht auf die andere Frau, eine ohnmächtige Verzweiflung über die «verlorene Zeit» und ihre «vergeudeten Gefühle an den Mann». Bedrohende Ängste und Selbstzweifel stiegen wie Flammen in ihr auf und verzehrten den Rest ihres früheren Selbstvertrauens und ihren «Glauben an die Menschen, an die Liebe und den Sinn des Lebens». Sie hatte sich so sehr eine Lebensgemeinschaft mit dem geliebten Mann erhofft, eine Familie und Kinder. Diese Hoffungen waren nun zuschanden geworden und verbrannten zu Asche.

In Traum fühlte sich die Träumerin nach eigenen Worten «wie der Salamander im Feuer glühen», als «stünde ich mitten im Fegefeuer, in dem ich zu Asche verbrannte». Hätte der Traum hier geendet, dann könnte das eine sehr ungünstige Prognose bedeuten für die Möglichkeit, heil aus dieser Feuerkrise herauszukommen. Aber zu ihrem großen Erstaunen steigt sie aus der Asche des Scheiterhaufens wieder empor und fühlt sich wie neu geboren. Nur ihre alte Haut ist verbrannt, und einige weiße Federn liegen auf der Erde. Sie hat ganz schön «Federn lassen müssen» in diesem Reinigungs- und Läuterungsprozeß, aus dem sie aber neu und gestärkt hervorgeht.

Die Haut schützt und grenzt den Körper nach außen ab. Sie sorgt für den notwendigen Austausch zwischen innen und außen, zum Beispiel von Atem und Wärme. Aber auch zärtliche Berührungen im menschlichen Kontakt erreichen über die Haut unsere Seele und bringen sie zum Schwingen. Die Haut entspricht psychisch den Ichgrenzen, die das Ich nach innen schützen und vom Du abgrenzen, aber durch ihre Durchlässigkeit einen Austausch ermöglichen. Eine Verhärtung dieser Grenzen bedeutet Isolation und Eingekerkertsein. Bei Aufweichung dieser Grenzen drohen Zerfließen und Auflösung des Ichs.

In der Symbiose ist die eigene «Haut» mit der des Partners verwachsen wie bei siamesischen Zwillingen und hat für das Ich ihre spezifische Funktion verloren. Es gibt nur noch eine Wir-Grenze nach außen. Wird diese Einheit getrennt, dann kommt das einer Amputation gleich, an der das Ich verbluten kann. Ein Heilungsprozeß kann nur so erfolgen, daß die Seelenanteile, die vorher mit denen des Partners vermischt, auf ihn projiziert oder an ihn delegiert waren, bewußt gemacht, zurückgenommen und wieder in die eigene Persönlichkeit integriert werden. Durch das wachsende Ichbewußtsein und die größere Ichstärke können sich langsam neue Ichgrenzen, eine neue Haut bilden.

Was bei der Träumerin im Feuer ihrer Emotionen verbrennt, ist die «Wir-Haut», beziehungsweise die aufgeweichte «Ich-Haut», die ihre Funktion nicht mehr erfüllen konnte. Um neue durchlässige Schutzgrenzen und mehr Ichstruktur aufbauen zu können, mußte sie eigene, noch unbewußte und unentwickelte männliche Wesensanteile, die der Partner stellvertretend für sie gelebt hatte, entdecken, fördern und im Leben ausprobieren. Das bedeutete für sie, aus der Passivität herauszukommen, eigene Initiative zu entwikkeln, ihre geistigen Fähigkeiten zu entfalten, sich ihren Lebensängsten zu stellen, bedeutete Mut und Wagnis, ihren individuellen Weg zu gehen.

Indem die Träumerin das während des therapeutischen Prozesses versuchte, wuchs ihr langsam das Amputierte, Fehlende selbst zu, und damit gewann sie das Gefühl einer neuen Identität und einer größeren Ganzheit. Wie im Traum erlebte sie diesen Selbstwerdungsprozeß als ein Sterben im Feuertod und ein Wiedergeborenwerden aus der Asche ihrer gescheiterten Beziehung mit einer neuen Lebenschance. Die Federn, die sie dabei lassen mußte, weisen noch einmal auf das Hauptproblem in ihrer alten symbiotischen Beziehung hin, auf die Schmerzen, die mit dem «Häuten» und dem Wachsen einer neuen Haut verbunden sind.

Die Träumerin sah in den Federn aber noch einen anderen Aspekt. Ihr fiel dazu das Federkleid des Vogels ein, der im Luft-«Geist»-Bereich in seinem Element ist, so daß die Federn auch auf ein geistiges Problem hinweisen könnten, das die Träumerin anzugehen hat. Die weißen Federn, die nach dem Feuertod auf der Erde liegen, könnten auch ein Ausdruck für ein verändertes «erhelltes» Bewußtsein sein und für die Möglichkeit eines «Neu»-Beginns mit wiederbelebten «unverbrauchten» Kräften nach der «Schwärzung» in der Asche des Scheiterhaufens stehen. Der Tod auf dem Scheiterhaufen und die weißen Federn erinnern an ein altes mythologisches Motiv vom Vogel Phönix, der sich periodisch selbst verbrennt und aus der Asche wiederentsteht, ein Symbol des sich immer wieder erneuernden Lebens aus dem Feuertod.

Im Dampfbad – Feuer als Symbol für Eros

In allen Träumen, in denen wir dem Feuer nahekommen oder in ihm brennen, geschieht etwas in uns, bleiben wir nicht unberührt von seiner belebenden, verwandelnden oder zerstörerischen Kraft. Der Weg zum Urfeuer erschloß der Träumerin eine neue Tiefendimension in ihrem Glauben und ließ sie ihre abgelegten Schuhe wiederfinden. Das Schmiedefeuer bewirkte die Wiederbelebung des Weiblichen, das ins Unbewußte abgesunken war. Im Schmelzofen wurden voneinander getrennte Teile in der Hitze des Feuers wieder zu einem Ganzen zusammengefügt, und das Feuer des Scheiterhaufens bewirkte die Trennung einer symbiotisch verwachsenen Beziehung, den Zerfall einer alten und den Aufbau einer neuen Lebensmöglichkeit in einer neuen Haut.

Im folgenden Traum einer 29jährigen Frau schmelzen ein Mann und eine Frau in der Hitze des Dampfbades zu einer hermaphroditischen Einheit zusammen.

Mitten in einem üppig wuchernden, verwunschenen Garten entdecke ich eine alte, breite Badewanne mit Wasser, unter der ein starkes Feuer brennt. Ich sage zu meinem Begleiter: «Ein ideales Liebesnest!» Dann sehe ich uns beide gemeinsam in der Wanne sitzen. Durch die Hitze des Feuers entwickeln sich immer dichter werdende Wasserdämpfe, aus denen plötzlich eine aus beiden Personen zusammengeschmolzene Gestalt nach oben in die Luft entschwebt. Die rechte Hälfte der Gestalt ist männlich und dunkel, die linke weiblich und hell.

Das Paar im Traum hatte eine Geschichte miteinander. Der Mann, ein befreundeter Arzt der Familie, hatte die Träumerin einige Monate zuvor von einer Tochter entbunden. Sie schilderte ihn als einen faszinierenden, schillernden, in seinem Wesen etwas düsteren, abgründigen, chaotischen Mann, der ihr aber auf eine geheimnisvolle Weise innerlich sehr vertraut war. Sie erlebte ihn wie einen «dunklen Bruder». Da auf der bewußten Ebene keine Liebesbeziehung zwischen ihnen bestand, können wir vermuten, daß im Traumgeschehen nicht der reale Mann gemeint ist, sondern ein noch dunkles, das heißt unbewußtes Männliches in der Träumerin selber, das ähnliche Eigenschaften besitzt wie dieser, die sie vorerst nur bei ihm wahrnehmen kann als «schillernd, düster, abgründig und chaotisch», in sich selbst aber noch nicht wahrgenommen hat. In dem dunklen Männlichen könnten Fähigkeiten verborgen sein, die, wenn sie entwickelt würden, eine entsprechende Funktion erfüllen könnten wie die des Arztes als Geburtshelfer ihrer Tochter.

Jedenfalls scheint die Begegnung mit dem Mann reale Kräfte in ihrer Seele belebt und zum Wachsen gebracht zu haben, die in dem «verwunschenen Zaubergarten» ihrer Gefühlswelt üppig und in saftigem Grün aus dem mütterlichen Erdreich emporwuchern. In der Farbensymbolik ist Grün[17] die Farbe der schöpferischen Naturmutter, des Frühlings, des ursprünglichen vegetativen Lebens und steht sinnbildlich für natürliches Wachsen und Reifen, für die Hoffnung auf die immer wieder sich wandelnden, erneuernden Kräfte, die allem Lebendigen innewohnen.

Mitten in diesem wild wachsenden Grün des Gartens steht eine breite, alte Badewanne mit Wasser, unter der ein starkes Feuer brennt. Verführerisch scherzt die Träumerin: «Ein ideales Liebesnest!» und lockt damit ihren Begleiter, mit ihr hineinzusteigen. Ein «Liebesnest» ist die geheime Brutstätte, in der im Feuer der Leidenschaften Liebende zu einer Einheit zusammenschmelzen, ein neues Wesen gezeugt, empfangen und ausgebrütet werden kann. Das Feuer der sexuellen Libido unter der Wanne erhitzt das Wasser, den geheimnisvollen Urstoff, Symbol für das schöpferische mütterliche Unbewußte, das alles Leben, alles Bewußtsein aus sich heraus gebiert und wieder in sich zurücknimmt, um es zu verwandeln und wieder neu erstehen zu lassen. Die Wanne dient hier als Wandlungsgefäß, dem mütterlichen Uterus gleich, in welchem in der Hitze des siedenden «Fruchtwassers», dem verbindenden Element, die Liebenden miteinander verschmelzen können. Ohne die schützende Schale des Gefäßes würde das Wasser das Feuer löschen und zerfließen. Beide Elemente würden ihre verwandelnde und sinngebende Funktion verlieren.

In der Verbindung von Feuer und Wasser wird eine Eroskraft wirksam, die Gegensätze vereinigt und Mann und Frau in dem erhitzten Wasser zu einem zweigeschlechtlichen, hermaphroditischen Wesen, zu einer psychischen Einheit verschmelzen läßt.

Dieser Wandlungsprozeß im Wasser des Unbewußten entspricht in der Beziehung zweier Menschen dem symbiotischen Anfangszustand der Verliebtheit, in der das Ichbewußtsein hinabgezogen und aufgelöst wird und in einer völligen, unbewußten Identität aufgeht.[18] Alle Unterschiede sind darin aufgehoben, es gibt nur noch «ein Herz und eine Seele», ein beglückendes Einheitsgefühl, in dem Verliebte sich versichern: «Ich bin Du und Du bist Ich.» Aus dieser innigen Vereinigung kann etwas Drittes, das neue Kind, gezeugt und empfangen werden.

Dasselbe kann in einem innerpsychischen Prozeß geschehen, wenn der Bewußtwerdungssog vom gegengeschlechtlichen unbewußten Wesensanteil ausgeht, wenn die Energien vom bewußten Ich abgezogen werden und dem Unbewußten zufließen und das innere Feuer so intensivieren, daß es zu einer Art «Selbstbefruchtung» kommen kann.

Bei der Träumerin entstand in diesem innerpsychischen Verschmelzungsprozeß zwischen unbewußten Seelenanteilen tatsächlich etwas Neues, wie ein späterer Traum andeutet:

Einige Monate später ging sie in einem Traum mit demselben Partner durch eine Sumpflandschaft und entdeckte dort ein

Kind, das aus dem Moor geboren worden war und ihnen beiden ähnelte. Sie nannte es ihr «Sumpfkind».

Bewirkte das Feuer in der Anfangsphase des ersten Traumes zunächst die Verschmelzung des Paares innerhalb des aufgeheizten Wassers, das heißt psychologisch im aktivierten, erhitzten Unbewußten, so erfolgt nun durch die anhaltende Intensität des Feuers ein Destillierungsprozeß. Mit den Dämpfen, die aufsteigen, wird das verschmolzene Paar aus dem Wasser emporgetragen und nun erst dem Traumich, das beobachtend in einiger Entfernung steht, ansichtig und bewußt. Der aus der Hitze des Wassers sich bildende und aufsteigende Dampf ist eine neue, eher luftförmige Qualität, die sich als etwas Drittes aus dem Zusammenwirken von Feuer und Wasser entwickelt. Durch das Feuer werden Geist und Materie, Bewußtes und Unbewußtes voneinander geschieden wie im Schöpfungsmythos Himmel und Erde, das Wasser und das Licht der Gestirne. Der Prozeß wird transzendiert und anschaulich, aber die Einheit der hermaphroditischen Gestalt ist noch nicht in zwei Einzelwesen getrennt, die miteinander in Beziehung treten können. Das Paar schwebt «selig wie im siebten Himmel» in der Luft und hat den Boden unter den Füßen verloren.

Zu diesem Bild ließ die Träumerin eine Beziehungsphantasie aufsteigen von «ewiger Verschmelzung», von einem vollkommenen Einssein, das nicht durch die Alltagswirklichkeit zerstört wird, eine Sehnsuchtsvorstellung, die an die ewige Umarmung des Götterpaares Shiva und Shakti in der indischen Mythologie erinnert.[19]

Diese Phantasie und der Wunsch nach einem unaufhörlichen «Schwebezustand» der Verschmelzung kann aber, wie in der Beziehungsgeschichte der Träumerin vom Scheiterhaufen, sowohl zwischen den Liebespartnern als auch in der innerpsychischen Dynamik zu einem Stillstand des Lebensflusses, zu einer tödlichen Spannungslosigkeit führen, in der kein Eros mehr strömen und fruchtbar werden kann. Ohne Einwurzelung der Beziehungsphantasie in den Boden der

Realität, ohne Unterscheidung von Ich und Du und ohne die Achtung des eigenen Raumes und dem des anderen ist keine wirkliche Begegnung möglich. Aus der Enttäuschung über eine nicht zu verwirklichende ideale Beziehungsvorstellung kann dann ein Machtkampf um die Liebe des anderen und um gleichzeitige Selbstbewahrung entbrennen, in dem das Verlangen, den anderen zu besitzen und zu kontrollieren, Hand in Hand geht mit der Angst, von diesem «aufgefressen» und zum Opfer zu werden. Der Machtkampf im Namen der Liebe kann als ein zum Scheitern verurteilter Versuch angesehen werden, einen den Atem raubenden Verschmelzungszustand aufzuheben, sich abzugrenzen und sich als Ich zu erleben.

Hier im Traum wird der Verschmelzungsprozeß durch die Intensität der Hitze aus dem Wasser, Symbol für das Unbewußte, nach oben ins Bewußtsein gebracht. Das Traumich selber ist schon nicht mehr damit identifiziert, hat sich distanziert und den notwendigen Abstand gewonnen, durch den Inhalte aus dem Unbewußten erst bewußt werden können. Gelingt es uns, am Morgen das nächtliche Traumgeschehen noch zu fassen, und können wir uns wieder hineinfühlen und seinen Sinn verstehen, dann besteht die Möglichkeit, daß wir uns von ihm mit unserer bewußten Einstellung unterscheiden, mit ihm in Beziehung treten und uns von seinen Inhalten beeinflussen lassen, ohne diesen wieder zu verfallen.

Durch das Abstandnehmen vermag das Traumich auch das ineinander verschmolzene hermaphroditische Paar zu differenzieren, hell und dunkel, weiblich und männlich zu unterscheiden. Da für die Träumerin die weibliche Seite vertrauter und bewußtseinsnäher ist, erscheint diese hell, ihre noch unbewußtere männliche Seite dunkel. Beide Seiten sind aber noch wie miteinander verwachsen, jedoch nicht mehr vermischt. Das Erkennen und Unterscheiden von gegensätzlichen Polen außen und gegensätzlichen Wesensanteilen innen ist ein erster Schritt, die Trennung wäre ein nächster, der im Traum nicht mehr vollzogen wird. Diese offene Lösung gibt einen Hinweis auf den weiteren Weg in der therapeutischen Arbeit.

Das dazu notwendige Feuer kam bei der Träumerin nicht so sehr aus dem Leiden an inneren Spannungen, sondern mehr aus der Verlockung und Lust, sich tatsächlich auf das Dunkle ihrer Seele einzulassen, das Abgründige zu erforschen, spontanen Impulsen nachzugehen, zu sehen und zu erleben, was in ihrem Gefühlsgarten wuchert und grünt und ob da nicht ein geheimes «Liebesnest» sei, in dem sie mit ihrem inneren «faszinierenden, schillernden dunklen Bruder» eine Vermählung feiern könnte. Sie war begierig darauf, seine Seiten selbst zu leben und zu sehen, welche Möglichkeiten sich ihr dadurch auftun, was Neues daraus entstehen könnte. Sie probierte das zunächst außen, machte einige «Seitensprünge», die ihr nicht gaben, was sie suchte.

In dieser Zeit starb der befreundete Arzt. Er erschien seit langem wieder in ihren Träumen, in denen sie sich in seinen Armen erlebte und das Gefühl hatte, von ihm ein Kind empfangen zu haben. Dann trat die Gestalt des «dunklen Bruders» immer mehr in den Hintergrund und tauchte schließlich nicht mehr in ihren Träumen auf. Dem Ausschweifen nach außen folgte eine Phase der inneren Zurückgezogenheit, der Introversion. Die Träumerin hatte das Gefühl, als «trüge sie etwas in sich aus» und müsse ihre Energien jetzt darauf konzentrieren, damit es ungestört wachsen und sie ihm so zur Geburt verhelfen, ja selbst zur «Geburtshelferin» werden könne, wie der verstorbene befreundete Arzt ihrer Tochter zur Geburt verholfen hatte.

Die lodernde Feuerwand – Feuer und Transzendenz

Im folgenden Feuertraum eines 41jährigen verheirateten Mannes bekommt die heimliche Liebesbeziehung zu einer ebenfalls verheirateten Frau eine Bedeutung, die über ihren persönlichen Wert für die beiden Liebenden hinausgeht. Eine außereheliche Beziehung gilt für die herrschenden Wertvorstellungen als unmoralisch, als Tabubruch mit zerstörerischen Folgen. Aber unter bestimmten Umständen kann eine solche gelebte «verbotene» Verbindung auch als symbolische Interaktion verstanden werden in dem Sinne, daß eigentlich nicht der reale Liebespartner gemeint ist, daß es nicht um die Verwirklichung dieser Liebe im Alltag geht, sondern daß durch die Entfachung des erotischen Feuers tiefere Schichten im Unbewußten belebt, Grenzen überschritten und neue Dimensionen erschlossen werden. Dafür ist der folgende Traum ein eindrucksvolles Beispiel.

Ich werde mit meiner Freundin während einer großen Festveranstaltung aus der Menge ausgewählt, um mit ihr in einem Schauspiel auf der Bühne ein Prinzenpaar darzustellen, das unter Anleitung eines Regisseurs in himmelblauen Ballettkostümen durch sechs Lebenszyklen hindurchgehen soll.

Im ersten Lebenszyklus müssen wir gemeinsam ein so enges Tor durchschreiten, daß wir nur fest umschlungen hindurchgelangen können, ein beglückendes Einheitserlebnis, in dem sich eine starke Spannung löst. In einem großen, leeren Saal jenseits der engen Pforte erleben wir den zweiten Lebenszyklus. Während wir uns noch umschlungen halten, erklingt auf einmal eine wunderschöne Musik, und wir beginnen dazu zu tanzen.

Da sehen wir zu unserer Verwunderung, wie plötzlich aus

dem Fußboden quer durch den ganzen Saal eine hell lodernde Feuerwand emporwächst, ohne etwas zu verbrennen und ohne sich zu verzehren. Überwältigt von dem Anblick halten wir im Tanz inne und bewegen uns langsam auf das Feuer zu. Seine Ausstrahlung ist so stark und durchdringend, daß ich unter seiner Einwirkung beim Erwachen die folgende Szene nicht mehr zu fassen bekomme. Ich habe nur noch ein dumpfes Gefühl, als hätten wir auch noch den dritten oder gar den vierten Lebenszyklus miteinander erlebt.

Im Traum wird das geheime Liebespaar aus der Menge zum Prinzenpaar gewählt, um in einer Art Mysterienspiel einen königlichen Einweihungsweg in die Liebe öffentlich darzustellen und an sich selber zu erfahren. Nicht nur im Märchen, auch in unseren eigenen geheimen Phantasien verbinden wir gern mit einem Prinzenpaar ein besonderes, ein ideales Beziehungsmuster, auf das wir unsere Sehnsucht nach einer «vollkommenen Liebe» zwischen zwei Menschen übertragen können. Von ihm erwarten wir Ablösung von alten herrschenden Wertvorstellungen, von Recht und Ordnung, von Gefühlen und Beziehungen, die einem veränderten Bewußtsein nicht mehr angemessen sind. Um aber zum Königspaar zu werden, müssen die Auserwählten im Märchen zunächst einen jeweils eigenen Initiationsweg durch schwierige Aufgaben und Leiden gehen und dann noch gemeinsame Prüfungen bestehen, bis sie zu einem Königspaar heranreifen, das aus seiner Erfahrung heraus neue geistige und Gefühlswerte vermitteln kann. Ein solcher Einweihungsweg eines Prinzenpaares in die Liebe wird auch in Mozarts Oper «Die Zauberflöte» auf eindrucksvolle Weise dargestellt.

Wie jede tiefergehende Liebesgeschichte zwischen zwei Menschen einem Wandlungs- und Reifeprozeß unterliegt, so kann auch auf der innerpsychischen Ebene die Liebesfähigkeit durch die Begegnung und Bezogenheit zwischen eigenen männlichen und weiblichen Wesensanteilen entwickelt werden und reifen. Bei der Traumbearbeitung können wir Prinz und Prinzessin und ihre Beziehung zueinander einmal als Beziehungsphantasie einer idealen Partnerschaft des Träumers mit seiner geheimen Geliebten verstehen, zum anderen aber auch als innere Figuren des Träumers, die hier einen gemeinsamen Einweihungsweg in die Liebe beschreiten unter der Anleitung eines Regisseurs, eines «Initiationsmeisters», vergleichbar der großen Bärin im Schmiedefeuertraum und dem Professor im Schmelzofentraum. Dieser wählt das Paar aus der Menge aus, holt es auf die Bühne, bereitet es vor und führt es durch die Lebenszyklen hindurch.

Zu den «sechs Lebenszyklen» fielen dem Träumer zunächst die sechs Schöpfungstage ein, die den Stadien der Entfaltung und Reifung der Eroskräfte als einem schöpferischen Prozeß entsprechen könnten. Sechs ist das Produkt aus zwei mal drei, wobei die Zwei in der Zahlensymbolik unter anderem für das weibliche, in sich ruhende, empfangende, die Drei für das männliche, dynamische, zeugende Prinzip stehen kann. Dem Träumer fiel zur Zahl sechs noch «Sex», Sexualität, ein, in der Weibliches und Männliches sich vereinigen, wodurch ein Liebes-Feuer entfacht wird, in dem beides sich auf neue Weise erfahren kann.

Es gehört zum Ritus der Einweihung, daß der Initiant seine Alltagskleidung ablegt und in ein neues festliches Gewand gekleidet wird, in dem sich schon symbolisch das ausdrückt, was mit ihm geschehen wird. So wurde in den frühen Mysterien, in denen es um rituelles Sterben und um Wiedererneuerung ging, der Initiant in ein weißes Gewand gehüllt. Hier im Traum bekommt das Paar zu Beginn ein himmelblaues Ballettkostüm, das schon auf die Besonderheit des Tanzes auf seinem Einweihungsweg hinweist.

Kleider haben einen Bezug zu dem, was wir tun, zum Beispiel arbeiten, feiern, tanzen. Sie drücken unsere Gefühlsgestimmtheit und Befindlichkeit aus und das, was wir nach außen darstellen, wie wir gesehen werden möchten, angepaßt an die jeweilige Situation. Hier wird das strahlende Himmelblau des Tanzkostüms betont. Wir phantasierten gemeinsam, was sich darin sinnbildlich ausdrücken könnte:

Blau steht symbolisch für Tiefe, die Tiefe des Himmels, des Meeres, die Tiefe des kosmischen Unbewußten und damit auch für unbegrenzte Ferne, Sehnsucht nach Transzendenz, für Hingabe und Geborgenheit im Unendlichen. Es ist die Farbe der Luft, der Klarheit des Geistes, der Inspiration, aber auch des Geheimnisvollen im Unbewußten, des Zaubers und der Magie. Durchdringt das obere männliche Geist-Licht des Himmesl das dunkle Blau der weiblichen Tiefe, so beginnt das Blau in einem Himmel-Blau zu erstrahlen, ein Ausdruck für ausstrahlende Ergriffenheit durch die verbindende Eroskraft.

So vorbereitet auf den Einweihungsprozeß wird das Paar vom Regisseur zu einer sehr schmalen Tür geführt, durch die es hindurchgehen muß, was nur möglich ist, wenn es sich ganz fest umschlungen hält. Das Motiv der engen Pforte symbolisiert die Ungewöhnlichkeit und den Prüfungscharakter eines solchen schwierigen Durchgangs von einem alltäglichen in einen jenseitigen Bereich, von der bewußten auf eine tiefere noch unbewußte Beziehungsebene, die sich hier als ein großer leerer Saal jenseits der engen Pforte darstellt. Sich fest umschlungen haltend, einander ganz hingebend erlebt das Prinzenpaar beim Durchschreiten des schmalen Tores ein beglückendes Gefühl der Einheit und Harmonie, das ihre Seelen zum Schwingen und zum Erklingen bringt. Die Schwingungen werden im Traum sinnlich wahrnehmbar in der wundervollen Musik, die den ganzen Saal erfüllt, und finden in den rhythmischen Bewegungen des Tanzes ihren leiblichen Ausdruck. Im Tanz werden schöpferische Kräfte freigesetzt, Gefühle wie Freude, Liebe, Sehnsucht oder Trauer ausgelebt. Der Tanz kann uns ins Gleichmaß, in Einklang mit dem Partner und mit unserem Wesen bringen, was uns in Glücksmomenten ein Gefühl vermitteln kann, in einen größeren Rhythmus alles Lebendigen hineingenommen zu sein, von ihm bewegt und getragen zu werden.

Durch die Musik und den Tanz wird im Prinzenpaar die innere Erhitzung gesteigert, werden tiefere Schichten im

Unbewußten entzündet, aus denen plötzlich ein rot glühendes Feuer, den «Boden« der bewußten Wahrnehmungsschwelle durchdringend, emporwächst. Es breitet sich quer durch den ganzen Saal zu einer hell lodernden Feuerwand aus, die auf geheimnisvolle Weise leuchtend flammt, ohne etwas zu verbrennen oder sich zu verzehren.

Erlebt das Prinzenpaar auf seinem Einweihungsweg in die Liebe im «ersten Lebenszyklus» beim Durchschreiten der engen Pforte ein beglückendes Gefühl von Einheit und Harmonie, das Erfülltsein von einer strömenden Liebe zueinander, so begegnet es im «zweiten Lebenszyklus» auf einer anderen Ebene jenseits ihrer Alltagswirklichkeit dem Mysterium eines aus der Tiefe emporwachsenden Feuers. Dieses wundersame Feuer war für den Träumer Ausdruck für eine große Ergriffenheit, für schöpferische Inspiration und Gestaltungskraft und für ein Liebesfeuer, das seine persönliche Liebeserfahrung transzendierte und zu einem religiösen Erlebnis werden ließ. Ihm fielen dazu die biblische Berufungsgeschichte des Moses ein, in der diesem «der Engel des Herrn in einer feurigen Flamme aus dem Dornbusch erschien, ohne daß dieser verbrannte», und ein außerkanonisches Herrenwort, in dem Christus sagt: «Wer mir nahe ist, ist nahe dem Feuer.» Das sich nicht verzehrende Feuer ist ein Urbild einer überpersönlichen, schöpferischen, numinosen Kraft, die vom Menschen als göttlich erfahren wird und sich auf diese Weise offenbaren kann.

Warum aber erscheint dieses geheimnisvolle Feuer im Traum als eine lodernde Feuerwand? Warum wird die Wand betont? Eine Wand trennt einen Raum, grenzt ihn ein und schützt so, psychologisch gesehen, auch vor «Entgrenzung», vor inflationistischen Größenphantasien, vor Überflutetwerden von feurigen Lebensenergien, die das menschliche Fassungsvermögen übersteigen können. Die Feuerwand grenzte tatsächlich den Bewegungsraum des tanzenden Paares ein, forderte auf zum Innehalten und zum Hin-«Wenden» zur Wand, um mit ihr in Beziehung zu treten und sie auf sich wirken zu lassen. Der Träumer hatte das Gefühl, als schaffe diese auch eine Distanz, fordere zur Unterscheidung auf zwischen seinem persönlichen Erleben des Liebesfeuers und dieser überpersönlichen Feuerkraft und als könnte sie auch eine Warnung davor sein, sich in seinem Glücksgefühl mit ihr zu identifizieren.

Mit diesem Aufflammen der eingrenzenden lodernden Feuerwand und einer tiefen Ergriffenheit, die den Träumer auch nach dem Erwachen noch erfüllte, endete der «zweite Lebenszyklus». Ganz vage hatte der Träumer das Gefühl, ohne daß er sich bildlich erinnern konnte, als hätten sie auch noch den «dritten Lebenszyklus» als Liebespaar erlebt.

Wollen wir vergessene, wieder ins Unbewußte abgesunkene Trauminhalte erneut lebendig werden lassen, so ist es möglich, sich in einer Imagination noch einmal meditativ in den Traum hineinzufühlen, Bilder aufsteigen und sich entwickeln zu lassen. Dabei werden diese Bilder sicher nicht mit den Trauminhalten identisch sein, aber sie entstammen wie der Traum dem Unbewußten und sind so auch Ausdruck unserer psychischen Situation. Den Träumer interessierte brennend zu erfahren, was er im folgenden «Lebenszyklus» erlebt haben könnte, und so ließ er die Traumszene mit der lodernden Feuerwand noch einmal in sich aufsteigen.

Er hörte nun die Musik erklingen, die ihn an die Stelle in Mozarts «Zauberflöte» erinnerte, wo Tamino und Pamina aufgefordert werden, durch die Feuergluten zu schreiten, um ihre Liebe zu erproben und zu erhärten. Der Träumer wurde von einer großen Unruhe ergriffen, wie magisch vom Feuer angezogen, und spürte den Drang, hindurchgehen zu müssen. Während er noch ängstlich zögerte, gewahrte er plötzlich den Regisseur, der von der engen Pforte her das Geschehen verfolgte und ihn jetzt ermutigend, aber nachdrücklich durch Gesten aufforderte, mit seiner Partnerin durchs Feuer hindurchzugehen. Das Paar bestand die Feuerprobe seiner Liebe unversehrt. Jenseits der Feuerwand öffnete sich die Saalwand wie ein neues Tor zu einer wunderschönen, sonnenbeschienenen Landschaft. Aber hindurchzugehen vermochte der Träumer in der Imagination nicht. Da war eine innere widerständige Grenze, die er nicht überwinden konnte oder durfte. Der nächste «Lebenszyklus» war für ihn nicht mehr erfahrbar.

Diese Grenze erlebte der Träumer auch in der realen geheimen Liebesbeziehung mit seiner Partnerin; sie konnten sie nicht mehr miteinander überschreiten. Nach einer Phase intensiven «Feuererlebens» zog die Frau an einen anderen Ort, arrangierte sich wieder mit ihrem Ehemann, während sich der Träumer aus seiner Ehebeziehung löste. Was er aber weiter in sich trug, war ein inneres Feuer, das unabhängig von der zunehmenden Entfremdung von der äußeren Frau in ihm glühte und ihn auf eine neue Weise schöpferisch werden ließ. Er begann selbst Musik zu machen, Gedichte zu schreiben, seinen Träumen mehr Aufmerksamkeit zu schenken, sich tiefer auf sein Unbewußtes einzulassen und erlebte, wie seine Beziehungen zu Mitmenschen und zur Umwelt wärmer, liebevoller und lebendiger wurden. Dieser Traum von der lodernden Feuerwand wurde für den Träumer zu einer faszinierenden «Initialzündung», die ihn veranlaßte, eine Analyse zu machen, in der er immer wieder in verschiedener Gestalt dem Feuer begegnete, wie zum Beispiel im früher beschriebenen Traum vom Schmelzofen, den er zwei Jahre später hatte.

So können uns Träume an unser ureigenes Lebensthema heranführen, Lebensenergien freisetzen, uns den Weg zum Unbewußten öffnen, einen inneren Weg weisen und erhellen, wenn wir uns von ihrer Dynamik entzünden und von ihnen vertrauensvoll leiten lassen. In dem Maße, wie es uns gelingt, im Traum aufsteigende, nach Bewußtwerden drängende unbewußte Inhalte auch in unsere Alltagswirklichkeit zu integrieren und mitleben zu lassen, können wir weitherziger und ganzheitlicher, spontaner, schöpferischer und liebender werden.

Zum Umgang mit dem Feuer

Wohltätig ist des Feuers Macht,
wenn sie der Mensch bezähmt, bewacht,
und was er bildet, was er schafft,
das dankt er dieser Himmelskraft;
doch furchtbar wird die Himmelskraft,
wenn sie der Fessel sich entrafft,
einhertritt auf der eigenen Spur,
die freie Tochter der Natur.
(Friedrich von Schiller, aus: Lied von der Glocke)

Nach alter griechischer Vorstellung lag die Macht über das Feuer, diese «wohltätige und zugleich furchtbare Himmelskraft», ursprünglich in den Händen der Götter. Als der Göttervater Zeus nach einem Streit mit Prometheus den Menschen das Feuer vorenthielt, drang Prometheus mit Hilfe der Göttin Athene in den Olymp ein, raubte vom feurigen Wagen der Sonne oder aus der Werkstatt des Schmiedegottes Hephaistos ein Stück glühende Holzkohle, warf sie auf die Erde und stahl sich unentdeckt wieder fort. So wurde nach der griechischen Mythologie das Feuer unter die Menschen gebracht, die nun noch erst lernen mußten, mit dieser Urkraft umzugehen und sie richtig zu nutzen.

Psychologisch könnte dieser Mythos zeigen, wie wenig es selbstverständlich ist, daß wir unsere schöpferischen Lebensenergien zur Verfügung haben und daß es Zeiten gibt, in denen wir uns von ihrer Quelle abgeschnitten fühlen und das Feuer im Jenseits unseres Unbewußten verborgen ist. Der Feuerraub des Prometheus würde dann einer Ichleistung entsprechen, einem bewußten Vordringen und Einlassen auf das Dunkel, in dem diese Kräfte gebunden sind, um ihr Licht und Feuer wieder auf die «Erde» zurückzubringen, sie in die richtigen Bahnen zu lenken und nutzbar zu machen.

Den Umgang mit dem Feuer und mit unseren Emotionen, Trieb- und Geistenergien lehren uns natürlicherweise unsere Instinkte und die jeweiligen Erfahrungen mit diesen Kräften. Ist der Instinkt verletzt und werden diese Energien aus Angst oder moralischer Abwehr gebremst oder abgeblockt, so können sie durch Stauung im Unbewußten eine solche Hochspannung und Sprengkraft entwickeln, daß ein Funke genügt, um ein unkontrollierbares Feuer von Emotionen oder eine Affektexplosion zu verursachen.

Diese Eigendynamik ungesteuerter Energien kann im Traum durch einen Feuerausbruch, eine Explosion oder ähnliche Symbole der Zerstörung ausgedrückt werden. Distanzierung von den entfesselten Affekten und Flucht aus der gefährlichen Situation sind dann oft die einzige Möglichkeit, um von der Macht des Feuers nicht überwältigt zu werden. Es kann aber auch notwendig sein, dem Feuer unserer aufbrechenden Emotionen standzuhalten, darin zu brennen wie in einem Schmiedefeuer oder gar zu verbrennen, wie im Traum vom Scheiterhaufen, damit aus der Asche etwas Neues erstehen kann. Manchmal gelingt es uns im Traum, das Feuer selber oder mit Hilfe einer «Feuerwehr» zu löschen, oder das Feuer wird dadurch ungefährlich, daß wir uns ihm zuwenden und die Brandursache und den Sinn dahinter erkennen. Dem geheimnisvollen überpersönlichen Feuer, wie in den Träumen vom Urfeuer und von der lodernden Feuerwand, können wir nur voller Ehrfurcht begegnen, es vielleicht umschreiten und uns von ihm ergreifen lassen.

Woher wissen wir nun, was jeweils der angemessene Umgang mit Lebensenergien ist, die in uns brennen? Feuerträume können, wenn wir sie verstehen, Hinweise auf das geben, was in uns brennt und wo es brennt. Sie können Aufschluß geben über Ursache, Funktion und Sinn des entzündeten Feuers und so zu Ratgebern werden für den rechten Umgang mit ihm. Als Leuchtfeuer, das das Dunkel unseres Unbewußten erhellt und mögliche Lösungen für brennende Konflikte erkennen läßt, können Feuerträume zu Wegweisern werden auf ein uns noch verborgenes Ziel hin, zu dem die geweckten feurigen Lebensenergien uns tragen können, wenn wir uns ihnen anvertrauen.

Anmerkungen

1 Kast, V.: Freude, Inspiration, Hoffnung.
2 Riedel, I.: Die weise Frau.
3 Kast, V.: Traumbild Auto.
4 Hark, H.: Traumbild Baum.
5 Riedel, I.: Demeters Suche.
6 Kassel, M.: Das Auge im Bauch.
7 Riedel, I.: Demeters Suche.
8 Hämmerling, E.: Orpheus' Wiederkehr.
9 Harner, M.: Der Weg des Schamanen.
10 Riedel, I.: Marc Chagalls Grüner Christus.
11 Brinton-Perera, S.: Der Weg zur Göttin der Tiefe.
12 Eliade, M.: Schmiede und Alchemisten.
13 Clarus, I.: Du stirbst, damit du lebst.
14 Hämmerling, E.: Orpheus' Wiederkehr.
15 Eliade, M.: Das Mysterium der Wiedergeburt.
16 Kast, V.: Wege aus Angst und Symbiose.
17 Riedel, I.: Farben.
18 Jung, C. G.: Psychologie der Übertragung.
19 Kast, V.: Paare.

Amman, A. N.: Aktive Imagination. Darstellung einer Methode. Olten: Walter ²1984.
Brinton-Perera, S.: Der Weg zur Göttin der Tiefe. Die Erlösung der dunklen Schwester: eine Initiation für Frauen. Interlaken: Ansata 1985.
Clarus, I.: Du stirbst, damit du lebst. Die Mythologie der alten Ägypter in tiefenpsychologischer Sicht. Fellbach: Bonz 1979.
Der kleine Pauli: Lexikon der Antike. München: DTV 1979.
Eliade, M.: Das Mysterium der Wiedergeburt. Zürich: Rascher 1961
–: Schmiede und Alchemisten. Stuttgart: Klett-Cotta 1980.
Hark, H.: Traumbild Baum. Vom Wurzelgrund der Seele. Olten: Walter 1986.
–: Träume als Ratgeber. Deutungshilfen für die Praxis. Olten: Walter ²1983.
Hämmerling, E.: Orpheus' Wiederkehr. Der Weg des heilenden Klanges. Interlaken: Ansata 1984.
Harner, M.: Der Weg des Schamanen. Ein praktischer Führer zu innerer Heilkraft. Interlaken: Ansata 1982.
Herder Lexikon Symbole. Freiburg: Herder 1978.
Hoffmann-Krayer, E., Bächtold-Stäubli, H.: Handwörterbuch des Deutschen Aberglaubens. Berlin/Leipzig: De Gruyter 1927.
Jung, C. G.: Symbole der Wandlung. In: Gesammelte Werke [=GW] 5. Olten: Walter 1973.
–: Vom Wesen der Träume. In: GW 8. Olten: Walter 1976.
–: Die praktische Verwendbarkeit der Traumanalyse. In: GW 16. Olten: Walter 1979.
–: Mandala. Bilder aus dem Unbewußten. Olten: Walter 1985.
–: Die Psychologie der Übertragung. In: GW 16. Olten: Walter 1979.
Kassel, M.: Das Auge im Bauch. Erfahrungen mit tiefenpsychischer Spiritualität. Olten: Walter 1986.
Kast, Verena: Traumbild Wüste. Von Grenzerfahrungen unseres Lebens. Olten: Walter 1985.
–: Wege aus Angst und Symbiose. Olten: Walter 1985.
–: Paare. Beziehungsphantasien. Stuttgart: Kreuz 1985.
–: Traumbild Auto. Von unserem täglichen Unterwegssein. Olten: Walter 1987.
–: Freude, Inspiration, Hoffnung. Olten: Walter 1991.

Ranke-Graves, R.: Griechische Mythologie. Reinbek: Rowohlt 1960.
Riedel, I.: Farben. In Religion, Gesellschaft, Kunst und Psychotherapie. Stuttgart: Kreuz 1983.
–: Traumbild Fuchs. Von der Klugheit unserer Instinkte. Olten: Walter 1986.
–: Demeters Suche. Mütter und Töchter. Zürich: Kreuz 1986.
–: Die weise Frau in uralt-neuen Erfahrungen. Olten: Walter 1989.